## Das Buch

Immer mehr Menschen des Westens suchen in der Musik neues, intensives Erleben ihres Selbst bis hin zum Trancezustand und zur Meditation. Das in seiner Art einmalige Buch Hamels deckt die vielfältigen, faszinierenden Zusammenhänge zwischen menschlichem Bewußtsein und Musik auf. Jeder von uns, ob Pop-Fan oder Mozart-Anhänger, kann sich wiederentdeckte Quellen der Musik zunutze machen und ohne musikalische Ausbildung oder technisches Können im Experiment mit Klang und Ton seine Kreativität wecken, zu sich selber finden und neue Kraft schöpfen.

Erstmals setzt sich der Autor hier mit der suggestiven und magischen Kraft indischer, tibetischer, persisch-arabischer und afrikanischer Musik auseinander. Anhand praktischer Beispiele zeigt er, wie einfach, auch für den Laien, das schöpferische Spiel mit Tönen ist. Der Musiktherapie, die immer mehr an Bedeutung gewinnt, eröffnen sich damit ungeahnte Möglichkeiten. Eine Fülle erprobter, anschaulicher Übungen regt zur Einzel- und Gruppenarbeit an. Es gibt in der deutschsprachigen Literatur nichts Vergleichbares.

## Der Autor

Peter Michael Hamel, Jahrgang 1947, studierte Komposition, Musikwissenschaft, Psychologie und Soziologie in München und Berlin. Auf sechs mehrmonatigen Asienreisen wurde ihm die Begegnung mit außereuropäischer Musik zum entscheidenden Erlebnis. Hamel ist Initiator und Mitglied der Gruppe Between; er komponierte zahlreiche Orchester- und Chorwerke, Bühnen- und Hörspielmusiken und wurde mit mehreren Preisen ausgezeichnet. Mehrere seiner Werke wurden auf Schallplatte veröffentlicht.

Peter Michael Hamel:
Durch Musik zum Selbst
Wie man Musik
neu erleben und erfahren kann

Deutscher
Taschenbuch
Verlag

Bärenreiter
Verlag

Vom Autor überarbeitete und
erweiterte Ausgabe
1. Auflage Oktober 1980
3. Auflage Februar 1984: 25. bis 34. Tausend
Gemeinschaftliche Ausgabe:
Deutscher Taschenbuch Verlag GmbH & Co. KG,
München, und
Bärenreiter-Verlag Karl Vötterle GmbH & Co. KG,
Kassel·Basel·London
© 1976 Scherz Verlag Bern·München·Wien
Umschlaggestaltung: Celestino Piatti unter
Verwendung der Partitur »Continuous creation«
des Autors
Gesamtherstellung: C. H. Beck'sche Buchdruckerei,
Nördlingen
Printed in Germany·ISBN 3–423–01589–6 (dtv)
ISBN 3–7618–1589–1 (Bärenreiter)

# Inhalt

Musik – bei den alten Griechen als »Kunst der Musen« eine
Geist und Gemüt bildende edle Tätigkeit – erfüllte in der westlichen Welt im Lauf ihrer langen Geschichte vielerlei Funktio-
nen. Sie begleitete sakrale Handlungen, unterhielt die Herr-
schenden, war gleichzeitig Kunst des Volkes, sank oft zum billi-
gen Vergnügen, zum Gassenhauer herab und entwickelte sich
schließlich dank vieler genialer Komponisten zu der uns geläufigen abendländischen Tonkunst. Sie weist heute eine fast un-
übersehbare Vielfalt der Richtungen, ein wahres Labyrinth he-
terogenster Stile auf. Außerdem dringt immer mehr die Musik
des Fernen Ostens und anderer außereuropäischer Länder in
unser Bewußtsein. Diese oft sehr alten Musiktraditionen, die in
ihrer Heimat jetzt meist euro-amerikanisch verbildet werden,
faszinieren den Westen in ihrer Ursprünglichkeit und sind im
Begriff, sich auf unser eigenes Musikschaffen nachhaltig auszu-
wirken. Es entwickelt sich in unserer Zeit eine noch nicht defi-
nierte, geistig neue Musik, die über den herkömmlichen Begriff
der experimentellen musikalischen Avantgarde hinausgeht. Sie
ist das Ergebnis und die Folge der großen Revolution, die Anfang dieses Jahrhunderts einsetzte, verbunden mit Namen wie
Einstein, Planck, Freud, Jung, und in das Musikschaffen z. B.
von Schönberg, Bartók, Orff, Messiaen, Cage und andere einge-
flossen ist. Es ist heute möglich, Musik einerseits mit dem Rüst-
zeug der modernen Atomwissenschaft, andererseits mit den Erkenntnissen der Tiefenpsychologie zu »erfassen«.
    Dieser geistig neuen Musik geht es darum, aus allen Musik-
traditionen zu lernen, vergessene Hintergründe aufzuspüren
und die ursprüngliche Funktion der Musik, ihre Bindung an
tiefste menschliche Erfahrungen, wieder ins Licht zu rücken,
ohne dabei einem naiven Eklektizismus zu erliegen. Es
herrscht gegenwärtig ein Drang, die verschütteten Urquellen
der Musik freizulegen, die allein den Weg zu einem neuen, den
Menschen in seiner Ganzheit erfassenden Musik-Erleben weisen können.
    Es sollen in diesen Ausführungen Bausteine einer musikali-
schen Ganzheit gezeigt und untersucht werden. In den verschiedenen, jeweils von einem anderen Phänomen ausgehenden

Kapiteln wird versucht, einen großen Bogen zu spannen: von den kompositorischen Voraussetzungen und Neuansätzen dieses Jahrhunderts mit dem Phänomen der Gruppenimprovisation, über die von der heutigen Musikszene nicht mehr wegzudenkende Begegnung mit außereuropäischer Musik, magischen Mantras und Riten, bis zu den erstaunlichen, heute nachweisbaren Entsprechungen zwischen Tonwelt und menschlicher Psyche und bis zur musikalischen Meditation, zur atmenden, singenden, spielenden Selbsterfahrung mit verschiedenen erprobten Übungen für die Einzel- und Gruppenarbeit.

Seitdem eine Reise in die Dritte Welt erschwinglich geworden ist, öffnet sich uns über die Begegnung mit den magischen und mythischen Kulturen Asiens, Afrikas und Südamerikas ein Weg, zu versunkenen Elementen unseres eigenen Bewußtseins zurückzufinden. Die suggestiven Kräfte musikalischer Schwingungen werden wieder empfunden und wecken schlummernde Möglichkeiten der Erfahrung.

In der Avantgarde, im Jazz und in der Popmusik manifestierte sich gleichermaßen eine Hinwendung zu mehr geistigen, nach innen gewendeten Klängen. Das zunehmende Interesse der Öffentlichkeit an außereuropäischer und der neu entstandenen »Meta-Musik«, an der immer mehr praktizierten Tiefenentspannung mit Hilfe orientalischer Musik, der psychologisch orientierten Arbeit am Atem, am Sensitivity-Training und an der »kollektiven Vokalimprovisation« als Versenkungshilfe deutet darauf hin, daß auch bei uns Musik in Zukunft nicht nur eine einseitige, auf eine bestimmte Dimension des Menschseins beschränkte Funktion haben wird.

Es handelt sich hierbei selten um Entdeckungen unserer Zeit, vielmehr um eine Wiederentdeckung dessen, was alten Kulturen und Völkern längst bewußt und durch die vorwiegend rationalistische Entwicklung des Abendlandes lediglich in Vergessenheit geraten war. Es ist unsere Aufgabe, wie auch der Schweizer Kulturphilosoph Jean Gebser sie sah, diese Zusammenhänge neu zu entdecken und auch in das Musikbewußtsein des zwanzigsten Jahrhunderts zu integrieren.

Diese Zeit des Aufbruchs und der Neuansätze ist in gewissem Sinn eine Pionierzeit mit allen Anfechtungen einer solchen Epoche. Der wachsende Beifall jedoch, den diese Musik findet, wie wir sie auch selbst mit höchst unterschiedlichen Gruppen und Zuhörern bzw. Teilnehmern praktiziert haben, zeigt, daß der richtige Weg beschritten ist. Was die Droge nicht vermochte:

eine echte, dauernde Bewußtseinsintensivierung zu schaffen, könnte durch dieses neue Erleben und Erfahren von Musik möglich werden.

Nach vielen Aufführungen meiner Kompositionen und Improvisationen unseres Ensembles *Between,* nach Konzerten und Seminaren mit außereuropäischer Musik und in Selbsterfahrungsgruppen stellte sich immer wieder heraus, daß z.B. über Methoden musikalischer Meditation, west-östliche Begegnung, minimal music oder intuitives Improvisieren kaum deutschsprachige Literatur existiert, die auch der musikalische Laie verstehen und praktisch anwenden kann. So habe ich mich als Musiker entschlossen, dieses längst fällige Buch selbst zu schreiben. Es ist nicht in erster Linie für den ausübenden Musiker oder für den Spezialisten vergleichender Musikwissenschaft geschrieben. Es wendet sich vielmehr an die für *alle* Musikgattungen aufgeschlossenen Leser, an die vielen von der Begegnung mit dem Osten berührten und an sozialer Praxis (mit den relativ jungen Gebieten der Atem- und Musiktherapie) interessierten Menschen sowie an all jene, die selbst auf diesem Wege Hilfe suchen und sich einen Überblick verschaffen wollen über Grundlagen, Methoden und praktikable Übungen. Die Darstellung erhebt in keinem Punkt Anspruch auf Vollständigkeit; andererseits ließ es sich gelegentlich nicht vermeiden, in musikwissenschaftliche Details zu gehen, so bei der Erläuterung indischer und tibetischer Musik, die sich von der uns geläufigen grundsätzlich unterscheidet. Ein an diesen Ausführungen nicht interessierter Leser kann diese Passagen leicht überschlagen.

Da viele wesentliche Texte zum Thema in schwer zugänglichen, noch nicht übersetzten oder nicht mehr erhältlichen Büchern und Programmheften von Konzerten verstreut sind, habe ich aus diesen Veröffentlichungen in extenso zitiert und einzelne Musiker in eigener Sache selbst zu Wort kommen lassen.

Besonderen Dank bin ich den Musikwissenschaftlern Prof. Dr. Gerhard Nestler, Baden-Baden, und Prof. Dr. Wolfgang Burde, Berlin, sowie den Musikredakteuren Walter Bachauer, Berlin, und Joachim E. Berendt, Baden-Baden, schuldig, die ihre Manuskripte und Artikel zur Auswertung zur Verfügung gestellt haben. Weiter gilt mein Dank dem indischen Musiker Dr. B. V. Patekar, Benares Hindu University, für seine Beratung bei dem Kapitel über klassische indische Musik, Frau

Prof. Ilse Middendorf, Berlin, für die Erlaubnis, spezielle Atem- und Vokalübungen ihrer Schule abdrucken zu dürfen, dem Tonmeister Ulrich Kraus, München, für die kritische Durchsicht und fachliche Beratung, und der Lektorin Dr. Susanne Schaup, die mir bei der Gestaltung des Buches hilfreich zur Seite stand.

München 1976                                      Peter Michael Hamel

## Vorwort zur Taschenbuchausgabe

Da seit Sommer 1979 bereits die 2. Auflage der Originalausgabe vergriffen ist, habe ich für diese Neuausgabe als Taschenbuch die Chance wahrgenommen, mein Buch nochmals von Grund auf zu überarbeiten, Fehler und Mißverständnisse zu beseitigen und wesentliche Aktualisierungen durchzuführen. Vor allem wurde das gesamte Thema Harmonik überarbeitet und ergänzt, wofür ich in erster Linie Herrn Prof. Dr. Rudolf Haase danken muß, dem Direktor des Wiener Instituts für harmonikale Grundlagenforschung. Außerdem wurden Bibliographie und Diskographie erweitert und Hinweise auf das Freie Musikzentrum in München gegeben, wo seit Herbst 1979 Kurse und Intensivworkshops im Sinne der Thematik dieses Buches durchgeführt werden.

Ein Wort zum Titel *Durch Musik zum Selbst:* In vielen Briefen und Gesprächen auch von Lesern der englischen Ausgabe in den USA wurde ich oft nach meiner Auffassung des Begriffes »Selbst« gefragt. Deshalb zitiere ich hier einige Gedanken des Psychologen C. G. Jung aus seinem Buch *Erinnerungen, Träume, Gedanken:* »Das Selbst ist eine dem bewußten Ich übergeordnete Größe. Es umfaßt nicht nur die bewußte, sondern auch die unbewußte Psyche und ist daher sozusagen eine Persönlichkeit, die wir *auch* sind ... Das Selbst ist nicht nur der Mittelpunkt, sondern auch jener Umfang, der Bewußtsein und Unbewußtes einschließt; es ist das Zentrum dieser Totalität, wie das Ich das Bewußtseinszentrum ist ... Das Selbst ist auch das Ziel des Lebens, denn es ist der völligste Ausdruck der Schicksalskombination, die man Individuum nennt.«

München 1980                                        Peter Michael Hamel

# I. Alte und neue Wege westlicher Musik

## 1. Vom Musikbewußtsein unserer Zeit

Wir sind umgeben von Musik. Im Radio hören wir leichte Musik, Unterhaltungsmusik, Schlagermusik, Opernmusik, Operettenmusik, Tanzmusik, gehobene Unterhaltungsmusik, ernste Musik, Kammermusik, Orchestermusik, romantische Musik, klassische Musik, barocke Musik, alte Musik, frühe Musik, neue Musik, virtuose Musik, »schöne« Musik, avantgardistische Musik, elektronische Musik, volkstümliche Musik, Popmusik, Rockmusik, Marschmusik usw. Wir werden berieselt von Musik. Beim Autofahren, Einkaufen, Essen, Feiern, Unterhalten, Aufstehen, Einschlafen, Frühstücken, Lieben usw. Hören wir Musik? Fast nie! Aber sie läuft ... im Fernsehen, Kino, Lokal, Büro, am Arbeitsplatz, Fußballplatz – immer läuft Musik, und wir nehmen sie nicht mehr wahr. Sie ist Kulisse geworden, unbewußte Konditionierung, mechanischer Hintergrund des Alltags. Carl Maria von Webers Klage vom Jahre 1802 (!) ist heute berechtigter denn je: »Die Zeiten werden schwieriger für den Komponisten; es wird jetzt zuviel Musik gemacht; das Publikum ist von Jugend auf zu sehr an sie gewöhnt, die Reizbarkeit dafür geht immer mehr verloren. Dasselbe Tonstück, das sie heute unbewegt läßt, weil ihr Ohr ganz tonsatt ist, würde sie sehr ergreifen, wenn sie ein Jahr über gar keine Musik gehört hätten.«[1]

Ein Rundfunkredakteur für Autofahrersendungen, selbst vielleicht ein Liebhaber anspruchsvoller Popmusik, würde diese nie für sein Programm auswählen, weil gemeinhin die Maxime gilt, ungewöhnliche Musik in der Hauptsendezeit sei für den Autofahrer störend. So wird, von wenigen Ausnahmen abgesehen, genau diejenige Musik gesendet, die der »Hörer« gar nicht wahrnimmt, die eben nur so läuft.

Aber in den Radioprogrammen gibt es – im Gegensatz zum Fernsehen – ja noch ein Alternativprogramm: zweimal wöchentlich, spät nachts, eine Stunde modernen Jazz, Avantgarde oder außereuropäische Musik für Eingeweihte, für die Minderheit. Auch die Schallplattenindustrie mit ihrem völlig übersät-

[1] Aus: *Gespräche mit Komponisten*, Zürich 1967, S. 61.

tigten Markt hält sich an dieselbe Proportion: Nur ein kleiner Anteil besteht aus Musikproduktionen, die ein konzentriertes Zuhören verlangen oder eine nicht programmierte Erfahrung hervorrufen.

Klassische Musik wird produziert für ein bestimmtes Publikum, das die Opern und Konzerte schon kennt, Rockmusik wird produziert für ein bestimmtes Publikum, das die einschlägigen Gruppen schon kennt, Schlagermusik wird produziert für ein bestimmtes Publikum, das *seine* Stars und Interpreten ebenfalls kennt. Der Hörer ist im allgemeinen kaum in der Lage, seine Musik-*Klassenzugehörigkeit* zu verändern. Selbst klassische Musik wird nicht selten nur aus kommerziellen Gründen veröffentlicht. Der Zwang zur Wirtschaftlichkeit eines Schallplattenunternehmens verbietet es geradezu, Musik aus künstlerisch-idealistischen Gründen zu publizieren.

Der größte Prozentsatz der zivilisierten Bevölkerung des Westens, Amerikas und Europas nimmt also Musik nicht mehr bewußt wahr. Interessant ist, daß auch die Mehrzahl der Kinogänger die Begleitmusik eines Films überhaupt nicht registriert. Weder im Kaufhaus noch im Restaurant wird die akustische Kulisse wahrgenommen, auch nicht oder gerade nicht, wenn sie besonders laut ist. Unser Ohr ist geschädigt, die Umweltgeräusche machen unser Gehör unsensibel und stumpf.

Andererseits, oder vielleicht gerade deshalb, hat sich eine Supertechnik der Wiedergabe von Musik entwickelt: Stereophonie, Quadrophonie, Kopfhörer, High Fidelity, Kunstkopf-Stereophonie – ein Riesenmarkt an Tonbandgeräten, Schallplattenspielern und Kassettenrecordern existiert. Wir hören Massen von Musik, aber wir hören sie, wenn überhaupt, in fixierten Kategorien. Unsere Hörerfahrung ist konditioniert. Die Töne werden außerhalb des Ohres wahrgenommen, als Bilder oberflächlich registriert oder mit vorgeformten, bildungsmäßig vorfabrizierten Gefühls- und Stimmungsinhalten identifiziert. Man kennt die Art der Erkennungsschablonen oder den Stil der bevorzugten Musik meist ziemlich genau, benennt diese und gibt sich damit auch gleich einen gesellschaftlichen Standort. »Ich bin eben für Rockmusik.« – »Wissen Sie, am meisten liebe ich Beethovens Siebte.« – »Also, den Udo höre ich doch am liebsten.« Kein Zweifel, jeder »hört« seine Musik, kennt sich mehr oder weniger aus, hat den Wiedererkennungs-Genuß und verbindet mit den gehörten Stücken bestimmte emotionale, mentale oder auch unbewußte Assoziationen. Der Charakter der Tonwelt, mit der man sich identifiziert, ist dabei oft identisch mit dem eigenen inneren Zustand.

Die Frage, warum Musik überhaupt existiert, scheint den meisten überflüssig, und viele werden antworten, Musik sei zur Entspannung da, zum ästhetischen Genuß, zur Überbrückung von Langeweile, zur geistigen Erhebung, zum Zeitvertreib, zur Erbauung. Trotzdem ist unbestritten, daß die geistige Kraft großer Werke der klassischen Musikliteratur erfahrbar ist. Es gibt in ihnen großartige Klänge, und zwar in allen Stilen und Richtungen. Diese Musik könnte den einzelnen zu brachliegenden Erfahrungsmöglichkeiten führen, wenn die Grundbedingungen dazu, nämlich richtige Aufnahmebereitschaft, ein geeignetes Klima zur losgelassenen Vertiefung und überhaupt das Verständnis für die geistige Bedeutung von Musik erst geschaffen wären. In allen früheren Weltkulturen stand die Musik ja im Dienst des Rituals, des Gottesdienstes, der Bewußtseinserweiterung und der tiefsten menschlichen Erfahrung. Das intuitive Verständnis dieser Bedeutung wäre die Voraussetzung für ein in allen heutigen Musikgattungen (Klassik, Pop, Jazz, Avantgarde, außereuropäische Musik) sich auswirkendes neues Hörbewußtsein.

Die fernöstlichen Kulturen, alle magischen Rituale Afrikas, Asiens, Südamerikas und alle schamanistischen Riten und Kulte besitzen eine meist unbewußte Kenntnis von einer Urkraft, die durch musikalische Mittel hervorgerufen wird. Wir könnten uns davon anregen lassen; allerdings wäre es dann unsere Aufgabe, diese Kräfte nicht nur magisch wirken zu lassen, sondern bewußt zu erfahren, damit sie uns gegenwärtig werden, zur Verfügung stehen und helfen, ganze Menschen im Sinne einer integralen Gesamtheit zu werden. Wenn wir intensiver, sensibler und wacher die musikalischen Prozesse kennenlernen, welche teils seit Jahrtausenden, teils seit einigen Jahren zur Selbsterfahrung des Hörers geschaffen wurden, könnten wir zu einer »Teilhabe am Weltganzen« kommen, wie es der Schweizer Kulturphilosoph Jean Gebser in seinem Essay *Über die Erfahrung* nannte: »Es ist möglich, daß die Gewinnung dieser bewußten Teilhabe die Aufgabe des menschlichen Lebens ist. Sie umfaßt auch das Unsichtbare, das als solches unsagbar, unaussprechlich, also das nicht mitteilbare Geheimnis ist.«[2]

[2] J. Gebser: *Über die Erfahrung,* in: Gesamtausgabe Bd. VI, Schaffhausen 1977, S. 382 ff.

Daß eine solche Erfahrung auch durch Musikhören oder Musikspielen gemacht werden kann, scheint zunächst unwahrscheinlich. Sie wird auch nur wahrnehmbar in einem »integralen« Hörbewußtsein, das »die magische Vitalität erlebt, die mythische Seelenform erschaut und die mentale Struktur erfaßt.«[3] Diese ganzheitliche Hörweise könnte schließlich zu einem »durchsichtigen Zustand« der Wahrnehmung führen, der nicht wie beim magischen Erlebnis zeitlos ist, sondern (nach Gebser) in einer »Raum- und Zeitfreiheit« ruhen würde. Sicherlich existiert heute kaum eine Musik, welche dieser integralen Bewußtheit vollkommen entspricht. Aber ansatzweise kann sie in mancher exotischen Musikkultur und in den westlichen Musikwerken des 20. Jahrhunderts, die solchen archaischen, magisch-mythischen Musiken Asiens und Afrikas nachempfunden sind, entdeckt werden.

Denn nach der Auffassung Jean Gebsers, der neben Sri Aurobindo und Teilhard de Chardin diese integrale Weltsicht formuliert hat, muß der mental-rationale Mensch des Westens auch die magisch-mythischen Bewußtseinsquellen wieder neu entdecken und erfahren, um den Sprung zu dieser Integration vollziehen zu können. Seit der Entdeckung des Unbewußten und seit dem Vordringen in molekulare und inneratomare Bereiche könnten wir sicher sein, meint Ronald Steckel, der profilierte Sprecher eines auf geistiger Integration aufbauenden Gegenentwurfs zur bestehenden Weltordnung, »daß die entscheidenden Ereignisse, die alles menschliche Erleben, alles Handeln und alle materiellen Bewegungen verursachen, in Bereichen stattfinden, von denen wir wenig wissen und die wir mit unseren physischen Augen nicht sehen können. Hinter dem sichtbaren Gesicht der Welt verbirgt sich ein Unsichtbares.«[4]

Die für uns verfügbaren Verbindungen zum Unsichtbaren sind nach Steckel die Organe der Empfindung und des Fühlens, die den Erfahrungen Schärfe und Klang geben, die unter die Oberfläche des Erlebten vordringen und das Verborgene herauslösen. Damit spricht Steckel exakt von der Aufgabe einer heutigen Musik. Denn das lebendige Wissen um die Einheit von Sichtbarem und Unsichtbarem, von Körperlichem und Seelischem hat sich heute zerspalten. »Unsere Zeit ist mehr als durch

[3] Vgl. J. Gebser: *Ursprung und Gegenwart*, München 1973, und Gesamtausgabe Bd. II–IV, Schaffhausen 1976.

[4] R. Steckel: *Herz der Wirklichkeit*, Judie-Taschenbuch, Wuppertal 1973, S. 11.

irgend etwas anderes gekennzeichnet durch den Drang, die äußere Welt zu kontrollieren, und durch eine fast totale Außer-
achtlassung der inneren Welt ... Mit ›innerlich‹ meine ich unsere Art, die äußere Welt zu sehen und all jene Realitäten, die
keine ›äußere‹, ›objektive‹ Präsenz haben – Imagination,
Träume, Phantasien, Trance-Zustände, Realitäten kontemplati-
ver und meditativer Stadien, wovon der moderne Mensch meist
nicht die leiseste Ahnung hat.«[5]

Dieses Wissen, »das in fast jeder uns zugänglichen Kultur der
Geschichte in der Person des Schamanen, des Medizinmannes
oder des kultischen Priesters vereint war« (Steckel), könnte
durch die Tiefen einer musikalischen Selbsterfahrung für den
heutigen Menschen zu einem Bewußtsein des Ganzen integriert
werden. Gerade durch die Energie musikalischer Werke können
wir in uns den Zugang zu den Bereichen der Seele und des
Geistigen finden, zumal in diesen Jahren auf allen Gebieten
neue Ebenen der Wahrnehmung eröffnet wurden, »durch die
elektronischen Medien, die experimentelle elektronische Musik
ebenso wie durch die Folk-Rock-Musik, mit der die junge Generation ihren lautstarken Befreiungstanz ankündigte, und
durch die zahllosen individuellen Erfahrungen mit den magischen bewußtseinsverändernden Drogen fremder und vergangener Kulturen« (Steckel, S. 84). Europäische und asiatische Kultur berühren sich; das christliche Bewußtsein trifft zusammen
mit den Kosmologien des Hinduismus, des Islams und des Buddhismus. In dieser Zeit sind überall in Europa und Amerika
Meditationszentren und religiöse Ashrams entstanden, Konzerte mit exotischer Musik aus Indien, Tibet oder Bali sind über-
füllt, und gleichzeitig begegnen wir einer Flut von Weisheitswe-
gen, Yogasystemen und tradierten religiösen Lehren fremder
Kulturbereiche, wenn auch oft in gefährlich verzerrter Form.

Dennoch ist es heute leichter möglich denn je, zu der gemeinsamen Quelle aller exotischen Religionen vorzudringen und die
Mauern der Ideologien und Dogmen zu durchbrechen. »Es ist,
als habe man ein ›Sesam öffne dich‹ gesprochen: wenn man
nicht mehr durch die Brille der Vorurteile schaut, wenn die
überreizten Nerven zur Ruhe gekommen sind und die Empfindungsfähigkeit in ihrer Tiefe aufklingt. Dann nimmt man teil an
den Schätzen und Quellen menschlicher Verwirklichungen, die
ständig den ganzen Körper der Umwelt und der Innenwelt
durchströmen, verborgen, zugedeckt, oberflächlich übertönt

[5] R. Laing: *Phänomenologie der Erfahrung*, Frankfurt 1971, S. 128 f.

durch die wesenlosen Geschäftemachereien, die lauten mechanischen Abläufe und die zerebralen Kunstfertigkeiten, die sich im Alltag finden« (Steckel, S. 95). Wenn jedoch ein Mensch auf Grund seiner Klassenzugehörigkeit, seiner Umwelt und Erziehung das Opfer »der wesenlosen Geschäftemacherei« der Popmusik, der »lauten mechanischen Abläufe« elektronisch verzerrter Instrumente oder der »zerebralen Kunstfertigkeiten« avantgardistischer Konstruktionen ist, so wird ihm die Hinwendung zu einer stilleren Musik der Innenwelt wahrscheinlich erst möglich sein, nachdem er einmal seinem persönlichen Unbewußten begegnet ist. Denn nach Carl Gustav Jung scheint »die westliche Psyche ein intuitives Wissen zu haben von der Abhängigkeit des Menschen von einer dunklen Macht, die mitwirken muß, wenn alles gutgehen soll. Wenn und wo das Unbewußte nicht mitwirkt, befindet er sich sofort in Verlegenheit, auch in seinen gewöhnlichen Tätigkeiten. Es kann sich dabei handeln um ein Versagen des Gedächtnisses, des koordinierten Handelns, des Interesses oder der Konzentration; und solch ein Versagen kann die Ursache von ernstlichen Unannehmlichkeiten oder möglicherweise einem fatalen Unfall sein. Es kann zu einem beruflichen oder moralischen Zusammenbruch führen. In früheren Zeiten nannten die Menschen die Götter ungnädig, heute nennen wir es eine Neurose.«[6]

Es ist eine Tatsache, daß vor jeder Selbstfindung oft der Weg durch das Leiden, durch die Nacht steht, als würden dem Menschen schmerzliche Erfahrungen zur Aufgabe gemacht, *damit* er den nächsten Schritt tun kann und der unsichtbaren Wirklichkeit gewahr wird. Graf Dürckheim schreibt darüber: »Wo diese Grundnot des Daseins unausweichlich über uns kommt, Vernichtung uns droht, Sinnlosigkeit und Schuld uns in tiefste Verzweiflung stößt oder uns in letzter Einsamkeit der Lebensatem stockt, dort besteht, wo es ausweglos ist, die Chance für das plötzliche Aufbrechen des in uns lebendigen ›ganz anderen‹ ... das Aufklingen einer Kraft, eines Sinnes, einer Geborgenheit von ganz woanders her, aus jener Tiefe, die jenseits aller Vernunft, jenseits aller rationalen Erwartungen, jenseits aller natürlichen Hoffnung aufbricht.«[7]

Inwieweit Musik das Abbild solcher Phasen der Grundnot

[6] C. G. Jung: Vorwort zu W. Y. Evans-Wentz, *Der Geheime Pfad der Großen Befreiung,* Weilheim, 3. Aufl. 1972.
[7] Dürckheim: *Erlebnis und Wandlung,* zitiert in: *Religion und die Droge,* Stuttgart 1972, S. 108.

sein kann und inwieweit sie Träger und Mittler einer spirituellen Botschaft des »ganz anderen« ist, davon wird im folgenden die Rede sein. Es geht dabei nicht um eine Aufzählung aller bedeutenden geistigen Werke der Musikgeschichte, etwa Bachs Chor- oder Orgelwerke, späte Stücke von Mozart und Beethoven, Kammermusik von Schubert und Schumann, Opern von Wagner oder Kompositionen von Gustav Mahler, sondern insbesondere um Kompositionen dieses Jahrhunderts, die sich mit mystisch-magischen, spirituellen, metaphysischen und auch außereuropäischen Inhalten beschäftigt haben. Zum Teil besitzen diese Musiker und Forscher des Inneren keine Weltgeltung als Komponisten, oder sie sind umstritten. Dennoch haben sie wesentlich zur integrierenden Begegnung mit dem Fernen Osten und zur akustischen Erhellung esoterischer Kenntnisse beigetragen. Sie könnten die Väter einer neuen, im Entstehen begriffenen, integralen Weltmusik sein.

## 2. Kompositorische Ansätze

Wenn man die verschiedenen Bewußtseinsmodelle (magisch, mythisch, mental und integral), wie sie Jean Gebser definiert und erklärt hat, auf das musikalische Hören und die Entwicklung von Musik gemeinhin überträgt, so entsprechen die vorwiegend rhythmische, monotone und kultische Musik der Schamanen früher nordeuropäischer und afrikanischer Kulturen, die Gesänge der südamerikanischen und mongolischen Priester und die heterophonen Gamelanorchester ganzer Dörfer Indonesiens eindeutig dem *magischen* Bewußtsein. All diese urtümlichen, jedoch zumeist höchst differenzierten Musiken sind eng verknüpft mit Tanz und Bewegung, sie erfüllen fast immer die Aufgabe initiatorischer Einweihung.

Die frühgriechische »Musiké«, die einstimmige Musik des frühen Mittelalters, wie sie im Gregorianischen Choral ihren Höhepunkt hatte, die persische Dastgah-Musik mit den modalen Maqam-Skalen sowie die süd- und nordindischen Raga-Improvisationen entsprechen der *mythischen* Bewußtseinshaltung, die dem Orientalen und dem frühen Abendländer gemeinsam ist. Hier waren Sprache und Musik noch eng verknüpft, die griechische Musiké, die gleichermaßen Sprechen und Singen bedeutete, sowie der altindisch-vedische Rezitationsgesang haben beide die ältesten Mythen der Menschheit zum Inhalt.

## Europäische Musikkultur

Um das 15. Jahrhundert hat sich im Abendland allmählich das *mentale* Bewußtsein durchgesetzt mit seiner dreidimensionalen Sicht der gegenständlichen Welt. Mit der Perspektive in der Malerei entwickelte sich zu gleicher Zeit die Mehrstimmigkeit in der Musik. Mehrstimmiges Komponieren erfordert Konstruktion, messende Ordnung und Notensystem. Die große abendländische Musikkultur konnte entstehen: Fugenlehre, Sonatenform, Gesetze der Harmonie und Modulation, Tonalität in ihrem funktionalharmonischen Sinne und damit die temperierte Stimmung der Intervalle.

Die asiatische Musik Japans, Chinas oder Indiens dagegen verharrte in der mythischen Einstimmigkeit und entdeckte subtilste Klangfarben und psychische Stimmungen, unendlich viele Tonreihen (Modi) und das Erlebnis feinster Mikrointervalle. Die magische Musik Afrikas oder Indonesiens ihrerseits verblieb im Unbewußten ihrer archaischen Riten, ihrer zeitlosen rhythmischen Formeln und ihrer ursprünglichen Gesänge.

Das mentale Bewußtsein des abendländischen Musikers begann nun die Wirkungsweisen der Natur, der physikalischen Gesetze der Musik, der psychologischen Wirkung von Tönen zu erforschen. Aber auch die unsichtbaren, mystischen und esoterischen Kräfte von Musik, die denen, die sie beherrschten – den magisch-mythischen Kulturen – gar nicht bewußt waren, wurden schrittweise entdeckt: ein alchimistisches Musikverständnis entwickelte sich insgeheim, vermischt mit viel okkultem, spekulativem und halbwissenschaftlichem Gedankengut. Das mentale Bewußtsein wollte die Wirkungsweisen seiner magisch-mythischen Vorgänger verstehen lernen, auch auf die Gefahr des Rückfalles in eine vergangene Bewußtseinsstufe. Eine Geschichte musikalischer Esoterik, die sich in den Vereinigungen der Rosenkreuzer oder kabbalistischer, pythagoräischer und alchimistischer Gruppen manifestierte, durchzieht das gesamte Mittelalter und die Neuzeit (siehe Teil III).

Mehr und mehr begeisterten sich große Komponisten zu Anfang dieses Jahrhunderts für die Ideen dieser Zirkel. Der Russe Alexander Skrjabin (1872–1915) entwickelte eine mystische

Tonleiter, die den chromatischen, orientalischen Skalen nahesteht und aus welcher er für damalige Zeiten ungehörte und unerhörte Akkordbildungen zu seinen zahlreichen Klavierwerken herleitete. Sein Landsmann Sergej Prokofjew (1891–1953) ließ sich zu seiner *Skythischen Suite* von den Ekstasen der skythischen Schamanen inspirieren. Auch Skrjabin schrieb ein Orchesterstück *Poème de l'Ecstase;* er erstrebte ein kultisch-mystisches Gesamtkunstwerk. Der große spätromantische Komponist Gustav Mahler (1860–1911) vertonte in seiner riesigen achten Symphonie 1906 den Pfingsthymnus »Veni creator spiritus« und den Schlußgesang des *Faust II* und äußerte dazu, daß hier das Universum tönen und singen solle: »Planeten und Sonnen kreisen.«

Während der Pariser Weltausstellung 1898 erlebte Claude Debussy (1862–1918) erstmals ein balinesisches Gamelanorchester, indische Schauspielmusiken und japanische Mundorgelstücke, die ihn zu vielen seiner modalen Schöpfungen mit »sphärischem Klang« (so Gebser) bewegten. Maurice Ravel (1875–1937) setzte in seinem *Bolero* die magische Monotonie ein, um eine »Statik der Zeit« (so nannte sie der Dirigent Hermann Scherchen), also die Zeitlosigkeit, zu erlangen, die dem Magischen eignet. Und beide, Ravel wie Debussy, wurden stark beeinflußt von dem skurrilen Außenseiter Erik Satie (1866–1925), der längere Zeit dem französischen Orden der Rosenkreuzer angehörte.

Auch zwei weniger bekannte englische Komponisten müssen hier erwähnt werden. Cyril Scott (1879–1971) beschäftigte sich mit Theosophie und östlichen Geheimlehren und schrieb eigenwillige mystische Kompositionen. Gustav Holst (1874–1934) widmete sich intensiv der Astrologie und schuf eine Suite für Orchester mit dem Titel *Die Planeten,* die immer mehr zu einem Standardwerk der Konzerte wurde. Die sieben Sätze sind nach den Planeten benannt und faszinieren in ihrer eklektischen Sprache vor allem zum Schluß, einer kosmischen Vision von »Neptun, dem Mystiker«, in der ein Fernchor ins Unendliche verklingt.

Überhaupt scheint es keinen unter den großen musikalischen Schöpfern des 20. Jahrhunderts zu geben, der sich nicht irgendwann mit archaischem Volksgut, esoterischen Lehren, pythagoreischen Weisheiten oder fernöstlichen Traditionen auseinandergesetzt hätte. Arnold Schönberg (1874–1951) beschäftigte sich mit der christlichen Mystik Swedenborgs und alttestamentarischem Gedankengut *(Moses und Aron)*. Sein Schüler A. von Webern (1883–1945) studierte die kabbalistische Zahlensymbolik. Der andere Erfinder der Zwölftonmusik, der diese nicht nur als ein neues Ordnungsprinzip, sondern als geistige Kosmoslehre verstand, war der Wiener Josef Matthias Hauer (1883–1959), ein Eingeweihter des Rosenkreuzer-Ordens. Er ordnete die zwölf temperierten Töne der Oktave kreisförmig an, und bestimmte Gruppen dieser Töne (Tropen) hatten bei ihm aufgrund ihrer Konstellation geistig wirkende Bedeutung. Sein Werk wird fortgesetzt von dem Münchner Anthroposophen Fritz Büchtger (1903–1978), der mit einer selbst entwickelten »kosmischen« 12-Ton-Technik Schriften gnostischen Inhalts vertont (*Das Gläserne Meer, Das Gesicht des Hesekiel* usw.). »Ich glaube«, sagt Büchtger in einem Interview, »daß Musik Spiegelung einer höheren Ordnung ist, ... einer inneren Welt geistiger Wesenheit, in der jeder Mensch in seinem Unbewußten lebt. ... Der Komponist zeichnet sich dadurch aus, daß er auch im Wachzustande eine gewisse Erinnerung, ein Bewußtsein der Erlebnisse in der geistigen Tonwelt behält.«[8]

Andere Komponisten haben in ihren Werken Texte außereuropäischer Kulturen verwendet, z. B. Günter Bialas (geb. 1907), dessen *Indianische Kantate* auf Eingeborenen-Dichtungen zurückgeht und der in seinem Orchesterwerk *Introitus und Exodus* die Vorstellung eines Rituals vermittelt.

Sogar der sonst so spröde Paul Hindemith (1895–1963) beschäftigte sich am Ende seines Lebens mit der *Harmonie der Welt,* wie der Titel seiner letzten Oper und einer Symphonie lautet. Hier werden die altgriechischen Geheimlehren des Pythagoras im Leben des Johannes Kepler reflektiert, die in neuerer Zeit durch Hans Kayser (1891–1964) als *Kaysersche Harmonik* wiederbelebt und durch die *Harmonikale Grundlagenforschung* seines Schülers Rudolf Haase wissenschaftlich bewiesen wurden (siehe Teil II).

*Amerikanische Komponisten*

Auch im Westen der Vereinigten Staaten, der heute dem Fernen Osten näher gerückt ist als Europa, fand die Musik Zugang zu den inneren Tiefen. Zeugnis davon geben die genialischen Klangvisionen von Charles Ives (1874–1954), dem legendären

[8] NMZ (Neue Musikzeitung), Februar/März 1973.

Sonntagskomponisten, der neben seinem Beruf als Versicherungskaufmann Stücke wie *Three Places in New England, Central Park in the Dark* und mehrere collagenhafte Symphonien komponierte, die zu den grandiosesten amerikanischen Musikwerken zählen. Colin McPhee (1901–1964), ein anderer amerikanischer Komponist, lebte von 1931–1939 auf der indonesischen Insel Bali und ließ in seine sonst traditionelle Musik die fernöstlichen Klänge und Intrumentalfarben in die westliche Orchestersprache einfließen.

Ein jüngerer und in diesem Zusammenhang der bedeutendere Amerikaner ist John Cage (geb. 1912). Früher und intensiver als andere hat er die essentielle Philosophie der Musik, die sozialen Voraussetzungen für akustische Kommunikation und die fernöstlichen Musikkulturen studiert. Cage ging an die Grenzen der Musik und über sie hinaus. In Deutschland ist er vor allem bekannt und von Minderheiten geschätzt als anarchistischer Bilderstürmer, was aus der oft falsch verstandenen Realisierung von Werken einer einzigen seiner vielen Entwicklungsphasen resultiert. Wie die kargen, aber hochkomplizierten Aufführungsanweisungen von John Cage zum Klingen gebracht werden, hängt immer von dem Niveau der Interpreten ab, da Cage »Musik« als Bewußtseinsprozeß und Transportmittel für philosophische Erkenntnisse auffaßt. Er wird von Gruppen mit völlig entgegengesetzten Auffassungen auf den Schild gehoben.

Bereits in den vierziger Jahren begegnete Cage dem großen japanischen Zen-Meister D. T. Suzuki, bei dem er in San Francisco mehrere Monate lang Vorlesungen hörte. Sie finden ihre stärkste Resonanz vielleicht in seinen Textkompositionen *Silence* und *Empty Words* sowie in allen Werken, die einfach die Stille hörbar machen wollen. »Zen lehrt«, formulierte Cage, »wenn dich etwas zwei Minuten langweilt, versuch' es vier Minuten, wenn es dich immer noch langweilt, versuch' es 8 Minuten, 16, 32 usw. Schließlich entdeckst du: Es ist gar nicht langweilig, sondern sehr interessant.«[9]

Schon vorher, 1938 und später, experimentierte John Cage mit dem präparierten Klavier und schrieb Stücke wie *Amores, Music for Marcel Duchamp, Sonatas and Interludes* und *She Is Asleep* für Gesang und präparierte Klaviertöne. Das »prepared piano« gilt noch immer als skurrile, avantgardistische Erfindung und hat doch eine ganz andere Absicht. Bereits sehr früh lernte

---

[9] J. Cage: *Über das Unbestimmte*, (Aufsatz), zitiert nach Wolfgang Burdes Rundfunkmanuskript über die amerikanische Avantgarde im SFB Berlin.

Cage die indonesische Gamelanmusik mit ihren kleinen Metallophonen und obertonreich klingenden Gongs kennen (siehe Teil II,3). Mit Hilfe einer exakt notierten Anzahl von Radiergummis, Drähten und anderen Utensilien, die zwischen die Saiten des Klaviers gesteckt werden, kann ein der Gamelanmusik faszinierend ähnlicher Klang entstehen. Jede Taste, zu der meist zwei oder drei Saitenstränge gehören, wird durch Dazwischenstecken kleiner Gummis usw. »gestimmt«, wobei in den höheren Lagen der Tastatur schlagzeugartige, perkussionsähnliche und glöckchenhafte Klänge entstehen, während in den tiefen Bereichen, wo die Abstände zwischen den einzelnen Saiten größer sind, durch Präparation mit weichen, dicken Radiergummis bestimmte Obertöne hervortreten und gongartig mehrstimmige, äußerst wirkungsvolle Klangkombinationen erzeugt werden. Die Notation für die auf der Tastatur spielenden Hände liest sich dann bei einer beschränkten Auswahl der Töne (man braucht ja nicht alle Saiten zu präparieren) so einfach und urtümlich, als handle es sich um bodenständige Volksmusik und die Notation rhythmischer Urformen.

Hierin gleichen die Partituren Cages seinen mit Lou Harrison zusammen verfaßten Schlagzeugstücken, sind aber auch den Aufzeichnungen eines originellen amerikanischen Instrumentenbauers ähnlich: Der 1972 verstorbene Visionär Harry Partch erfand seltsame Riesenxylophone mit faszinierender Klangwirkung und zählt ebenfalls zu den autodidaktischen Musikgenies Amerikas.

*Bartók und Orff*

Jahrzehnte zuvor reflektierten in Europa zwei der größten Komponisten ihre elementare Musik und deren rhythmische Urformen: Carl Orff (1895–1982) und Bela Bartók (1881–1945). Bartók begann, nachdem er zu Anfang in der Nachfolge von Claude Debussy und Richard Strauss komponiert hatte, mit der wissenschaftlichen Entdeckung der Volksmusik seiner Heimat Ungarn und der angrenzenden Gebiete Bulgariens. Er wußte, daß die Zigeunermusik keineswegs die Folklore Ungarns, sondern eine eigenständige, wandernde Musiksprache war. Bartók reiste mit seinem Kollegen Zoltán Kodály durch die entlegensten Dörfer Südosteuropas, schrieb einheimische Melodien und Rhythmen auf und fand in der sogenannten »ungarischen« Molltonleiter den Einfluß des Fernen

Ostens, der Sarazenen und der Mongolen, die bis Ungarn vorgedrungen waren. »Ungarisch Moll« ist ja die Tonart mit den übermäßigen Halbtonschritten, die dem westlichen Ohr so fremd ist und den asiatischen Skalen so nahesteht.

Aber Bartók entdeckte auch die ungeraden Rhythmen (wie den 7/8- und den 5/4-Takt) als natürliche Elemente seiner heimatlichen Folklore. Unter Verarbeitung dessen, was er als wirklich ungarisch empfunden hatte, das aber im Kern asiatischen Ursprungs ist, komponierte er eine Anzahl von Meisterwerken, die eine integrierende Begegnung von östlicher und westlicher Kultur darstellen. Der angeblich atheistische Bartók verstarb als Emigrant im September 1945 in den USA, nachdem er das *Andante religioso* seines 3. Klavierkonzerts beendet hatte. Das Thema, ein ungarisches Folklore-Motiv, hätte auch einer fernöstlichen Weise entstammen können. Bela Bartók, ein hochgeistiger und glasklarer rationaler Komponist, war in der Lage, Musik zu schreiben, die einen überwiegend magisch orientierten Hörer genauso tief erreichen kann wie denjenigen, der mit dem Herzen oder mit dem Verstand hört. Den Sprung zum durchsichtigen integralen Klang dürften einige Ausschnitte seiner Werke getan haben: Teile der langsamen Sätze seiner Klavierkonzerte, seines Violinkonzertes von 1938 und der *Musik für Saiteninstrumente, Schlagzeug und Celesta.*

Bela Bartóks Werk ähnelt und unterscheidet sich in vielem von dem Carl Orffs. Beide haben völlig eigenständig Wege beschritten, die der musikalischen Umwelt ihrer Zeit nicht entsprachen. Sowohl Bartók als auch Orff beschäftigten sich mit vergessenen akustischen Schätzen, die im verborgenen ihrer Wiederentdeckung harrten. Beide kehrten in gewisser Weise zu den Quellen zurück, Orff sogar bis zum Beginn unserer Kulturepoche, dem frühgriechischen Drama. Beide haben sich auch um die Musikerziehung verdient gemacht, Bartók mit seinen meisterhaften Klavierstücken für Kinder, Carl Orff mit dem in aller Welt bekannten und praktizierten Schulwerk.

Dieses musikalische Selbsterfahrungsmodell strebte die Aktivierung des jungen Menschen zum Selbstmusizieren, Improvisieren und Entwerfen eigener Musik an. Orff verwendet für das Anfangsstadium rein rhythmische Instrumente, einheimische und exotische, dann kommen Instrumente für Melodie und Grundklang hinzu. Es wurden Xylophone, Metallophone und Glockenspiele entwickelt, die zum Teil ihre Vorbilder in mittelalterlichen und exotischen Instrumenten haben. Natürlich

springt einem da die Ähnlichkeit mit einem indonesischen Gamelanorchester ins Auge, und Carl Orff bestätigt im persönlichen Gespräch, daß er in den zwanziger Jahren die Orchester
aus Java und Bali gehört hat.

Das Hauptmelodie-Instrument im Schulwerk wurde nach
vergeblichen Versuchen mit asiatischen Blasinstrumenten die
inzwischen wieder bekannte Blockflöte, die bis dahin ein mu-
seales Kümmerdasein geführt hatte. Geeignete Improvisationsmodelle fand man in der in- und ausländischen Folklore, aber
eigentlich sollte die Musik von den Spielern selbst entworfen
werden, wie Carl Orff immer wieder betont. Die spezielle Im-
provisationstechnik soll aus dem Spiel selbst entstehen, was in
Japan und Afrika in Orffschen Schulwerk-Gruppen auch geschieht. Nur in Europa, vor allem in Deutschland selbst, werden die im Druck erschienenen Beispiele von falsch erzogenen
Musiklehrern oft mißverstanden und daher nicht richtig ausgeführt. Dieser Vorwurf trifft nicht die Idee, sondern nur die
althergebrachte, inspirationslose schulmeisterliche Ausführung.

Über sein Schulwerk, das bereits den ganz jungen Menschen
zur Erfahrung mit selbstgeschaffener und selbstgefundener Musik führen will, gab Carl Orff diese programmatische Auskunft:

»Elementare Musik ist nie Musik allein, sie ist mit Bewegung,
Tanz und Sprache verbunden, sie ist also eine Musik, die man
selbst tun muß, in die man nicht als Hörer, sondern als Mitspieler einbezogen ist. Sie ist vor-geistig, kennt keine große Form,
keine Architektonik, sie bringt kleine Reihenformen, Ostinati
und kleine Rondoformen. Elementare Musik ist erdnah, natur-
haft, körperlich, für jeden erlern- und erlebbar, dem Kind ge-
mäß ... Elementare Musik, Wort und Bewegung, Spiel, alles,
was Seelenkräfte weckt und entwickelt, bildet den Humus der
Seele, den Humus, ohne den wir einer *seelischen Versteppung*
entgegengehen. Wann tritt in der Natur Versteppung ein?
Wenn eine Landschaft einseitig ausgebeutet wird, wenn der natürliche Wasserhaushalt durch ein Übermaß an Kultivierung
gestört wird, wenn aus Utilitätsgründen Wald und Hecken dem
Reißbrett-Denken zum Opfer fallen, kurz – wenn das Gleichgewicht in der Natur durch einseitige Eingriffe verlorengegangen ist. Und ebenso gehen wir einer seelischen Versteppung
entgegen, wenn der Mensch, dem Elementaren entfremdet, sein
Gleichgewicht verloren hat.«[10]

[10] Aus: *Gespräche mit Komponisten*, Zürich 1967, S. 296.

Kein Wunder, daß das Schulwerk in jenen Ländern besser verstanden und benützt wird, die noch natürliche Reste elementarmagischer Bewußtheit aufweisen.

Eine ganz andere, vielleicht noch größere Bedeutung hat Carl Orffs Schaffen für die Opernbühne. Hatte er bereits 1937 die Dichtung des Mittelalters für sich entdeckt und verarbeitet, so griff er später immer mehr die großen antiken Stoffe auf, die er in ihrer ursprünglichen Form beließ. Mit seinem letzten großen Opus schließlich, *De Temporum Fine Comoedia (Das Spiel vom Ende der Zeiten)*, scheint Orff das Ende der Epoche unserer mental-rationalen Bewußtseinsform verdeutlichen zu wollen. Die mentale Bewußtseinsebene und damit unsere gesamte abendländische Kultur hatte ja in den antiken Meistern ihren Ursprung und in den letzten fünfhundert Jahren ihre Blütezeit. Orff läßt in seiner *Comoedia* die »Sibyllinischen Weissagungen«, die Anachoreten und die letzten Menschen zu Wort kommen und besingt den Zustand des herannahenden Untergangs, des Weltbrandes und des Grauens: »Ubique daemon, ubique daemon, der Teufel geht um, der Teufel geht um ... bis ans End' aller Zeit, bis ans End' aller Zeit! – Wann endet die Zeit?«

Das Programmheft der Salzburger Uraufführung 1974 erklärt dazu: »Im ersten Teil erklingen die Verse aus dem Munde von neun Sibyllen, jener geheimnisvollen Prophetinnen der antiken Welt ... Auch im zweiten Teil des Werkes finden sich originale griechische Verse in dem orphischen Hymnus an den Traumgott. Diese Gottheit wird beschworen, um den letzten Menschen das Ende der Zeiten im prophetischen Traum zu offenbaren. Der Hymnus ist den Anachoreten in den Mund gelegt, diesen frühen christlichen Einsiedlern ... die der Prophezeiung des Weltgerichtes ein leidenschaftliches Nein entgegenschleudern. Nicht die Schrecken des Jüngsten Gerichtes können das Ziel der Welt sein, sondern die Rückkehr des Bösen in das Gute, die Lösung am Ende des Kosmos als einer endzeitlich begrenzten Schöpfung ... In drei ineinander verfugten Sprachschichten des Griechischen, Lateinischen und Deutschen entstehen riesige Klangketten, Klangwalzen und kreisende Wortspiralen.« Orff verwendet die magische Wirkung der zeitlosen, unendlichen Wiederholungen, um den Hörer in einen Zustand der Auflösung aller eingeübten Alltagserfahrung zu bringen, in welchem er nicht vor dem Ende der Zeit, dem Tod, zurückschrecken muß, sondern, durch das Grauen hindurchgeführt, auf Befreiung hoffen kann. *Kalón thanathein*! wird gerufen:

»Schön ist es zu sterben!«, womit auch ein esoterischer Tod, nämlich der Tod der Ichhaftigkeit gemeint sein kann.

Eine Initiation führt zunächst immer durch die Dunkelheit, und es öffnen sich auch die Tore der Unterwelt, *portae inferni*, mit einem entsetzlichen Lärm, bevor die initiatorische Botschaft erklingt: Luzifer, Symbol des Dualismus von Gut und Böse (*lucifer* heißt übersetzt Lichtbringer und ist gleichzeitig derjenige, der durch seine eigene Dunkelheit Licht bewußt macht), kehrt in Reue zu Gott dem Vater zurück: »Pater peccavi.« Dann ist »alles Geist«: *Ta panta nous,* denn »das Ende aller Dinge wird aller Schuld Vergessung sein«, wie auf der ersten Partiturseite des Werkes zu lesen ist. Von der großen, wissenden Bescheidenheit Orffs zeugt das Ende eines persönlichen Gesprächs über alle seine Anregungen: »Das ist wie bei allem, was man weitergibt: Das hat man auch irgendwie eingegeben bekommen, das ist ja auch nicht von mir. Ich bilde mir nicht ein, daß ich die Welt aus den Angeln hebe mit großen Neuigkeiten. Im Gegenteil, das, was ich immer sage, glaube ich, ist das Älteste, was man überhaupt sagen kann.«

## Musik als Spiegel der Angst

Die Musik als Bild des Untergangs, des Grauens, der Angst, aber auch der Unterdrückung wird indessen nicht nur von Orff als notwendiger Durchgang zum Ziel der Selbstfindung, der geistigen Erkenntnis oder Erleuchtung angesehen. Wie schon angedeutet, wird in allen esoterischen Einweihungsriten der Welt eine Durchschreitung der Nacht als Bedingung gestellt. So muß in den Mysterien-Einweihungen aller Weltmythen der Einzuweihende stets einen Gang durch die Unterwelt bestehen oder eine Höllenfahrt unternehmen.[11] Schönstes musikalisches Symbol ist die Wasser- und Feuerprobe in der Zauberflöte von Wolfgang Amadeus Mozart, der bekanntlich Mitglied des Freimaurerordens gewesen ist. Von ihm sind im übrigen die Worte von der Überwindung des Todes erhalten, den Mozart als den Schlüssel zur wahren Glückseligkeit bewußt erfuhr: »Da der Tod genau zu nehmen der wahre Endzweck unseres Lebens ist, so habe ich mich seit ein paar Jahren mit diesem wahren, besten Freunde des Menschen so bekannt gemacht, daß sein Bild allein

---

[11] Vgl. Erich Neumann: *Ursprungsgeschichte des Bewußtseins*, München, 2. Aufl. 1974, S. 133.

nichts Schreckendes mehr für mich hat, sondern recht viel Beruhigendes und Tröstendes.«[12]

Aber neben diesem Urvertrauen gibt es auch die schrecklich erlebte Wahrheit der Dämonen, die mit jeder todesnahen, das Bewußtsein spaltenden Erfahrung auftauchen. Die Tagebuchaufzeichnungen der Clara Schumann geben ein erschütterndes Zeugnis der archetypischen Visionen des großen romantischen Komponisten Robert Schumann (1810–1856):

»Freitag, den 10. (Februar 1854), in der Nacht auf Sonnabend, bekam Robert eine so heftige Gehörsaffektion die ganze Nacht hindurch ... Er hörte immer ein und denselben Ton und dazu zuweilen noch ein anderes Intervall ... Er sagt, es sei Musik so herrlich mit so wundervoll klingenden Instrumenten, wie man auf der Erde nie hörte ... Als wir nicht lange zu Bett waren, stand Robert wieder auf und schrieb ein Thema auf, welches, wie er sagte, ihm die Engel vorsangen. Er war des festen Glaubens, Engel umschweben ihn und machen ihm die herrlichsten Offenbarungen, alles das in wundervoller Musik ... Der Morgen kam und mit ihm eine furchtbare Änderung! Die Engelstimmen verwandelten sich in Dämonenstimmen mit gräßlicher Musik ... Er schrie vor Schmerzen (denn wie er mir sagte, waren sie in Gestalten von Tigern und Hyänen auf ihn losgestürzt, um ihn zu packen), und zwei Ärzte, die glücklicherweise schnell genug kamen, konnten ihn kaum halten ... Montag, den 20., verbrachte Robert den ganzen Tag an seinem Schreibpult und horchte auf die Engelstimmen. Er hatte dabei einen Blick voll Seligkeit, den ich nie vergessen kann, und doch zerschnitt mir diese unnatürliche Seligkeit das Herz ebenso, als wenn er unter bösen Geistern litt.«[13]

Bekanntlich stürzte sich Schumann kurz danach in den Rhein, wurde gerettet und verstarb in der Heilanstalt von Endenich. Der Münchner Komponist Wilhelm Killmayer (geb. 1927), Schüler von Carl Orff, schrieb ein fesselndes Werk in kargsten, zartesten Farben, das vom Schicksal Schumanns stark berührt ist: *Schumann in Endenich.*

Die Welt innerer Schrecken war für viele Komponisten unserer Zeit Thema ihres Schaffens, und sie stellten dafür eine bestimmte Gattung von Instrumenten, die früher nur Begleitfunktion hatten, in den Vordergrund, um die Welt des Lärms, der

---

[12] Zitiert nach Bruno Walter: *Vom Mozart der Zauberflöte*, 1955.
[13] *Robert Schumann*, Zürich 1967, S. 340.

Entpersönlichung und der dunklen Mächte zu charakterisieren. Carl Orff verwendet in seiner *Comoedia* an die hundert verschiedene Schlaginstrumente aus allen Weltkulturen. Edgar Varèse (1885–1965), der Pionier der Schlagwerkmusik und Schöpfer des *Poème Electronique* für die Brüsseler Weltausstellung 1956, hatte für sein Schlagzeugstück *Ionisation* Prozesse aus der technischen Welt zum Vorbild genommen.

Der italienische Komponist und engagierte Kommunist Luigi Nono (geb. 1924) nimmt zu seinen ausdrucksstarken Chorklängen noch den ohrenbetäubenden Lärm einer Fabrik auf Tonband auf, um die Unterdrückung und akustische Vergewaltigung der Unterprivilegierten anzuprangern. Der in Deutschland lebende Koreaner Isang Yun (geb. 1917), der aus einer stark empfundenen buddhistischen Geisteshaltung heraus komponiert (er vertonte das *om-mani-padme-hum* der Tibeter und schrieb eine Oper mit taoistischem Gedankengut), hat auch Werke geschaffen, welche die Erfahrungen selbst erlittener politischer Haft in scharfen, schrillen Tönen neben seine asiatischen Heimatklänge stellt.

Der Schweizer Komponist Klaus Huber (geb. 1924) ließ sich zu seinem großangelegten Werk, *...inwendig voller Figur ...*, für Chöre, großes Orchester und Tonbandzuspielungen (1971) von dem Traumgesicht Albrecht Dürers anregen. Dürer träumte 1525 einen schrecklichen Weltuntergang, bei dem Wasser vom Himmel fielen »mit einer solchen Geschwindigkeit, Wut und Brausen«, und er erschrak so sehr, daß er beim Aufwachen am ganzen Körper zitterte. Dürer zeichnete daraufhin seine Vision, und Klaus Huber weist darauf hin, daß dieses Aquarell den Atompilz von 1945 um vierhundertzwanzig Jahre formal vorweggenommen hat.

Zu seiner Komposition schreibt Huber: »Mit diesem meinem Werk versuche ich, die Urangst der Menschheit vor einem Weltende durch die Mittel der Musik – meiner Musik – auszudrücken ... Ich glaube auch heute daran, daß Musik legitimiert sei, sich auf der Ebene von Religions- und Glaubensinhalten zu bewegen ... Wenn ich diese Musik niederschreibe, die eine Urangst ausdrückt, so will ich damit nichts anderes, als den einzelnen – also uns alle – aufstören aus einer schon nahezu schizophrenen Selbstverständlichkeit, womit wir die Möglichkeit einer Selbstzerstörung des Menschengeschlechts und des Lebens auf unserer Erde hinzunehmen uns angewöhnt haben ...«[14]

[14] Aus der Textbeilage der Schallplattenveröffentlichung, wergo, Mainz.

So entwickelte sich in unserer Zeit eine Musik, die auf den konventionellen Hörer einen schrecklichen Eindruck machen kann, die aber notwendig ist als Sprache für die Anliegen und Nöte der heutigen Zeit.

## Messiaen und Stockhausen

Olivier Messiaen (geb. 1908), der berühmte französische Komponist, fand bei aller rationalen Geistesschärfe seine inspirierende Kraft in der christlich-gnostischen Mystik. Er schrieb 1943 während seiner Gefangenschaft in Görlitz sein *Quartett für das Ende der Zeit,* in dem er eine andere, geistige Welt erklingen läßt, die mit den Worten der christlichen Offenbarung umschrieben wird. Andererseits beschäftigte er sich mit indischer Musik und verwendete bereits 1939 in seinem Orgelwerk *Les Corps Glorieux* südindische Rhythmen und Ragaformen, die den Skalen der gregorianischen Kirchentonarten entsprechen. Zu dem 1964 in Donaueschingen uraufgeführten Werk *Die Farben der himmlischen Stadt* wurde Messiaen durch fünf Zitate aus der Apokalypse des Johannes angeregt. Das letzte der fünf Zitate, das vom Glanz der Stadt spricht, hat ihn zu den Farbvorstellungen in seiner Komposition inspiriert. Die zahlreichen Schlagzeugparts spielen sich in erster Linie auf den Marimbaphonen ab, die Messiaen sehr oft verwendet und für die er eine persönliche Transformation des indonesischen Gamelans entwickelte. Die typischen rhythmischen Motive, die er der Welt der Vögel entlehnte, werden abgelöst durch Teile einer sehr meditativen, quasi mantrischen »Akkordmelodie«, die in der Technik der *modalen Harmonik* komponiert ist, was besagt, daß Messiaen die Zusammenklänge nicht aus funktional-harmonischen Folgen, sondern aus dem Tonmaterial eines Modus, einer Skala entwickelt. Diese Technik verwendet Messiaen faszinierend in seinem Riesen-Opus *La Transfiguration de Notre Seigneur Jesus Christ* für Solisten, Chor und Orchester, uraufgeführt 1969 in Lissabon, wo er aus dem motivischen Ablauf eines choralartigen Rezitativs sämtliche modalharmonischen Zusammenklänge entwickelt. Das Werk veranschaulicht verschiedene Aspekte des Mysteriums der Verklärung Christi an Hand lateinischer Texte aus den Evangelien, aus der Genesis, den Sprüchen Salomonis und aus der *Summa theologica* des Thomas von Aquin.

Über sein spirituelles, religiöses Bekenntnis gibt Messiaen selbst Auskunft: »Ich glaube an den Schöpfer aller sichtbaren und unsichtbaren Dinge ...Der Ausdruck ›unsichtbare Dinge‹ hat einen besonders tiefen Eindruck auf mich gemacht. Enthält er nicht alles? Gibt er nicht Kunde von der Welt der Sterne wie von der Welt der Atome, von der Welt der Engel wie von der Welt der Dämonen, von der Welt unserer eigenen Gedanken wie von der Welt alles dessen, was uns unbekannt ist, und vor allem von der Welt des Möglichen, die nur Gott kennt?«[15]

Der Einfluß Messiaens auf die Avantgarde der fünfziger Jahre ging jedoch von der intellektuell betonten Aufzeichnung seiner damaligen Kompositionstechnik aus (»Meine musikalische Sprache«), die neben der 12-Ton-Methode Anton von Weberns und den Theorien dessen Schülers René Leibowitz die sogenannte serielle Musik mitbegründete.

Ein Hauptvertreter dieser Richtung war damals Karlheinz Stockhausen, der auch bei Messiaen studiert hat. Wie wenige hat er dann alle kompositorischen Phasen durchschritten und mitgeprägt. Stockhausen (geb. 1928) war einer der ersten, die das Material der elektronischen Musik erforschten, komponierte »punktuelle« und »konkrete« Musik und erfand auch die »Clustertechnik«, die später von Györgi Ligeti (geb. 1923) in seinen statischen, rein klanglichen Stücken (*Atmospheres, Lontano* usw.) und von Krzysztof Penderecki (geb. 1933) mit seinen ausdrucksstarken postseriellen Werken christlichen Inhalts weiterentwickelt wurde. Penderecki verarbeitet z.B. in seiner *Lukaspassion* diese Technik, indem er alle Halbtonschritte – und noch engere Intervalle – übereinanderschichtet, mit Keimzellen einfachster Motive des frühchristlichen Gesangs.

Stockhausen entwickelte schließlich noch eine andere Methode des Musizierens, die freilich in ähnlichen Formen längst existierte: die *intuitive Improvisation,* die uns im folgenden noch interessieren wird. Zum erstenmal spielten die auf Stockhausens Musik eingestellten Interpreten »intuitiv«, durch kurze Meditationstexte *(Aus den Sieben Tagen)* angeregt und ohne stilistische Verpflichtung, wie sie den indischen Musiker oder auch den Free-Jazz-Spieler bindet. Stockhausen selbst freilich saß am Regler und formte diesen Prozeß nach seiner eigenen Intuition.

»Wir haben ganz stetig«, berichtet Stockhausen, »das Handwerklich-Rationale des Musikmachens in nie gekanntem Maße

[15] Musikzeitschrift *Melos,* Schott's Söhne, Mainz 1958.

für das Intuitive geöffnet (und ich schreibe dies, *nachdem* ich in Spanien, Indien, Mexiko authentische Improvisationsmusik erlebt habe und gerade von längeren ›Hör-Expeditionen‹ in Bali, Japan und Ceylon zurück bin) ... Der krasse Dualismus zwischen ›alt‹ und ›neu‹, ›traditionell‹ und ›modern‹, ›primitiver Musik‹ und ›Kunst-Musik‹ – ja, auch ›asiatischer‹ und ›europäischer Musik‹ ist aufgelöst worden. Was heute der beherrschende Ton der Musikkritik und die Meinung der meisten Komponisten-Kollegen ablehnt (mit jenem bedauernden Unterton: ›Er ließ sich von irrationalen, fernöstlichen – japanischen, indischen Ideen beeinflussen ...‹), wird sich als eines der wichtigsten Ereignisse herausstellen: der Beginn einer wirklichen ›Symbiose‹ europäischer, asiatischer, afrikanischer und südamerikanischer Musik.«[16]

Weitere wichtige Aspekte im Werk Stockhausens sind *Klangfarbe* und *Obertonreihe*. Die physikalische Gegebenheit, daß jeder Ton viele Teiltöne besitzt, durch deren Konstellation die Klangfarbe bestimmt wird, kommt in Teil III ausführlich zur Sprache. Stockhausens Verdienst ist es, daß dieses Naturgesetz stärker in das kompositorische Bewußtsein der Gegenwart getreten ist und dadurch das Verständnis der inneren Gesetzmäßigkeiten des Klangs vertieft wurde.

In seiner Komposition *Stimmung* gipfelt die Arbeit mit den »Klangfarben-Melodien« (einem Begriff Schönbergs) in der sogenannten Spektralharmonik oder Formantmodulation eines einzigen Tones und seiner Obertonskala (siehe Teil III,2): 75 Minuten lang wird in Stockhausens *Stimmung* nur eine einzige Obertonreihe in reiner Stimmung gesungen. Der Titel resultiert aus der Mehrdeutigkeit des Begriffs Stimmung: »Die Reihe Stimmung, in der die Vokalisten die 2., 3., 4., 5., 7. und 9. Obertöne zum Grundton des tiefen B singen; das Sich-Einstimmen eines Vokalisten, mit dem er während der Aufführung jedesmal beginnt, wenn er ein neues Klangmodell in den Zusammenhang bringt ...; und nicht zuletzt steckt im deutschen Wort ›Stimmung‹ die Bedeutung von Atmosphäre, von Fluidum, von seelischer Gestimmtheit ...«[17]

Stockhausen hat mit seinen Werken *Mantra* (bei dessen Uraufführung er Texte über den indischen Weisen Sri Aurobindo zitierte), *Inori* (Anbetungen), die auf den Lehren über die

---

[16] Stockhausen-Text der Darmstädter Ferienkurse für Neue Musik, 1970.
[17] Ausschnitt aus dem Text der Schallplattenveröffentlichung von K. H. Stockhausen (Deutsche Grammophon).

Keimsilbe *hu* des Sufi Hazrat Inayat Khan beruhen, und vielen anderen Werken, vor allem mit der Vierten Region seiner *Hymnen*, wichtige Beiträge zum spirituellen Erleben und Verstehen von Musik geleistet. »Stockhausen ist in den zurückliegenden 15 Jahren,« so schreibt Heinz Josef Herbort, »zu einem Propheten eines neuen Welt-, Lebens-, Menschenverständnisses geworden ... so missionarisch und absolutistisch, so nachwirkend schließlich und so beunruhigend-beruhigend: das verdient großen Respekt, wie es vermutlich Widerstand hervorruft ...«[18]

Trotz der Umstrittenheit seiner Person haben eine große Anzahl avantgardistischer Strömungen in Stockhausens Arbeit ihren Ursprung, und aus seinem Umkreis sind eine Menge junger Musiker hervorgegangen, die ebenfalls den Prozeß der freien Improvisation weiterentwickelt haben.

In den sechziger Jahren bildeten sich in Europa und Amerika eine ganze Reihe solcher Gruppen, die mehr und mehr die Kategorien der musikalischen Stilrichtungen auflösten. Die kreative Zeit der Popmusik ermöglichte die schrittweise Annäherung von Jazz, Avantgarde, Rock, elektronischer Musik und der Folklore der Welt. Der klassische Jazz, dessen Hauptbestandteil ohnehin die Improvisation, das freie eigenschöpferische Ausgestalten eines vorgegebenen Musters gewesen ist, und der als Musik der farbigen Amerikaner schon immer eine natürliche Beziehung zur akustischen Selbsterfahrung besaß, öffnete sich mehr und mehr den musikalischen Strömungen der Welt. Ornette Coleman oder Cecil Taylor machten »freie Musik«, lange bevor die Avantgarde sie entdeckte. John Coltrane (1926–1967), der Schöpfer der neuen spirituellen Musik Amerikas, versuchte als erster eine »Musik der Großen Synthese«. Für ihn dürfte Musik Zeit seines Lebens nichts anderes als intuitives Improvisieren gewesen sein.

Eine integrale Weltmusik, deren Ansätze und geistige Väter innerhalb der »klassischen« Musik vorgestellt wurden, benötigt als Voraussetzung die intuitive Spontaneität, wie sie dem einen oder anderen Komponisten der letzten Jahrzehnte zwar gegenwärtig sein dürfte, wie sie aber vor allem im Prozeß der intuitiven Improvisation schöpferisch vorausgeahnt wird. Improvisierte Musik ohne Noten ist gar manchem westlichen Musiker – und sei er auch ein großer Virtuose – völlig unmöglich. Doch gerade der improvisatorische Prozeß führte viele junge Musiker

[18] H. J. Herbort in der ›Zeit‹ vom 21. 10. 1983

in den letzten Jahren zu einer tieferen Selbsterfahrung und war der erste Schritt auf dem Wege zur musikalischen Integration.

## 3. Gruppenimprovisation und intuitives Musizieren

»Vierfünftel der Menschheit braucht keine Noten und kennt keine Noten.«

Das sagte Carl Orff, von dessen elementarer Improvisationsmethode für Kinder schon die Rede war. In den Frühkulturen der Menschheitsgeschichte haben sich in den Stämmen und Völkern der ganzen Welt bestimmte rhythmische Formen und melodische Modelle herausgebildet, die den Menschen in Fleisch und Blut übergegangen waren. Diese Musik machte den Spielern selbst natürlich die größte Freude, was niemanden störte, denn es spielten alle mit, es gab keine Zuhörer.

Daß das gemeinsame Musizieren nur den Spielern Spaß mache, ist heutzutage der Hauptvorwurf gegenüber einer rein improvisatorischen Musik, die im Westen seit etwa zehn Jahren praktiziert wird, während die musikalische Aufzeichnung der Partituren sich bereits zu kompliziertesten Notationen entwikkelt hatte. Die entschiedensten Verfechter einer sogenannten Kollektivimprovisation verstanden sich als Opposition zum etablierten und institutionalisierten Betrieb der experimentellen Neuen Musik. Der Impuls ging von der politischen und gesellschaftlichen Jugend- und Befreiungsbewegung in den USA aus sowie von der engagierten Jazzmusik, die freieste Formen kollektiven Zusammenspiels entwickelt hatte. Die kreativste, lauteste und chaotischste Zeit akustischer Selbstfindungs-»Zeremonien« gebar eine Pop-Rock-Musik, die wiederum aus der amerikanischen Country Folkmusic entstand. Den Gruppen stand eine enorme Technik an Verstärker- und Mikrophonanlagen zur Verfügung, um ihre lautstarke Befreiungsbotschaft in riesigen Hallen oder auf großen Festivals im Freien unter die Jugend zu bringen. Zehntausende junger Menschen signalisierten da den starken Drang zu einer kollektiven Selbsterfahrung.

Neben den vom Jazz und der Rockmusik kommenden Gruppen, die als Sprachrohr einer Underground-Bewegung begannen und nicht selten in den Großkonzernen der Unterhaltungsindustrie endeten, beschäftigten sich auch viele avantgardistische Komponisten mit improvisierter Musik. Jahre nach Cage und Stockhausen, die auch hier die ersten Anregungen gegeben hatten, begannen der Posaunist und Komponist Vinko Globokar (Jugoslawien) und der argentinische Pianist und Komponist Carlos R. Alsina das freie Zusammenspiel mit französischen Jazzmusikern und Interpreten Neuer Musik. Der Engländer Cornelius Cardew schrieb ein ganzes Buch mit Improvisationsanleitungen *(The Great Learning)* für das *scratch orchestra,* in dem oft dreißig bis vierzig Laien und Musiker in Dörfern Englands mit den einfachsten Mitteln des »Kratzens« (scratch), Trommelns und Singens musizierten. Neben *Nuova Consonanza* war in Italien bereits die *Musica Elettronica Viva* von dem amerikanischen Pianisten und Komponisten Frederik Rzewski gegründet worden. Diese Gruppe verwendete sämtliche damals neuen elektronischen Instrumente und Klangveränderungsapparate. Damals, zu Anfang der sechziger Jahre, waren die Klänge der sogenannten Live-Elektronik noch nicht von der Pop-Musik und den Beat- und Rock-Ensembles übernommen worden. Später entwickelte sich dann eine ganze Reihe solcher live-elektronischer Gruppen auch in Deutschland, die nicht selten experimentell begannen.

Schon seit dem Ende der sechziger Jahre versammelte zum Beispiel der deutsche »Veranstaltungskomponist« Josef Anton Riedl (geb. 1929) die heterogensten Musiker um sich, unter denen sich auch der amerikanische Perkussionsspieler Michael Ranta befand, der inzwischen auf Taiwan taoistisch-chinesische Musik studiert. Riedl ließ diese Spieler während seiner fantasievollen Multi-Media-Environments zu selbstgefertigten Tonbandzuspielungen nach Absprache spontan reagieren und seine filigranen, häufig mit poetischen Pflanzennamen versehenen Stücke realisieren. Der deutsche Komponist Dieter Schnebel (geb. 1930), der in vielen seiner Stücke die akustischen Ausdrucksmöglichkeiten der menschlichen Stimme bis in ihren eigenen Ursprung erweiterte, schuf eine ganze Reihe von klanglich abstrakten Improvisationsanregungen für den Unterricht *(Schulmusik).* Der Franzose Luc Ferrari (geb. 1929), der als

Komponist »akustischer Hörphotos« bekannt ist und die während eines Sonnenaufgangs am Meer aufgenommenen Geräusche zu seinem sensiblen *presque rien* (fast nichts) formte, arbeitete mit der deutschen Rockgruppe *Amon Düül,* die er zu elektronisch produzierten Grundklängen improvisieren ließ. Andere intuitive und improvisatorische Formen, die einen mehr meditativen Charakter haben (»minimal art« und »periodic music«) werden später noch näher beschrieben.

Wichtiger als eine weitere Aufzählung ist hier nun der improvisatorische Prozeß selber, denn es geht gar nicht so sehr um die musikästhetische Bewertung solchen Spielens, sondern um die psychologische Bedeutung und die Möglichkeit kollektiver Erfahrungsmodelle, wie sie auch in gruppendynamischen Übungen und im Sensitivity-Training existieren. Es ist immer wieder eine bemerkenswerte Beobachtung, daß im klassischen Sinne perfekt ausgebildete Musiker nicht in der Lage sind, frei über eine Ton- oder Harmoniefolge zu improvisieren oder gar spielerisch am Instrument zu »phantasieren«. Diese Unfähigkeit resultiert aus der einseitigen Erziehung zum Spiel vom fixierten Notenblatt, das schon am Anfang des Unterrichts die Töne mechanisch vom Auge auf die Hand überträgt. Die Möglichkeit, Gehörtes direkt improvisatorisch zu übernehmen, wird im traditionellen Musikunterricht mit wenigen Ausnahmen fast immer unterschlagen.

So kommt es, daß technisch kaum versierte Musiker eher improvisieren können, allerdings mangels geeigneter Ausbildung häufig in allen möglichen Improvisationsklischees stekkenbleiben und sich lediglich durch das Kopieren von Vorbildern bestimmte akustische Gesten aneignen. Wer freilich mit anderen, aus verschiedensten Richtungen kommenden Musikern zusammenspielt, lernt sehr bald die Modelle, die sich immer wieder gleichen, und er lernt die Hauptregel des freien Zusammenspiels: aufeinander hören.

Um nun im folgenden authentisch über die Selbsterfahrung bei der Gruppenimprovisation zu berichten, werden die subjektiven Erfahrungen einfließen, die ich als Mitglied der Gruppe *Between* machte, einem Ensemble, dem sowohl Interpreten klassischer Musik und südamerikanischer Folklore als auch experimentelle Komponisten und farbige afro-amerikanische Schlagzeuger angehörten bzw. angehören.

Beim völlig frei improvisierten Spiel ergeben sich streckenweise Phasen, die wie komponierte Musik wirken. Aber es ergeben sich auch unkomponierbare Klangzustände, die dem einzelnen Spieler faszinierende akustische Erlebnisse vermitteln. Der junge Komponist Ulrich Stranz nennt das ein »Sich-in-klingender-Materie-Befinden«. Die Gefahr eines schlecht proportionierten Formablaufs, von »Löchern« oder zerdehnten Übergängen, nimmt man dafür gerne in Kauf und riskiert sogar manchmal einen kaum überzeugenden Schluß, bei dem einer nach dem anderen »aussteigt«. Den Zuhörer freilich kann solch ein direktes Dabeisein im Schöpfungsprozeß dennoch sehr begeistern. »Die Unvorhersehbarkeiten sind zu mannigfach, aber gerade in ihnen liegt ein Reiz, der dem aufmerksamen Hörer viel Genuß bereiten kann. Die Bedingungen sind genau die gleichen wie die des klassischen Jazz, auch dort war sehr häufig das erstmalige Hören und Miterleben der jeweils eigenen musikalischen Entwicklung interessanter als das, was dann ein mehrfaches Wiederhören als Tonband oder Platte zu bieten vermochte.«[19]

Um diesem Niveauabfall einer auf Tonband aufgenommenen Improvisation zu entgehen, aber dennoch nicht auf die inspirierten Prozesse der Spontaneität verzichten zu müssen, besteht die Möglichkeit, einen längeren Prozeß durch Kürzungen (Schnitte und Überblendungen) von Mißglücktem zu »säubern« und gestaltend zu formen. Dieser Vorgang wird freilich von Puristen der Improvisation abgelehnt, auch wenn dank eines mit- und nachschöpferisch versierten Tonmeisters die künstlichen Eingriffe nicht zu hören sind. Sie haben eine kompositorische Absicht und ermöglichen den wiederholbaren Genuß besonders geglückter Improvisationen. So können oft Gebilde von faszinierender Diffizilität entstehen, die ohne vorgeformte Melodieabläufe oder Harmonieschemata im Zusammenspiel entstanden, auf Grund zufälliger, freilich beabsichtigter, sozusagen herbeigewünschter kommunikativer Umstände. Aber es gibt auch seltene, auf Tonband »gebannte« Augenblicke, die in einer gemeinsamen, übersinnlichen Intuition der Spieler entstanden, die weder »machbar« noch wiederholbar sind und die ohne »Tonkonserve« beglückendes Geheimnis der Musiker bleiben würden. Solche Augenblicke können von sensiblen Hörern auch vom Tonband in gleicher Tiefe wahrgenommen werden: Das Geheimnis gibt sich unmittelbar preis, wenn man in einem ähnlich losgelassenen und geöffneten Zustand hört, in welchem die Musiker sich befanden, vielleicht unbewußt, vielleicht nur für kurze Zeit.

[19] F. Muggler: Experimentelle Ensembles, in: ›Neue Zürcher Zeitung‹, 25. 2. 72.

Die Wirkungsweisen dieser Begegnung in archetypischen Tiefen sind noch unerforscht und kommen der Energie bewußtseinsverändernder Drogen gleich: Die Funken hellsichtiger Wahrnehmung im Zustand des Sich-Öffnens springen über. Diese intuitiven Zustände, die vielen außereuropäischen Musikkulturen bekannt sind, welchen es gerade darum geht, solche Kräfte hervorzurufen, sind erlernbar. Wenn man jedoch über längere Zeit das intuitive Musizieren alleine geübt hat, und manchen Hindernissen und Geduldsproben begegnet ist, dann wird einem klar, wie schwer ein solcher Prozeß für eine Gruppe von mehreren Spielern sein muß. Und in der Tat existieren kaum Schallplatten von Ensembleaufnahmen solcher Musik, die ja in erster Linie das Geheimnis jedes einzelnen ist. Die Qualität und Intensität meditativer Musik hängt aber auch von der Anzahl der improvisierenden Spieler ab. Je mehr (noch so gut aufeinander eingespielte) Musiker mitwirken, desto weniger tief führt erfahrungsgemäß ein Stück. Ein wichtiger Faktor ist hier auch das persönliche Verhältnis der Spieler zueinander, denn beim Improvisieren begegnet man sich direkt, steht sich quasi Rede und Antwort, streitet oder liebt sich. Keiner kann da seinen Rucksack voller Vorurteile oder Aversionen verstecken. Mir ist kein Erlebnis subtiler intuitiv entstandener Musik gegenwärtig, bei dem mehr als drei gleichwertige Spieler mitgewirkt hätten. Und es hat seine Gründe, daß sich im asiatischen und arabischen Raum der Typus des solistisch führenden Musikmeisters herausgebildet hat, der von seinen Mitspielern lediglich begleitet wird.

*Improvisationsmodelle*

Viele improvisierende Gruppen spürten die Notwendigkeit einer intensiveren Begegnung untereinander und zogen deshalb zusammen in Wohngemeinschaften oder in Bauernhäuser aufs Land. So konnte man sich menschlich und musikalisch näherkommen. Jeder lernte die Eigenheiten und typischen Reaktionen des anderen kennen. Einige Gruppen hatten das Prinzip, stets und immer wieder vom Punkt Null aus akustisch anzufangen, also immer aufs neue ohne Absprache »loszulegen«. Dabei konnten gerade in Gruppen von musikalischen Laien die erstaunlichsten Resultate entstehen, eine Kommunikation, die in sich stimmte, weil man sich kannte. Oft stagnierten diese Gruppen allerdings nach gewisser Zeit und lösten sich auf: Man hatte sich nichts mehr zu sagen und suchte neue Anregungen.

Andere Gruppen, für die nicht so sehr der anarchistische, magisch-unbewußte (und manchmal egoistische) Befreiungsaspekt im Vordergrund stand, sondern mehr das wach-bewußte, allmähliche Entstehenlassen konstruktiver Formen, entwickelten verabredete, vorher abgesprochene Improvisationsmodelle, die auf den Erfahrungen spontan entstandener Strukturen aufbauten. Ein Hilfsmittel war ihnen hierbei von größter Bedeutung: ein einfaches Tonbandgerät, das alle spontanen akustischen Geschehnisse ohne Anspruch auf Qualität als Selbstkontrolle aufnahm. Anhand dieses objektiven Beobachters und Protokolls konnte gemeinsam analysiert, konkretisiert und konzipiert werden.

So entdeckte man einfachste Kommunikationsmodelle, die für das Zusammenspiel hilfreich waren, ohne das schöpferische Element zu behindern. Für die Gruppe *Between* fand der amerikanische Oboist Robert Eliscu ein solches bemerkenswertes Improvisationsmodell. Vier Spieler haben je drei verschiedene Töne zur Verfügung, so daß sich zusammen eine 12tönige Skala ergibt. Diese drei Töne sollen in keinem harmonischen Zusammenhang stehen und jeweils eine Dissonanz enthalten. Jeder Spieler entwickelt Motive, die seine drei Töne in verschiedener Oktavlage enthalten.[20]

Der Musik- und Kunsthistoriker Gerhard Nestler schreibt in seinem *Entwurf einer Geschichte der Klangfarbe* über solche Versuche: »Bedeutsam erscheinen heute Versuche frei improvisierender Instrumentalgruppen, Zusammenhänge wiederum durch die musikalische Materie selbst herzustellen. Ein Ton, ein Intervall, eine Klangfarbe sind Baufaktoren, mit denen die Instrumente – dauernd unter sich wechselnd – umgehen. Auch lassen sich diese Zusammenhangsfaktoren umkehren oder krebsgängig verwenden. Ja, selbst eine 12-Ton-Reihe, mit je drei Tönen auf vier Instrumente verteilt – wobei jedes Instrument gleichzeitig mit dem anderen mit seinem Material improvisiert, kann Baumaterial sein. Alles hängt auf diese Weise mit allem zusammen (auch mit der gleichen weltanschaulichen und seelischen Disposition der Spieler). Jede Veränderung eines Teils hat die Veränderung des Ganzen zur Folge.«[21]

[20] Diese Spielanweisung liegt dem Stück *Memories* zugrunde (LP mit dem Titel *Einstieg*, wergo 1971).

[21] Aus dem noch unveröffentlichten Werk des 1983 verstorbenen Prof. Dr. Gerhard Nestler.

Darüber hinaus hat man sich auf der Suche nach einer Basis für die intuitive Improvisation auch wieder mit den modalen Skalen des Mittelalters beschäftigt, mit der Musik des Organums, des stets ausgehaltenen Bordun-Grundtons und mit den Formen der indischen Ragas. Es wurden Signale entwickelt, sogenannte *call phrases,* die allen Improvisierenden das kommende Ende eines Teiles verkündeten, man »erlaubte« sich wieder einen periodischen Rhythmus, allerdings einen, der nicht nur metrisches Ostinato ist, sondern eine eigenständige, der magischen Welt Afrikas oder Südamerikas entlehnte Wirkungsweise hat. So entstand Musik ohne jegliche Aufzeichnung, in welcher dennoch ein Thema, ein Formablauf, eine rhythmische Begleitfigur oder eine modale Tonskala feststehen: improvisierte Musik, wie sie nicht differenzierter komponiert werden könnte.

Musik dieser Art wurde in den letzten Jahren als »meditative«, aber vor allem auch als »intuitive« Musik bekannt. Karlheinz Stockhausen verwendete diesen Begriff bei der akustischen Realisierung seiner geistigen Einstimmungstexte *Aus den Sieben Tagen:* »Mit intuitiver Musik möchte ich bewußt machen«, schreibt er in einer Einführung, »daß sie möglichst rein aus der Intuition kommt, die bei einer Gruppe von intuitiv spielenden Musikern qualitativ mehr ist als die Summe von individuellen ›Einfällen‹ aufgrund einer gegenseitigen ›Rückkoppelung‹. Die ›Orientierung‹ der Musiker, die ich auch ›Einstimmung‹ nannte, ist aber nicht eine beliebige oder nur negative, d.h. alles musikalische Denken in bestimmten Richtungen ausschließende, sondern sie ist jeweils konzentriert durch einen von mir geschriebenen Text, der das Intuitive in ganz bestimmter Weise herausfordert.«[22]

Im Text zu einem dieser Stücke mit dem Titel *Unbegrenzt* heißt es zum Schluß:

»Ein Ton lebt wie DU, wie ICH, wie SIE, wie ES.
Bewegt sich, dehnt sich aus und schrumpft zusammen.
Verwandelt sich, gebiert, zeugt, stirbt, wird wiedergeboren.
Sucht, sucht nicht, findet, verliert, verbindet sich,
liebt, wartet, eilt, kommt und geht.«[23]

[22] Textbeilage der Schallplattenkassette *Aus den Sieben Tagen,* Deutsche Grammophon.
[23] K. H. Stockhausen: *Aus den Sieben Tagen,* Universal Edition, Wien 1968.

Das intuitive Moment beim Musizieren ist allerdings nicht programmierbar, selbst wenn eine Gruppe jahrelang, jeder für sich
oder alle gemeinsam, einen geistig-spirituellen Weg beschreitet.
Der Prozeß der Intuition entsteht auch beim genialen Interpreten klassischer Musik immer als ein gnadenreiches Geschenk
und nicht auf Abruf. Auch ist es nicht leicht, Phasen vermeintli-
cher, nur eingebildeter Intuition festzustellen, da die wirkliche
Intuition sehr leicht von Vorstellungen des Verstandes und von
Absicht verdorben werden kann. »Wir sollten um Ahnungen
einen schützenden Zaun errichten, um die Intuition davor zu
bewahren, daß sie von unseren Zweifeln verunsichert wird.« So
spricht der Sufi Hazrat Inayat Khan, der selbst ein großer Musiker war. Seine Gedanken über die Intuition decken sich mit der
Überzeugung vieler improvisierender Musiker von heute:
   »Intuition ist etwas, das jenseits der Persönlichkeit des Menschen liegt und über seinem Wissen von Dingen und Mitteln.
Intuition kommt zu Zeiten, da der Mensch passiv geworden ist
und wenn jedes Wissen bewußt oder unbewußt aussetzt ...
Intuition ist etwas viel Höheres und Herrlicheres als Gedanken-
lesen oder Verkehr mit Geistern, weil sie rein ist. Außerdem ist
sie unser Eigentum, gehört uns selbst an. Aus dem Inneren
empfangen wir das Wissen, welches viel wertvoller, viel größer,
viel höher ist.«[24]


4. Psychedelische Musik

Für viele Musiksoziologen Ende der sechziger Jahre war die
Hinwendung der jungen Generation zur spirituellen und fernöstlichen Musik, die Entdeckung der intuitiven Quellen sowie
die Welle der musikalischen Meditation ein Rätsel. Als Hintergrund der »asiatischen Invasion« wurde die zunehmende Mate-
rialisierung und Automatisierung des Westens erkannt. Sie war
die Ursache des Fluchtversuchs vor einer als unmenschlich
empfundenen Wirklichkeit in die Traum- und Phantasiewelt
der Musik, die in den exotischen Kulturen die Welten des Inneren zu öffnen vermag. Schließlich trat auch der Zusammenhang
der »Underground«-Musik mit den bewußtseinsverändernden
Drogen zutage, zu denen die Jugendlichen Amerikas und Euro-

[24] Hazrat I. Khan: *Aus einem Rosengarten Indiens,* München 1954.

pas mehr und mehr griffen. Es war ein offenes Geheimnis, daß fast jeder Musiker dieser Improvisations- und Rockgruppen mit halluzinogenen Rauschmitteln oder wenigstens mit Haschisch oder Marihuana experimentiert hatte. Die neue Richtung nannte sich *psychedelisch*.[25]

Allmählich wurden nun ganz gewisse, der westlichen Gesellschaft bislang unbekannte Stoffe als gefährliche Drogen registriert, für tabu erklärt und verboten: Der Schwarzmarkt konnte sich etablieren. Andere Drogen jedoch waren längst unter der Hand in den Alltag des zivilisierten Menschen eingedrungen und akzeptiert. Sie waren schon damals gar nicht mehr aus dem Leben wegzudenken. Der Hauptunterschied zwischen den Drogen wurde nicht wahrgenommen: Die Tabletten und die alkoholischen Rauschmittel haben konditionierende und bewußtseinsverengende Wirkung, die pflanzlichen Drogen der jungen Leute dagegen sollten eine Bewußtseinserweiterung hervorrufen.

Betrachtet man die legalisierten, tabuisierten und die illegalen Drogen der westlichen Industrieländer, so kann man von einer generellen Drogenabhängigkeit unserer Gesellschaft sprechen: Fernsehen als Droge, Alkohol als Droge, Nikotin als Droge, Sport als Droge, Sex als Droge, Rauschgift als Droge, Tabletten als Droge. In der BRD werden jährlich verbraucht: für 40 Milliarden Mark Alkoholika und Tabakwaren, weit über 30 Millionen Packungen barbiturathaltiger Schlafmittel, 2 Millionen Packungen Aufputschmittel, mehr als 50 Millionen Beruhigungsmittel.[26] In Westberliner Arbeitervierteln berauschen sich Vierzehnjährige an den Dämpfen chemischer Klebstoffsubstanzen, weil sie kein Geld für Haschisch haben. Verheerende gesundheitliche Schäden der Drüsenfunktion treten nach wenigen Monaten auf. Heute leben in der Bundesrepublik schätzungsweise 1,5 bis 2 Millionen Alkoholiker, weitere 2 Millionen sind gefährdet. In den letzten 25 Jahren ist der Alkoholkonsum bei uns um 300 Prozent gestiegen, jeder Bundesbürger gibt im Durchschnitt für Alkohol heute schon 500 Mark pro Jahr aus. Davon hat »Vater« Staat 1978 an Alkohol- und Tabaksteuern mehr als 15 Milliarden Mark eingenommen.

In solcher Situation ist es verständlich, daß auch Musik zur

---

[25] »Psychedelisch«, eine neue, aus dem Griechischen entlehnte Wortschöpfung, bedeutet, »das, was Bewußtsein ausdehnt«.

[26] Vgl. J. vom Scheidt: *Innenweltverschmutzung*, München, Zürich 1975, S. 39 f.

kommerzialisierten Droge geworden ist. Die Sentimentalität der Schnulzen im Schnaps-Stehausschank steht der Aggressivität bewußtloser Rockmusik im Fixerschuppen gegenüber. Der Identifizierungsmechanismus von Musik und Hörer ist, wie schon eingangs angedeutet, klar zu erkennen: Die meiste Musik reproduziert und potenziert den Zustand des Konsumenten, sein inneres Chaos, seine innere Unruhe und Vereinsamung. Während der größte Teil der Pop-Musik unter Einwirkung von Drogen produziert wurde, sind viele sogenannte Studiomusiker der Schlagerindustrie alkoholsüchtig. Denn in unserer Gesellschaft werden einige Drogen verteufelt, andere verharmlost. Immer noch wird der Unterschied zwischen giftigen, suchtbildenden, chemischen und den pflanzlichen, »natürlichen« Rauschmitteln verschleiert. Das TV-Klischee der rauchgeschwängerten »Rauschgift«-Parties und die durch undifferenzierte Verbote ansteigenden Delikte von Schwarzhandel bedingen sich gegenseitig.

In Westeuropa gibt es kein reines Haschisch mehr; zur Gewinnsteigerung wird es mit allen möglichen Substanzen gestreckt, und die LSD-Reise landet durch unverantwortliche Beimischung von sogenanntem speed (Amphetamine) im Horror. Der Jung-Dealer (Zwischenhändler) der Pop-Szene spielt längst das Mehrwertspiel seiner Eltern. Durch die Illegalität und das Outlaw-Dasein des Drogenabhängigen in den minderjährigen, halbaufgeklärten Kreisen steigerte sich die Anzahl derer, die das High-Sein nicht verkrafteten und »umgestiegen« sind auf suchtbildende Gifte (Fixer). Viele aus der Generation um 1960 spritzen und schlucken überhaupt alles, um aus ihrem grauen Milieu in eine Phantasiewelt zu flüchten. Es ist dabei nicht nur die körperliche, sondern auch die seelische Abhängigkeit von Drogen zu berücksichtigen, die von der Unvereinbarkeit der Realität mit dem Rauscherlebnis herrührt. Das Leistungsprinzip unserer Gesellschaft bricht für Drogenabhängige zusammen, und darin liegt der eigentliche Grund der Verteufelung von Drogen.

In letzter Zeit hat sich die Drogenszene verlagert. Die Situation ist dem »Flippern«, dem amerikanischen Automatenspiel, vergleichbar: Als das Arbeiterkind zu flippern begann, hatte der Intellektuelle damit aufgehört. Von den ernsthaften Selbstanalysen und Verwirklichungsversuchen mit halluzinogenen Drogen und psychedelischer Musik haben die heutigen »Konsumkiffer« mangels richtiger Führung meistens keine Ahnung. Das ist zu bedauern, denn gerade an diesem Punkt hatte die wesent-

liche Bedeutung der Drogen für musikalisch-schöpferische Erlebnisse eingesetzt, die Bedeutung psychedelischer Musik als
Kommunikationsmittel kollektiver Analyse.

Den Prozeß des Abbaus dieser kreativen Zeit beschreibt Rainer Kranich in einer Sammlung von Aufsätzen, an der neben
einstigen Vertretern der Drogenszene auch zwei geistige Väter
des neuen integralen Bewußtseins (Lama Anagarika Govinda
und Jean Gebser) mitgearbeitet haben:

»Diesen Prozeß kann man sehr gut in der Pop-Musik verfolgen,
allerdings nur, wenn man genau hinhört, da äußerlich die Erfolge jetzt am größten sind und die Musik so ziemlich das einzige ist, was sich von der Subkultur noch erhält. Aber hört man
z. B. die erste LP-Aufnahme der Gruppe Pink Floyd, die noch
in einer offenen Fröhlichkeit spricht; die zweite, in der die
Sphären-Trip-Klänge Eingang finden; die dritte, den Schwa-
nengesang *More*, bis zu den letzten Platten, die zu immer mate-
rialreicheren, pompöseren Formen finden, aber doch schon von
Schwerfälligkeit belastet sind, dann fühlt man etwas von den
Veränderungen, die in den Jahren vorgegangen sind.

Auch im Namenswechsel der Musik zeichnet sich dieser
Trend ab: *Underground*, in dem noch die gemeinsame Erlebnis-
situation mitschwingt und den man nach der Kommerzialisierung nur noch schamhaft aussprach, *psychedelic music*, das hohe
Ziel, das aus den ersten Erfolgen abgeleitet und dann gesucht
wurde; Pop – das endgültige Zurückfallen in den kommerzialisierten Bereich, worin dann fast ganz die Existenz der Bands
fortlebt. Im individuellen Bereich des Musikhörens spielte sich
der gleiche Vorgang ab. Ich kann mich erinnern, daß vor einigen
Jahren das Empfinden der Musik ein ganz zentrales, sinngefüll-
tes Erleben war und ein Vorgang der gemeinsamen Verständigung mit Erscheinungen, über die heute noch in dunklen Worten gesprochen wird und die in einer Durchdringung der Musik
bestand, die schwebend im Raum, räumlich, zeitlich und bedeu-
tungsmäßig nicht mehr fixiert, ein starkes Einstimmungserleb-
nis bildete.«[27]

Reflexionen über den Zusammenhang von Rauschmitteln und
Musik ergeben sich in der zu beschreibenden Wirkung der Drogen auf Musikmachen und Musikhören. Daß es über dieses

[27] R. Kranich in: *Trug der Drogen*, Siebenstern Taschenbuch, Hamburg 1974,
S. 30.

Thema kaum Literatur gibt, hat seinen Grund wohl nicht nur darin, daß der Drogengenuß ohnehin nur in denjenigen Musikerkreisen üblich war, die wenig Sinn in analytisch-verbalisierenden Theorien sahen, sondern es liegt auch daran, daß die während des »High«-Seins gemachten akustischen Erlebnisse nachher oft gar nicht mehr wirklich anerkannt wurden. Es wurden eher die Quantität und Intensität nachvollzogen als die Qualität eines Erlebnisses und dessen bewußte Verarbeitung, denn gerade die halluzinogenen Drogen führen den Musiker in die magisch-mythischen Bewußtseinsschichten, in denen ohne bewußte Willensanstrengung kein wachbewußtes Reflektieren entstehen kann.

Beim Musizieren unter Einfluß der Hanfpflanze Cannabis trennt der Spieler schon nach kurzer Zeit nicht mehr genau, was er spielt und was die anderen spielen. Er beobachtet die Dynamik von innen heraus und identifiziert sich mit dem Gesamtgeschehen mehr, als daß er sein eigenes dem Spiel der anderen entgegensetzt. Eine Gruppe, die ohne festgelegtes Programm improvisiert, euphorisiert sich leicht an klischeehaften Phrasen, und die konventionellen, abgeleiteten Harmoniestufen werden als große Entdeckung neu erlebt. Aufgeschriebene Noten oder vorher abgesprochene Systeme erscheinen unwichtig. Man ist eher offen für spontane, angeblich nie erlebte Konstellationen. Wenn der einzelne alles bewußt vollziehen will, so findet er sich auf der Schwelle zwischen phantastischem Überblick und völliger Verwirrung, wobei sich letztere gar nicht negativ äußern muß, sondern als Zustand ichloser, traumwandlerischer Aktivität genossen werden kann.

Das musikalische Zusammenspiel unter Einfluß von Marihuana kann für den einzelnen weniger kollektiv, dafür differenzierter klingen, und das Zeitgefühl verändert sich drastisch, was aber nicht immer wahrgenommen wird. Das Resultat ist meist weniger vital, aber konzentrierter und heiterer. Es kann auch hinterher von den Spielern noch vertreten werden, wenn es aufgenommen worden ist. Manche Tonbänder können da zu wesentlichen Trägern kollektiv erfahrener Zustände werden, auf denen geradezu halluzinierende Klänge, Neuentdeckungen harmonisch-melodischer Figuren und archaische Entwicklungen eingefangen sind, die auch einem »nüchternen« Außenstehenden vernehmbar sind.

Die Kriterien der Beurteilung drogenbeeinflußten Musizierens sind freilich relativ, auch was die Kommunikation mit dem

Zuhörer betrifft. Es steht lediglich fest, daß das Musikhören unter Drogen auch erlernt werden muß, da die Kanäle zu den tieferen Schichten der Wahrnehmung allgemein verschüttet sind. Auch der Klang der Natur oder die Geräusche der Umwelt gewinnen plötzlich in diesem Hörzustand nie vorher wahrgenommene Zusammenhänge, die musikalische, also aufeinander bezogene ungeahnte Räume öffnen können. Das Durchhören eines Klanges kann differenzierter werden, auch Werke der klassischen Musik werden plötzlich neu erlebt, und man erreicht den Zustand, Musik nicht mehr außerhalb von sich, sondern innerhalb, in seinem eigenen Körper zu vernehmen und zu spüren. Dieses Musikhören kann man sich auch als sensibilisierte Aufnahmefähigkeit erhalten und ohne Hilfsmittel weiter einsetzen; eine Hörform, die vielen sensiblen Musikliebhabern geläufig ist und natürlich auch ohne Drogen erlernt werden kann.

Hier setzt das ein, was mit Synästhetik bezeichnet wird: Töne erschaffen Bilder und Assoziationen, ein intellektuell apperzipierender Hörer gewinnt körperliche Erlebnisse und bisher äußerlich, strukturell oder bildlich vernommene Töne transzendieren in geistige Bereiche. Für Musik unter Drogen gilt, was auch für halluzinogene Drogen selbst gilt: Es wird nur das intensiviert zutage treten, was im Menschen latent schon vorhanden war.

Die musikalische Reise mit dem LSD-Trip konnte immerhin manchem vorher unbewußten Tönemacher zu einer Selbsterfahrung verhelfen, die sein gesamtes nachfolgendes Schaffen beeinflußte. Ein ausgehaltener Ton erweiterte sich in neue, viel größere Dimensionen seiner Oberschwingungen. Die Reihe der Obertöne öffnete sich dem sensibilisierten Ohr wie eine geheime Botschaft. Ein ganzer Mikrokosmos feinster akustischer Abstufungen wurde wahrgenommen und musikalisiert. In einer überwältigenden Stimmung der Freude konnte man in seinen Tönen verschmelzen, spürte eine Begnadung und eine fast heilige Scheu. Mit anderen Musikern erfuhr man eine beglückende Einheit, behielt aber dennoch das Gefühl der eigenen Identität in der Universalität bei. Die beinahe mystisch zu nennende Erfahrung gipfelte in spontanen, tiefen Einsichten über die Beziehung des Menschen zur Welt der Töne.

Daß gerade die Musik für psychedelische Sitzungen von größter Wichtigkeit ist, wird von Hanscarl Leuner betont, der als Professor der Psychiatrie in Deutschland die *psychedelische*

*Therapie* entwickelt hat. Diese Therapie gegen chronischen Alkoholismus und schwere psychische Schäden vollzieht sich in drei Phasen: erstens durch Bewußtmachung der Lebensschwierigkeiten des Patienten, seiner Vergangenheit und Gegenwart, seiner Ziele, Ansprüche und Frustrationen; die zweite Phase ist die Vorbereitung und die psychedelische Sitzung selbst. In der dritten Phase schließlich wird das Material der psychedelischen Sitzung durchgearbeitet, was Monate und Jahre dauern kann.

Ein wichtiges Element für den Erfolg der zweiten Phase ist die Umgebung des Patienten, die Gestaltung des »Behandlungsraumes«.

Professor Leuner berichtet: »Gerade bei dieser Form der halluzinogenen Einwirkung ist der Umgebungsfaktor (Setting) von größter Bedeutung. Es soll ein ruhig gelegener, am besten gegen Schall abgesicherter Raum sein, ... Blumenarrangements sind aufgestellt, Bilder, die eine harmonische und beruhigende Atmosphäre ausstrahlen ... Eine Kerze kann während der Sitzung brennen. Darüber hinaus werden während der Sitzung verschiedene Stimulanzien benutzt, vor allem Musik aus einer Stereoanlage, am besten durch einen Stereo-Kopfhörer vermittelt, klassische Musik (etwa Bach), halbklassische oder andere Komponisten. Anfangs empfiehlt sich besonders entspannende Musik, während später die Musik zum ekstatischen Höhepunkt hinführt, etwa im Requiem von Mozart und Verdi, Ode an die Freude, 4. Satz der IX. Symphonie von Beethoven usw. Exakte Untersuchungen über den Einfluß der Musik in der psychedelischen Therapie und ihrer Auswahl stellten Gaston und Eagle an. Der Betreffende wird gebeten, sich auf eine bequeme Couch zu legen, zu entspannen und der Musik zuzuhören.«[28]

In den Selbstprotokollen der Patienten, die Leuner seinem Bericht folgen läßt, wird eindrucksvoll geschildert, wie sehr die Musik diese Selbsterfahrung fördert, die auch in tiefste Abgründe und schlimmste Angst führte: »Die Musik trug mich dahin ... die Musik schrie mich an ... die Musik verschlang mich ... ich war eins mit der Musik ...«

Freilich sind mystische Drogenerfahrungen nicht programmierbar, genausowenig wie intuitive Zustände. Durch die Hilfe eines psychologisch geschulten Arztes oder eines erfahrenen Freundes werden lediglich günstige Voraussetzungen geschaf-

[28] *Religion und die Droge*, Stuttgart 1972, S. 40.

fen. Eine mystische Seinserfahrung tritt aber stets »als besondere Gnade auf, die für den Drogenbenutzer unvorhersehbar
ist. Er kann sie lediglich ersehnen. Zudem führt der Weg zu ihr
auf der psychedelischen Reise nicht selten ›durch die Hölle‹,
durch eine ›schmerzhafte Katharsis‹. Die Erfahrung des Grauens geht oft der Erfahrung der Seligkeit voran ... Mystische
Erfahrungen, wie immer sie erlangt werden mögen, können
nicht konsumiert werden. Sie haben Ehrfurcht und Erschütterung im Gefolge und wirken sich in tiefgreifender Weise auf das
Gefüge des ›realen‹ Lebens aus.«[29]

Wer solch eines Geschehens teilhaftig wurde, der spürte auch,
daß gerade Musik in der Lage ist, nicht nur Konzentration und
Sensitivität zu steigern, sondern durch geeignete Töne den einzelnen zu öffnen. Musik kann ihm bewußt machen, daß er ein
Inneres *hat*, und helfen, sein Denken für einige Zeit abzuschalten und dann zu Ebenen vorzudringen, die ihm höchstens aus
Träumen bewußt sind. Die Wirkung solcher Erlebnisse kommt
manchmal einer Art Wiedergeburt gleich, und es werden dazu
keinerlei Rauschmittel benötigt, wenn man längere Zeit einen
geistigen Weg zur inneren Selbstverwirklichung zu beschreiten
lernte.

## Trug der Drogen

Die schlimmsten Schicksale von Drogengeschädigten und die
Erkenntnis, daß nur demjenigen ein mystisches Drogenerlebnis
wirklich weitergeholfen hat, der ohnehin für spirituelle Werte
aufgeschlossen war, hat inzwischen auch die Verfechter der Le-
galisierung bestimmter Rauschmittel zum Schweigen gebracht.
Der früh verstorbene Rudolf Gelpke wies schon in den sechziger Jahren auf die Gefahren und Risiken der Drogen hin:

»Die Möglichkeit subjektiver Gefährdung ist natürlich unbestritten. Auch hier gilt: je extravertierter (im weitesten Sinne)
ein Mensch gelebt hat, je weniger er sich, dem Schein zuliebe,
des Seins bewußt geworden war, um so größer ist das Risiko,
daß ihn die jähe Konfrontation mit seiner inneren Wirklichkeit
– der er dann ja nicht mehr ausweichen kann – überfordert und
daß er in extremen Fällen vielleicht daran zerbricht ... Von
unseren Psychiatern und Psychologen wird erwartet, daß sie

[29] Ulli Olvedi: *Buddhismus – Religion der Zukunft?* München 1973, S. 28.

den Einzelmenschen, besonders eben die ›schwierigen Fälle‹, entweder so in diesen komplizierten Mechanismus unserer technischen Welt einbauen, daß sie darin einigermaßen reibungslos ›funktionieren‹, oder aber als Geisteskranke isolieren. Ob und wie diese Aufgabe mit den existentiellen Erfahrungen in Einklang zu bringen sein wird, weiß ich nicht. Jedenfalls steht es zweifellos fest, daß Drogen, die Indianern und Orientalen als Schlüssel zu den Pforten zwischen Diesseits und Jenseits gelten, die meist verschütteten, aber latent vorhandenen mystischen Fähigkeiten auch im modernen Menschen in bisher kaum für möglich gehaltenem Ausmaß reaktivieren.«[30]

Inwieweit dieser Schlüssel der halluzinogenen Drogen aber die Türen zu bleibenden, integrierbaren Erkenntnissen öffnet, darüber gibt eine auch durch religiöse Musik verstärkte, psychedelische Selbsterkenntnis des großen holländischen Psychologen Arendsen Hein (geb. 1912) Auskunft:

»Anläßlich meiner in der psychedelischen Erfahrung erworbenen Einsichten hatte ich weitgehend versucht, geistiges Leben zu kultivieren durch entsprechende Lektüre, Gespräche mit Freunden usw. über die beglückenden Erinnerungen. Unter Einfluß einer gewissen Autosuggestion hatte ich aber ›die Genüsse des Geistes als eine nur verfeinerte Form der Ich-Befriedigung‹ eingebaut. Dazu gehörte u. a. auch eine teilweise Verneinung des Bösen in meiner Welt, neben einer Idealisierung anstelle von Verwirklichung meiner selbst, der Menschen und Umstände, was mich ein gutes Stück der irdischen Realität entfremdete. Es wurde mir dann klar, daß auch die psychedelisch-religiöse Erfahrung der Einsfühlung mit der überweltlichen Wirklichkeit den Menschen nicht vom Leiden an den Irrtümern seines Daseins in dieser Welt befreit und daß Dasein bedeutet: nicht mehr und nicht weniger zu sein, als man wirklich ist.«[31]

Die »Kuriere« der ehemaligen psychedelischen Musikszene sind heute in alle Himmelsrichtungen verstreut. Viele endeten im schrecklichen Gefängnis der Spritze und der Sucht, wenige wurden Großverdiener mit einer immer steriler werdenden »Reminiszenz« der psychedelischen Inspiration, andere sind verschwunden, vielleicht aufs Land, vielleicht nach Fernost

[30] R. Gelpke: *Drogen und Seelenerweiterung*, 4. Aufl. München 1975.
[31] A. Hein in: *Religion und die Droge*, S. 103 u. 106.

oder ins intellektuelle Glashaus rationaler Dissoziation. Einige westeuropäische elektronische Gruppen, Jünger des Drogenpropheten Leary, versuchten es mit der Gründung einer neuen Musikrichtung, der »kosmischen Musik«, äußerten die psychedelischen Erkenntnisse aber lediglich in Stücktiteln und Kommentaren und entwickelten sich musikalisch nicht weiter.

Manche jedoch, und gar nicht wenige, begannen konsequent und geduldig, die Musik Asiens und Afrikas zu studieren. Sie lernten exotische Instrumente, indische Gesänge oder afrikanische Rhythmen aber nicht, um der Auseinandersetzung mit der Gegenwart zu entfliehen, sondern um damit den eigenen versunkenen magisch-mythischen Bewußtseinsschichten bewußt wiederzubegegnen. Sie suchen jetzt einen Klang zur akustischen Hilfe, der den Griff zum Joint erübrigt und zu einer Musik wird, die Voraussetzungen schafft, um stiller und absichtsloser zu werden, wach zu bleiben und geduldig zu sein und um Schritt für Schritt weiterzukommen in der Verwirklichung eines neuen Bewußtseins.

## II. Begegnung mit außereuropäischer Musik

Die außereuropäischen Länder waren in den fünfziger und sechziger Jahren und schon früher von den Abendlandmüden, den Hippies und den originelleren Ethnologen erkundet worden. Immer mehr Jugendliche aus Amerika und Europa folgten den neuentdeckten Pfaden, kehrten exotisch gekleidet zurück und brachten arabische, indische, javanische, japanische, afrikanische oder südamerikanische Musik mit – als Signal der erlebten großen Reise. Sie waren mehr oder minder zufällig den magisch und mythisch bewußten Kulturen begegnet. Die Jazz- und Popmusiker traten in langen afrikanischen Gewändern oder orientalischen Hemden auf und gaben sich »andersartig«.

Seit Jahren werden in West-Berlin die Veranstaltungen des Instituts für Vergleichende Musikwissenschaften durchgeführt, die noch vor kurzer Zeit Geheimtip für eingeweihte Spezialisten waren. Heute sind sie, ganz gleich, ob ein Tanztheater aus Bali, ein arabischer Lautenspieler, nordindische Virtuosen oder türkische, koreanische und japanische Musiker angekündigt werden, ausverkauft. Während der Olympiade in München im Sommer 1972 präsentierte die Ausstellung *Weltkulturen und Moderne Kunst* hochqualifizierte Vertreter der klassischen Musiken aller Kontinente. Der Münchner Komponist J. A. Riedl holte sich auf die *Olympische Spielstraße* afrikanische und südamerikanische Rhythmusgruppen, präsentierte einen Querschnitt der internationalen Folklore, und Joachim E. Berendt veranstaltete unter anderem ein Konzert *Africa Now,* bei dem berühmte amerikanische Musiker mit Ensembles aus Afrika und Ländern des Mittleren Ostens zusammentrafen: unter ihnen der Schlagzeuger Art Blakey, der schon mit den Trommlern aus Afrika zusammengespielt hatte.

Im Jahre 1976 lebte sogar ein ganzes balinesisches Dorf, das gleichzeitig ein Opernensemble und ein Gamelanorchester darstellt, für mehrere Wochen in West-Berlin und demonstrierte seine Kunst und Kultur. Neben arabischen und japanischen Musikgruppen waren es vor allem die Afrikaner, die ein großes Publikum faszinierten. Seit 1979 gibt es nun ein *Horizonte* genanntes Weltkulturen-Festival, das alle zwei Jahre stattfinden soll. Diese Kulturen werden aber nicht kolonialistisch ihrer Exi-

stenz beraubt (wie das im unbewußten Eroberungsrausch vergangener Jahrhunderte geschah) und zur »Folklore« abgewer-
tet, sondern gerade das, was in diesen alten archaischen Kulturen zu verschwinden droht, soll ihnen als ihr Wesentliches bewußt gemacht werden: der Zugang zum kollektiven Unbewußten durch Musik.

Begonnen hatte die große musikalische Begegnung in den
sechziger Jahren mit der berühmten *Jazz-Meets-the-World*-Be-
wegung, die in Europa vor allem durch Joachim E. Berendt, den
Jazzspezialisten und Rundfunkredakteur, durchgesetzt wurde.
Er vermittelte die Begegnung von einer tunesischen Beduinen-
Musikgruppe mit dem Saxophonisten und Flötisten Sahib
Shihab und dem Geiger Jean-Luc Ponty, das Treffen des ameri-
kanischen Klarinettisten Tony Scott mit japanischen und indo-
nesischen Musikern, und er veranstaltete die ersten *Jazz-Meets-
India*-Konzerte, bei denen der weltberühmte indische Sarod-
spieler Ali Akbar Khan ebenso mitwirkte wie der bekannte
Trompeter Don Cherry.

Populär wurde der exotische Trend durch die Beatles, die sich
der *Transzendentalen Meditation* des Maharishi Mahesh Yogi
verschrieben und den Sitarvirtuosen Ravi Shankar lieben und
verehren lernten. Der Indien-Trip erreichte seinen ersten Höhepunkt, als Ravi Shankar mit Yehudi Menuhin spielte und von
einer großen Schallplattenfirma »entdeckt« und mit großer Pu-
blicity auf Reisen geschickt wurde. So kommerziell dieses Unternehmen auch ablief, hier gewannen plötzlich weitere Kreise
den Zugang zur indischen Musik. Sitar war »in«. Doch der
Trend dauerte nur ein gutes Jahr.

Für Geschäftsleute und Publizisten verlor die Welle bald an
Interesse, jedoch erst danach begann die wirkliche Aufarbeitung
dieser wichtigen Begegnung: Junge amerikanische Komponisten und Musiker reisten nun jeweils für mehrere Monate nach
Indien, Indonesien oder Mittelafrika, um die exotischen Musiken wirklich zu studieren. Der eine beschäftigte sich mit den
Trommel-Rhythmen der Medizinmänner aus Ghana, der andere lernte die kleinen Metallophone der Gamelanmusik spielen, und die meisten gingen bei den unzähligen großen indischen Musikern in die Lehre. Plötzlich wurde klar, daß Ravi
Shankar nur einer unter vielen guten Sitarvirtuosen war, gar
nicht »der Beste«, und daß überhaupt im Inneren der einzelnen
Länder eine Unzahl von nicht gehobenen musikalischen Schätzen der Entdeckung durch den Westen harrte. Denn die jungen,

lerneifrigen westlichen Musiker gelangten just in dem Moment nach Asien und Afrika, als dort gerade die bodenständigen Musikkulturen durch den Einfluß der technischen Zivilisation im Aussterben begriffen waren. Die Einheimischen hatten begonnen, sich ihrer eigenen Kultur zu schämen, und es ist geradezu ein Wunder kulturellen Austausches, daß durch einige westliche Studenten und Musikethnologen ein Teil der aussterbenden akustischen Schätze am Leben bleiben wird – und zwar als Bestandteil zeitgenössischer und zukünftiger abendländischer Musik.

Es kamen nun die größten Musiker des Fernen Ostens zu uns, die Rundfunkanstalten der Bundesrepublik inszenierten Festivals: *Begegnung mit japanischer Musik, Begegnung mit Indien* usw. In Amerika haben Ali Akbar Khan oder der große Sänger Pandit Pran Nath ihre eigene Musikschule; in Amsterdam existiert ein Gamelanensemble mit westlichen Spielern, in West-Berlin lehrt der indonesische Komponist Paul Gutama Soegijo javanische Musikpraxis, und in Berlin organisiert alle zwei Jahre der Musikredakteur Walter Bachauer *Meta-Musik*-Wochen mit Vilayat Khan, dem vielleicht größten indischen Musiker unserer Zeit, mit dem fabelhaften Sarangispieler Ram Narayan und einem Ensemble tibetischer Mönche. Darüber hinaus wurden Seminare über die klassische indische Musik von den Meistern selbst abgehalten: von Imrat Khan, dem Bruder von Vilayat Khan, Pandit Patekar, dem Hindulehrer aus Benares, und vielen anderen, die in den Westen kommen.

Aus rein soziologischer Sicht wird dieser Trend zu den außereuropäischen Kulturen freilich oft als »mystische Weltflucht« betrachtet. Dabei wird gerne darauf hingewiesen, daß gerade im Fernen Osten die großen Kulturen untergegangen oder am Aussterben sind, und so fragt man sich, welchen Nutzen sie für uns haben sollen. Ein weiterer Einwand berührt dann die Tatsache, daß in den fernöstlichen Kulturen, wie auch in Europa bis ins 18. Jahrhundert, die Musik fast bis in unsere Zeit von den feudalistischen Herrschern »gepachtet« wurde und deshalb in unserer pluralistischen, demokratischen Gesellschaft fehl am Platze sei – eine anachronistische Schwärmerei. Darauf wäre zu erwidern, daß diese Musik ihr an keine Gesellschaftsform gebundenes Eigenleben hat; daß heute diejenigen asiatischen und afrikanischen Musiker, die noch die Kraft der ursprünglichen magischen oder mythischen Tiefen besitzen und verkörpern, diejenigen, um die es den Suchenden geht, in ihrer Heimat nicht selten völlig vergessen, ja belächelt werden. Die Oberschichten Außereuropas hören längst ihren westlich klingenden »Sound«. Die alten Musikmagier und Träger klingender Geheimnisse leben oft ärmer und weniger beachtet als der einfachste Dorfbewohner. Andererseits kann man beobachten, wenn man das Glück einer Begegnung mit einem dieser Musiker hat, daß diese unscheinbaren Meister ihren Kreis von Schülern haben, und nicht selten sind diese aus dem Westen. Wenn man außerdem bedenkt, daß durch die Vertreibung des tibetischen Volkes in das Exil von Indien, Europa und Amerika eine jahrhundertelang geheime Religion von größter Subtilität allmählich im Westen Fuß faßt, nicht nur von Gelehrten, sondern auch von wachsenden Kreisen spirituell Suchender gepflegt wird, dann wird deutlich, daß die äußere Verwestlichung des Ostens mit einer noch unsichtbaren Veröstlichung des Westens Hand in Hand geht.

Es soll nun zunächst ausführlicher von der Musik Indiens die Rede sein, weil der westliche Hörer diese Musik am leichtesten in seiner Tiefe erfassen kann. Es schließt eine Darstellung der tibetischen Sakralmusik an, der eine Zusammenfassung der schamanistischen, magischen und ekstatischen Aspekte der Musik Afrikas, Arabiens, Indonesiens usw. folgt. Diese Darstellung der außereuropäischen Musik ist keineswegs erschöpfend. Doch genügen auch diese knappen Anmerkungen, um Perspektiven sichtbar zu machen, die in allen archaischen Musikkulturen wiederkehren.

## 1. Klassische indische Musik

In seinem Reisetagebuch vom Jahre 1921 schrieb Graf Hermann Keyserling über die Musik Indiens:

»Diese Musik ließ sich weder in den Rahmen einer Melodie einspannen noch auf bestimmte Harmonien beziehen, noch nach eindeutigem Rhythmus zergliedern; sogar die Einzeltöne schwankten in ihren Umrissen. Dennoch stellte jedes vorgebliche Ganze eine wirkliche Einheit dar: die Einheit des Zustandes, welcher andauert, bis er in einen andern übergeht. Die Theorie, fast möchte ich sagen: die Mythologie dieser Musik ist gar wundersam. Seit Urzeiten entsprechen bestimmte Tonfolgen bestimmten malerischen Themen; zu dem Bildmotiv weiß der Kenner den korrespondierenden Raga. Und jeder Raga entspricht einer bestimmten Jahreszeit und darf nur zu bestimmter Stunde gespielt werden. Es gibt Ragas für jede Stunde des Tages und der Nacht ...

Es ist nicht leicht, in Worten klar zu machen, was die indische Musik bedeutet, denn mit der unsrigen hat sie wenig gemein: Sie ist wesentlich eines Sinnes mit dem indischen Tanz. Keine Absicht, keine umrissene Gestaltung, kein Anfang, kein Ende: ein Wallen und Wogen des ewig fließenden Lebensstroms. Daher die gleiche Wirkung auf den Hörer: Sie ermüdet nicht, könnte ewig fortdauern, denn des Lebens wird keiner je satt ... Nicht die Zeit überhaupt, sondern die bestimmten Zustände des Lebens erscheinen in ihr auf den Hintergrund der Ewigkeit hinausprojiziert ...

Ein französischer Künstler hat einmal von der indischen Musik bemerkt: ›c'est *la musique du corps astral.*‹[1] Das, gerade das ist sie (sofern es ein Astralreich gibt, das den überlieferten Vorstellungen entspricht): eine weite unermeßliche Welt, in welcher Zustände die Stelle der Gegenstände einnehmen. Man erlebt nichts Bestimmtes, nichts Greifbares, indem man ihr lauscht, und doch fühlt man sich aufs Intensivste leben. Man hört eben, indem man dem Wechsel der Töne folgt, in Wahrheit sich selber zu ...

Die indische Musik liegt, was ihr Eigenstes betrifft, geradezu in einer anderen Dimension als die unsere ... Diese Musik ist im Vergleich zur unsrigen monoton; oft umspannt eine lange Komposition nur wenige Töne, oft ist es eine einzige Note, die eine ganze Stimmung trägt. Das Eigentliche dieser Musik liegt anderswo; in der Dimension der reinen Intensität; da bedarf es keiner weiten Oberfläche. – Auch die indische Metaphysik ist monoton. Sie spricht immer von dem Einen, ohne ein Zweites, in dem Gott, Seele und Welt zusammenfließen, dem Einen, das aller Vielheit innerstes Wesen ist.«[2]

Wenn man fünfzig Jahre nach dieser Begegnung eines Europäers mit klassischer indischer Musik (in Kalkutta im Haus der Familie Tagore) Berichte von den Naturkatastrophen im inne-

---

[1] Deutsch: »Das ist die Musik des Astralleibes.«

[2] Graf Hermann Keyserling: *Das Reisetagebuch eines Philosophen*, Darmstadt 1921, 1. Bd., S. 398–403 *passim.*

ren Indien und den Slums von Kalkutta liest, so zeigt sich Indien heute als ein unterentwickeltes Land. Wer allerdings eine Zeitlang in Indien lebt und die Geschichte dieses Kontinents betrachtet, wird erkennen, daß Indien ein unterentwickeltes und hilfebedürftiges Land *geworden* ist; der englische Kolonialismus lehrte den Inder, so möchte es scheinen, in erster Linie seine Zivilisationskrankheiten. Wenn wir durch die Armenviertel Kalkuttas, Bombays oder Delhis gehen, vergessen wir zuerst, daß wir dieses Land besuchen, um seine große Kultur, seine Musik zu studieren.

Indien ist heimgesucht von Hungersnot, Seuchen und Flutkatastrophen. Die wirtschaftliche Entwicklung ist gelähmt durch die Bevölkerungsexplosion, politische Unruhen, Korruption, Nepotismus, rückständige Institutionen und Schwarzmarkt. Indien steckt in einer permanenten Krise. Der normale Großstädter, ob Hindu oder Moslem, hat seinen Glauben, bildlich gesprochen, gegen ein Transistorradio eingetauscht und orientiert sich am westlichen Industriewohlstand, der aber nur den wenigsten zuteil wird. Das Kastensystem, das seine religiöse Basis und seinen ursprünglichen Sinn verloren hat und offiziell abgeschafft wurde, de facto aber weiterbesteht, wird mehr und mehr zur sozialen Grausamkeit. Der gewöhnliche und mehr noch der wohlhabende Inder verachtet allmählich seine eigene Kultur, seine eigene Kleidung, seine eigene Religion, seine eigene Musik.

Die unzähligen Musiker Indiens imitieren jetzt zumeist die triviale Unterhaltungsmusik des Westens, und es entsteht eine für unsere Ohren entsetzliche Bastardmusik. Aber sie müssen überleben und ihre Familien ernähren, und die *Hindi-Film-Music,* wie das vom Inder heute so geliebte Konglomerat heißt, wird produziert und bringt etwas Geld. Die weiter konsequent klassisch spielenden Musiker leben, wenn sie nicht zu den paar Virtuosen und Berühmten zählen, meist zurückgezogen, arm und unerkannt. Unter ihnen sind viele genauso bedeutende Musiker wie unter den von großen Konzerten und Radiosendungen her bekannten klassischen Musikern. Einige dieser ganz Großen sind auch im Westen bekannt: Ravi Shankar und Ali Akbar Khan oder die Brüder Imrat und Vilayat Khan. Sie entstammen meist den traditionsreichen Musikerfamilien, haben von Kind auf nichts anderes gelernt als ihr Instrument, wurden oft geradezu gedrillt.

Während die Musik Nordindiens durch die mohammedanische Invasion mit arabischen und persischen Spielweisen und Musikauffassungen sich vermischte, blieb die südindische Musik streng hinduistisch, also ausschließlich eine Form religiöser Hingabe. Die Stücke wurden strenger festgelegt, ja sogar komponiert, und für Improvisation war weniger Raum. Außerdem steht auch heute noch der religiöse Gesang und das Spiel auf der *Vina* im Vordergrund, während im 13. Jahrhundert in Nordindien die persische *Sitar* von Amir Kushru eingeführt wurde, der im Gefolge der Fürsten und Moguln nach Indien kam. Die Musik erhielt einen weltlichen Aspekt, und der Improvisation des Musikers war größter Raum gegeben. Während früher für Gott allein gespielt und gesungen wurde, ging es den islamischen Höfen um eine übersinnliche Macht, die ein Sänger oder Spieler durch Musik evozieren konnte. Es wird da von fast unglaublichen Dingen berichtet, die durch den Einfluß von Musik geschehen sein sollen.

Von Tan Sen, dem größten nordindischen Meister und Hofmusiker des Mogulkaisers Akbar, wird beispielsweise überliefert, daß durch seinen Gesang eine Kerze zu brennen begann, der Sonnenaufgang eine Stunde früher eintrat und außerhalb der Monsunzeit durch sein Spiel Wolken und Regengüsse kamen. Auf die Frage nach dem Lehrer, bei dem er solche Künste gelernt habe, antworte Tan Sen dem mächtigen Akbar, daß dieser nicht vor ihm auftreten werde, da er nur für Gott sänge. Akbar soll im Gewand des Asketen mit Tan Sen zu dessen Guru gegangen und beim Hören seiner Stimme in göttliche Trance gefallen sein.

Heute sind angeblich solche Musikmagier ausgestorben, aber im subtileren Bereich der psychologischen Wirkung von Musik gibt es immer noch tiefste Erlebnisse. Doch es ist ein seltenes Glück, einem dieser Musiker zu begegnen, der die strengen Gesetzmäßigkeiten altindischer Musik noch beherrscht, der den religiösen Hintergrund auch in seinem Leben verwirklicht und der die spirituellen Kräfte noch vollkommen freisetzen kann. Nicht zuletzt ist dazu auch eine Bereitschaft und Hingabe vom Hörer erforderlich, die einem westlichen Menschen meist fremd ist. Dennoch erklangen in Europa und Amerika einige Konzerte mit indischen Musikern, die nicht bloß eindrucksvolle Perfektion und exotisches Flair vermittelten, sondern vielen jungen und auch älteren Menschen das innere Ohr geöffnet und sozusagen ein spirituelles Erwachen durch Töne in Gang gesetzt haben. Das hing damals nicht unwesentlich mit den psychedeli-

schen Drogen zusammen, die ein hingebungsvolles, losgelasse-
nes Hören förderten: Schnell wurde es schick, indische Musik
»high« zu hören. Im Underground, in den vielen neuen spirituellen Gemeinschaften, die sich in Europa und Amerika im Laufe
der Jahre bildeten, erfreut sich die indische Musik einer immer
größeren Beliebtheit. Für diese Menschen, die sich mit Yoga
oder Meditation beschäftigen, hinduistische oder islamische
Mystik, den Sufismus studieren oder auf anderem Wege allmählich bewußter ihr Inneres erfahren, kann die klassische indische,
sowohl die südliche *karnatische* als auch die *Hindustani*-Musik
des Nordens, ein phantastisches Fahrzeug auf der Reise in das
Unter- und Überbewußte sein.

Dem Verfasser eröffnete sich die nordindische Musik durch
die Schallplatten von Ustad Vilayat Khan und die Begegnung
mit Ustad Imrat Khan, seinem jüngeren Bruder, die durch dessen deutschen Schüler Al Gromer zustande kam. Ohne viel
theoretisches Wissen, was dem Hören keinen Abbruch tut, wie
alle Inder betonen, aber mit großer Bereitschaft, ging man also
in Imrat Khans zweites deutsches Konzert 1972 in der Berliner
Akademie der Künste. Ein Jahr zuvor war er bereits in Berlin
aufgetreten, und der Mythos, dieser Sitarspieler könne einen
auch ohne Drogen »auf den Trip schicken«, ging dem ausver-
kauften Konzert bei Bachauers Avantgardefestival voran, einem
Vorläufer der Metamusik. Es waren zwei Auftritte vorgesehen,
der eine spät nachts im Konzertsaal, der andere wurde am nach-
folgenden Nachmittag vom großen Ausstellungsraum durch
eine ausgezeichnete Verstärkeranlage in das sonnige Atrium der
Akademie übertragen.

Während dieser zweite Auftritt Hunderte von Zuhörern an-
zog, die umhergingen, meditierend im hohen Gras saßen oder
sich vor den Spielern (es begleitete Fayaz Khan auf den *Tabla*-
Trommeln) in gemeinsamer Konzentration versammelten, erlebten durch das Nachtkonzert viele Menschen eine noch nie
erfahrene magische Berührung. Über diese Zustände läßt sich
deshalb so wenig sagen, weil sie mit subjektiver Begeisterung
und einem »wachen Rausch« gepaart sind, in den sich nur jemand mit ähnlichen Erlebnissen hineinversetzen kann. Dann
genügt ein Stichwort, und der andere erinnert sich wieder. Die
Musik des Imrat Khan war bedrängend, abwartend und fließend zugleich, einmal robust und herb, dann wieder kindlich
heiter und schließlich romantisch-süß. Man erschauerte in bestimmten Momenten, und zuletzt rührte das Spiel von Imrats

Sitar so stark, daß viele zu weinen begannen. Imrat Khan selbst weinte mit, und später sagte er uns, daß gar nicht er es gewesen sei, der diese Kräfte hervorgerufen habe, sondern seine Schule, sein Guru und die Lehrer seiner Lehrer. Er sei selbst nur das Instrument für diese Musik, weshalb er auch stets denselben Programmablauf befolgen müsse: In der Mitte steht sein Solo auf der größeren, tiefer klingenden und für viele noch stärker wirkenden *Surbahar*, dem Instrument, das im Klang der südindischen Vina nahekommt. Zum Schluß wird ein Raga von weichem, hingabevollem, auch unbeschwertem Charakter gespielt, während den Anfang der oft einstündige große Raga bildet, der alle Künste und Fähigkeiten des Virtuosen vorstellt.

Im Gegensatz zur nordindischen Hindustani-Musik ist die karnatische Musik Südindiens in Europa noch weniger bekannt – zu Unrecht. Wer sich mit südindischer Vina-, Violin- oder Trommelmusik beschäftigt oder wer das Glück hatte, die einzigartige Sängerin Subbulakshmi aus Madras live oder wenigstens auf Schallplatte zu hören – mit ihrer unglaublich weichen und zugleich kraftvollen Stimme –, der weiß, daß eigentlich hier und nicht im Norden die Quelle wirklicher indischer Musik zu suchen ist.

Südindien besitzt mehr als 5831 mit Namen und exakten Ausführungsbeschreibungen versehene Ragas. Jedem liegt eine feste Komposition zugrunde, die der Kern eines Vortrags ist. Das südindische Konzertleben von heute ist ungeheuer traditionsbewußt und bezieht sich, ähnlich wie das westliche mit seinem klassischen Dreigestirn Haydn, Mozart, Beethoven, auf drei ebenfalls im 18. Jahrhundert wirkende Komponisten, die auch Dichter und Sänger waren. Allerdings muß man sich solche indischen Konzerte anders vorstellen als bei uns: In festlich buntgeschmückten Riesenhallen wird bereits um vier Uhr nachmittags begonnen, es wechseln sich jeweils zweistündige Darbietungen ab (Gesang, Flöte, Tanz, Vina und Violine), und ein solches Programm kann zwölf Stunden und länger dauern.

Die Wertmaßstäbe für die Qualität eines Sängers oder Vinaspielers sind dabei so subtil im Bereich der Mikrointervalle, der Gestaltung der feinsten Ton- und Farbunterschiede, die alle objektiv in der Tradition feststehen, daß es kaum objektive Kriterien für *den Besten* gibt, wohl aber Kriterien für die Qualitäten, die einen Musiker *zu* den Besten gehören läßt.

Für westliche Ohren klingt alle indische Musik anfangs ziemlich ähnlich und möglicherweise eintönig und fremdartig. Wir sind es gewöhnt, Musik bildhaft, nach außen gewendet, zu hören, und vernehmen oft nur die äußerste Wahrnehmungskontur, die um so wirksamer ist, je drastischer und plötzlicher sie sich immer wieder verändert. Das Hören eines einzelnen Tones über lange Zeit hinaus oder einer stets wiederkehrenden Tonfolge macht einen ausschließlich mental bewußten Menschen eher nervös und ärgerlich, als daß sie beruhigend oder angenehm auf ihn wirkt. Indische Musik, die ganz aus dem mythischen Bewußtsein lebt, benötigt ein entspanntes Sichloslassen, ein erwartungsloses Verharren, die Fähigkeit des passiven Eindringens in Bereiche, wo das unaufhörliche Denken und Räsonieren keine Macht mehr hat. Alle Reize des westlich-rationalen Hörens, etwa die Kompliziertheit eines syntaktischen Formablaufs oder die seit der Zeit des Kontrapunkts immer mehr verfeinerten Verzahnungen verschiedener Stimmen und Abläufe werden in der indischen Musik zugunsten einer »primitiven«, stets gleichen Form eingespart: Sie beginnt mit dem langsamen meditativen *Alap* als Einstimmung, ein allmähliches rhythmisches Pulsieren schließt sich an *(Jor)*, es folgt ein Thema mit variationsartigen Solis (*Gat* und die *Taans*), und es beschließt das sich steigernde virtuose Ende, *Jhala* genannt. In der südindischen Musik ist die Form noch einfacher: Der Alap, die Anfangsimprovisation, ist verkürzt, dann wird das komponierte Stück vorgetragen, zwischen dessen Teilen improvisatorische Solis eingebaut werden, und das Ganze endet fast immer mit einem ausgedehnten virtuosen Trommelsolo der südindischen *Mridangam*.

Viel wesentlicher als das Beobachten des musikalischen Ablaufs und das kritisch-distanzierte Erfassen ist für die indische Musik, wie für den spielenden Musiker selbst, die Fähigkeit des Publikums, mit dem Herzen zu hören. Im Westen wird dieser Zustand meist mit »emotional« verwechselt und manch schwülstige Verlogenheit damit identifiziert. Dieses »Mit-dem-Herzen-Hören« ist jedoch ein sehr wacher Zustand, der die Fähigkeit des Empfindens mit bewußter, differenzierter Erfahrung voraussetzt. Dringt man erst einmal in die indische Musik ein, so wird mit einemmal die Monotonie so vielfarbig und nuancenreich, daß der ganze Reichtum an tieferen Dimensionen zutage tritt. Die himmelweiten Qualitätsunterschiede, die diese improvisierte Musik zuläßt, werden ebenso hörbar wie die verschiedenartigen Wirkungen, die von den einzelnen Stilen und Schulen und von den vielfältigen Tonskalen ausgehen.

Grundlage für alle indische Musik, ob islamischen oder hinduistischen Ursprungs, ist die menschliche Stimme, die gesungene Rezitation der heiligen Bücher, der Veden und des Korans. Ähnlich wie in der altgriechischen Kultur wurde vor Jahrtausenden kein Unterschied gemacht zwischen Singen und Rezitieren. Die Musiké der Griechen entspricht, wie schon früher erwähnt, dem Gesang des *Samaveda,* dem ältesten Buch über den Zusammenhang von Musik, Mensch und Kosmos. Der mythische Ursprung der abendländisch-westlichen Kultur und der indisch-chinesischen weist genügend Gemeinsamkeiten auf. Die Urvölker haben sich sozusagen mit einem Ton begnügt, den sie unendlich lange und gemeinsam zu ihren Riten in den ägyptischen Tempeln oder in den mongolischen Steppenzelten gesungen haben. Die Veden wurden und werden auch heute noch mit drei Tönen gesungen, dem Grundton und seinen beiden Ganztönen nach oben und unten. Auch dies entspricht der Rezitation der Homerischen Texte *(Odysee, Ilias).* In indischer Tonsprache heißen die besagten Töne Sa-Re-Ni, im Westen sagt man Do-Re-Si oder C-D-B, wenn C Grundton wäre.

Im Laufe der Entwicklung blieb die indische Musik einstimmig. Das bedeutet, daß sich alles stets auf einen Grundton bezieht, der niemals verändert wird: Es gibt keine Begleitung mit harmonischen Akkorden oder wechselnden Grundtönen, vielmehr bleibt durch das oft verwendete Begleitinstrument *Tambura* (oder *Tanpura*) der Grundton, Sa oder Do, und seine ersten Obertöne (Oktave und Quinte) ständig als Bordunklang liegen. In der mittelalterlichen abendländischen Kultur war dies ebenfalls so, und die Kirchentonarten der Gregorianischen Choräle haben alle diesen Bezug zum Grundton.

Auf der Basis dieses Grundtons entwickelten sich sowohl im frühen Griechenland als auch in Indien 4tönige sogenannte Tetrachorde, die insgesamt den Raum der Quarte umfaßten. Zwei dieser Grundgruppen ergaben siebentönige Skalen, in Indien heißt der untere vom Grundton zur Quarte gehende Raum Purvanga, der obere zur Oktave sich entwickelnde Uttaranga. Innerhalb dieser Oktave wurden nun verschiedene Unterteilungen von Halb- und Ganzton-Intervallen vorgenommen. Die Inder hatten nicht das pythagoräische und später das temperierte System, das die Oktave in 12 Töne unterteilt, sondern sie entwickelten das für melodische Abläufe subtilere und differenziertere System der 22 Shrutis, die verschieden große Halb- und Ganztonschritte vorsehen. Die feineren Intervalle haben keine vergleichbaren Unterteilungen in Europa (mit Ausnahme der Vierteltonmusik des Tschechen Alois Habá, 1893–1973); sie sind nicht mathematisch, sondern aus der psychischen Erfahrung ihres für die Einstimmigkeit sensibleren Ohres entstanden. Dieser selbst für den Inder komplizierte Sachverhalt der Mikrointervalle wurde überzeugend dargestellt in den musik-ethnologischen Werken von Alain Daniélou, dem auch die Veröffentlichung der *UNESCO*-Schallplattenreihe von außereuropäischer Musik zu danken ist.

## Raga

Die Skala eines *Ragas,* der gespielt wird, besteht nun, wie es auch bei den verschiedenen *Modi* des westlichen Mittelalters der Fall ist, aus einer Auswahl von sieben Haupttönen und fünf abgewandelten Tönen. Es gibt auch Ragas, die nur aus fünf Tönen bestehen, oder solche, deren aufsteigende Linie nur 5 oder 6 Töne hat, während die absteigende Linie alle 7 Töne verwendet. In manchen Ragas ist es sogar erlaubt, zur Bereicherung nach bestimmten Gesetzmäßigkeiten weitere Intervalle einzufügen. Denkt man sich also den Grundton als C, so wird entweder D oder Des der zweite Ton sein, E oder Es der dritte, F oder Fis der vierte, G, die Quinte, ist immer konstant (oder sie entfällt), A oder As der sechste und H oder B der siebente Ton.

Unsere Durtonleiter C-D-E-F-G-A-H-C ist als indische Skala Sa-Re-Ga-Ma-Pa-Dha-Ni-Sa genauso vertreten wie unsere Molltonleiter C-D-Es-F-G-As-B-C. Es gibt 10 Grundragaformen, die sogenannten *Thats,* in Nordindien und 72 Grundragas in Südindien, die allesamt aus einer verschiedenen Verwendung dieser Tonschritte bestehen. Hier sollen erst diejenigen erwähnt werden, welche den alten Kirchentonarten entsprechen:

C-D-Es-F-G-A-B-C = dorisch
entspricht dem That des Raga Kafi
C-Des-Es-F-G-As-B-C = phrygisch
entspricht dem That des Raga Bhairawi
C-D-E-Fis-G-A-H-C = lydisch
entspricht dem That des Raga Yaman
C-D-E-F-G-A-B-C = mixolydisch
entspricht dem That des Raga Khamaj

C-D-Es-F-G-As-B-C = aeolisch
entspricht dem That des Raga Asawari
C-D-E-F-G-A-H-C = ionisch
entspricht dem That des Raga Bilawal

Andererseits gibt es auch die Skalen mit übermäßigen Intervallen, die in unserer Musik weitgehend unbekannt sind und als
typisch orientalisch empfunden werden:

C-Des-E-Fis-G-As-H-C    Skala des Raga Purvi
C-Des-Es-Fis-G-As-H-C   Skala des Raga Todi
C-Des-E-F-G-As-H-C      Skala des Raga Bhairav
C-Des-E-Fis-G-A-H-C     Skala des Raga Marwa

Aus diesen Grundskalen ergeben sich nun in Nordindien mehrere hundert Ragas, die in Tonwahl, Klangfarbe, Stimmung und
Bedeutung jeweils verschieden sind, die sogar die gleiche Skala
haben können und dennoch in kleinsten Feinheiten voneinander abweichen. Ja, in Südindien werden sogar mehr als 5000
Ragas benannt und analysiert! Allerdings sind nicht alle heute in
Gebrauch.

Im Unterschied zu unseren festgelegten Tönen der Tonleiter
ist in Indien der Übergang von einer Note zur anderen häufig
gleitend. Um das Typische eines Ragas hervorzuheben, gibt es
unzählige Verzierungen und Formen des Gleitens, sogenannte
*Meends,* und die Gesangstechnik, zwischen mehreren Tönen
hin- und herzuspringen, ist das Fremdartigste für unsere Ohren
(Gamak). Es sind also die Töne einer Skala niemals so festgelegt
wie auf unserem Klavier. Sie können nach festgelegten Regeln
von unten oder oben angesungen werden, und gerade das ist die
hohe Kunst: bei allen Glissandi immer nur diejenigen Tonhöhen exakt zu treffen, die auch zum entsprechenden Raga gehören. Diese Wendungen des Gleitens und virtuosen Hin- und
Herpendelns der Stimme werden als besonders empfindungs-
stark und anrührend empfunden, und hierin äußern sich die
eigentlichen, tieferen Qualitäten eines indischen Musikers. Da
alle Saiten- und Blasinstrumente von der Imitation des Gesangs
ausgehen, sind sie so gebaut, daß durch Saitendehnung bzw.
langsame Veränderung der Luftsäule solche Mikrointervalle
und kleinen Tonhöhenänderungen erzeugt werden können.
Vor allem in den *Taans,* dem gutturalen Springen des Sängers,
den kurzen aneinandergereihten Passagen oder heftigen virtuo-

sen Sprüngen und Läufen kommen diese zur Geltung und natürlich im *Alap,* der zu Anfang der Darbietung den Raga vorstellt.

Der bekannte deutsche Sitar- und Surbaharspieler und Musikethnologe Michael Manfred Junius faßt die Eigenart indischer Musik so zusammen: »Die Musik Indiens gehört zu den modalen Systemen. Modale Musik ist dem historischen und dynamischen Zeitempfinden weniger verwandt als der Suche nach einer Objektivierung und Standardisierung der Modi, deren psychischer Gehalt wichtiger ist als ihr historischer Zusammenhang. Die physikalisch-psychischen Grundlagen, die den Ausdruck der Intervalle bestimmen, werden als objektiv angesehen und empfunden, sie sind konventionell. Auf diesen Zusammenhang zwischen Intervall und psychischer Empfindung kann der Künstler zurückgreifen. Jeder Modus bildet eine Einheit, eine musikalische Farbe. Der Vergleich der äußerst verfeinerten Modi der indischen Musik mit der Farbe ist berechtigt, denn Raga, die Bezeichnung für diese Modi, bedeutet, ›das, was den Geist färbt‹.

Ein Raga muß den Grundton Sa (Tonika) haben, jeder Ton wird sowohl in seiner Beziehung zu diesem Grundton gehört wie auch in Verbindung mit den anderen Intervallen. Der Grundton ist daher während des Musizierens ständig hörbar, oft in Form eines Akkordes aus Grundton, Oktave und Quinte, der auf einem besonderen Begleitinstrument gespielt wird. Ein Raga muß ferner eine sogenannte *Vadi-*Note haben, eine ›sprechende Note, die den ganzen Raga verschönt wie ein Ring die Hand‹. Weiterhin gehören verschiedene Verzierungen zur Darstellung der Ragas. Jeder Raga hat seine Zugehörigkeit: Die Jahreszeit und Feste sind ebenso berücksichtigt wie die Stunden des Tages und der Nacht, die verschiedenen Götter und die Stimmungen der menschlichen Seele. Ein Raga muß den Menschen bezaubern können, er muß den Geist färben. Die Ragas haben auch Dichter zu Versen angeregt, auch in der Malerei finden sich bildliche Darstellungen der Ragas.«[3]

Im Laufe der Entwicklung blieb die indische Musik einstimmig, das bedeutet auch, daß sie im mythischen Bewußtsein der Polarität (von Intervall zum Grundton) verharrte. Die Musik gibt ein gutes Bild von der Verschiedenartigkeit der Kultur- und Bewußtseinsgeschichte der Menschheit in Ost und West. Im

[3] Aus: *Einführung in die indische Musik,* Programmheft des Meta-Musik-Festivals 1974, Berlin.

Abendland hat sich alles immer weiterentwickelt, die Formen, die Systeme, die Stile veränderten sich ständig, es wurde fortgeschritten und fortgeschritten. Die klassischen Formen wurden abgelöst durch *Ausdrucks*musik, Programmusik, späte Romantik, 12-Ton-Technik, serielle Musik, elektronische Musik, Geräuschmusik. Wie eigenartig, daß gerade diejenigen Musiker des Westens, welche diese Entwicklung im Geschwindschritt nachvollzogen haben, nun durch ihre Begegnung mit östlicher Musik wieder Interesse an den alten objektiven Bordunen und Grundtönen finden.

Demgegenüber gibt es in Indien heute noch lebendige Musik, die seit Jahrhunderten fast unverändert täglich neu entsteht, die ihre ursprüngliche, an strenge Regeln gebundene Gestalt behalten und ihren geistigen Hintergrund bewahrt hat. Dieser Hintergrund manifestiert sich in der Einstimmigkeit und der Beziehung zum Grundton. Es kann gerade durch *einen* Ton oder durch das heterophonische Hintereinanderher-Spielen (wie in Südindien auf zwei Vinas) zwischen zwei Intervallen ein nie vernommener Klangfarbenreichtum entstehen, der im westlichen Hörer unentdeckte Klangräume auftut: Die Klangfarbe wird erlebbar als *Träger des Seelischen,* wie es der Musikwissenschaftler Nestler ausdrückt.

Interessant ist auch, daß es in Indien keine absoluten Tonhöhen gibt: Der Grundton und die Intervalle basieren auf einer individuell festgelegten Tonika. Diese subjektive Tonika richtet sich beim Sänger nach dem Stimmumfang und beim Instrument nach dessen Bauart. Zumeist ist der Grundton Des/Cis (bei Sängerinnen etwa As), weil die Instrumente so gebaut sind, daß die Saitenspannung dann den optimalen Klang ermöglicht. Die Saiten werden an einem elfenbeinernen, etwas gerundeten Steg entlang gespannt. Genau an der Stelle, an der die Saite den Steg berührt, wird ein dünner Faden angebracht, der am richtigen Platz die Saiten zum Sirren bringt: Es erklingen in erhöhtem Maß die Obertöne mit, d.h. sie werden dadurch, daß sie jetzt hervorgehoben sind, einzeln besser wahrgenommen.

Der Raga orientiert sich also nicht nur an *einem* Ton, sondern an der gesamten Obertonreihe, die jeder Ton nach physikalischen Gesetzen besitzt. Der Charakter des Ragas wird durch seinen Bezug zur Obertonreihe geprägt, was besonders im *Alap* zum Ausdruck kommt. Für mystisch orientierte Musiker, für die alten Heiligen Indiens und für die zurückgezogenen Gurus, die nur für den Allerhöchsten Musik spielen, ist der Alap der wesentlichste Bestandteil ihrer Musik. Etwas profan kann man sagen, daß der Alap die Analyse eines Ragas darstellt, deutlich dessen Eigenarten und seine spezielle Tonauswahl vorführt. Hier wird erlebbar, welche Töne den Raga prägen, und manchmal zögert der Musiker diese speziellen Charakteristika so lange hinaus, daß der Zuhörer über längere Zeit nicht weiß, welcher Raga nun gespielt wird. Denn oft sind es subtilste Unterschiede, die nach genauesten Regeln und systematisch aufgebauten Gesichtspunkten vorgestellt werden müssen. So beginnen z.B. mehrere Ragas mit demselben Tonmaterial, und wenn der Spieler in phantasievoller Weise unklar läßt, welchen Raga er nun spielen wird, so hält er eine musikverständige Hörerschaft für Minuten und länger in atemloser Spannung. Tritt dann der entscheidende Tonschritt oder die spezifische Wendung auf, die deutlich macht, um welchen Raga es nun wirklich geht, so löst sich die Spannung in einem lautstarken Seufzer der Erleichterung und Entspannung seitens der Hörerschaft. Bemerkenswert ist die Erfahrung, daß Menschen *aller* Schichten solche differenzierten Unterschiede hören.

Der Alap kann im Konzert die längste Zeit beanspruchen, und gerade im Alap entscheidet sich, ob der Musiker nicht nur ein Virtuose ist, sondern ob der *Bhaw* hat, was spirituelle Kraft, hingebende Religiosität oder musikalische Magie bedeuten kann. »Wenn du einen Alap vom verstorbenen Bade Ghulam Ali Khan gehört hättest, wärst du in Tränen ausgebrochen und hättest deine Familie verlassen«, versicherte mir ein indischer Musiker in einem Gespräch über die »wirkliche« Musik Indiens. (Wer seine Familie verläßt, wird Asket bzw. Mönch.) Die Tradition der großen Alapsänger ist sicherlich verlorengegangen. Sie war eng mit den Kräften verbunden, von denen anfangs im Zusammenhang mit Tan Sen die Rede war.


*Rasa*


Der Charakter der Ragas wird wesentlich geprägt durch den Typus der Empfindung, der diesem Raga zugeordnet ist. Seit Jahrhunderten hat die hinduistische Kultur eine bestimmte Anzahl ursprünglicher Stimmungszustände benannt, die im *Sangeet* (sprich: Sangit) in jeder Kunstform zum Ausdruck kommen. Diese 9 *Rasas*, die die ganze Skala menschlicher Grundgefühle umfassen, werden im Gesang, in der Musik, in der Literatur und im Tanz dargestellt, in allen verschiedenen Kunstgattungen, die einmal in Indien eine Einheit waren. Ravi Shankar, der erste bedeutende Sitarspieler, der in den Westen kam, hat in seinem Buch *My Music, My Life* diese Einteilung musikalischer Zustände in neun verschiedene Gemütsverfassungen beschrieben:

»Jeder Raga hat sein eigenes seelisches Temperament je nach seiner Geschwindigkeit. Viele ernste, tiefgründige Ragas wie *Darbari Kanada* oder *Asawari* sollen ganz langsam gespielt oder gesungen werden. Andere, die ein leichteres Gefühl ausdrücken, werden schneller gespielt. Tanzmusik und Theaterkunst in Indien und sogar die Dichtung bauen in ihrer Konzeption auf den neun Empfindungen, den Rasas auf. Jede künstlerische Schöpfung basiert auf einer dieser Rasas. Je unmittelbarer der Raga Ausdruck einer einzigen Idee oder eines einzigen Gefühls wird, desto überwältigender ist der Effekt des Ragas. Das ist die Magie unserer Musik – ihre hypnotische, intensive Ausschließlichkeit von jeweils einem einzigen Gefühlszustand. Es gibt neun solcher Grundstimmungen (sentiments), manchmal werden auch acht oder zehn aufgezählt.

Der erste Rasa, gewöhnlich *Shringara* genannt, ist ein romantischer, erotischer Zustand, der die Sehnsucht nach dem abwesenden Geliebten ausdrückt. Hierbei kann es sich sowohl um die körperliche Liebe einer Frau als auch um die seelische Liebe zum allerhöchsten Gott handeln. Manchmal wird dieser Rasa als Ur-Rasa bezeichnet, denn er verkörpert eine universelle schöpferische Kraft. Der zweite Rasa ist *Hasya.* Er ist komisch, humorvoll und soll zum Lachen reizen. Synkopische Rhythmen und Muster und das abwechselnde Frage-und-Antwort-Spiel zwischen dem rhythmischen Spieler (Tabla) und dem Solisten (Sitar usw.) rufen Lachen und Vergnügen hervor.

*Karuna*, der dritte Rasa, drückt in pathetischer tränenvoll-trauriger Form die große Einsamkeit und Sehnsucht nach Gott oder der Geliebten aus. (Da die Hindus irdische Liebe in göttliche Liebe überhöhen, kann der Geliebte ein gewöhnlicher Mensch oder aber eine Gottheit wie *Krishna, Rama* oder *Shiva* sein.)

Der nächste Rasa, *Raudra,* soll Wut und aufgeregten Zorn darstellen. Er wird gern auf der Bühne des Theaters dargestellt, und in der Musik gibt er etwa das Toben der Natur in Gewitter und Sturm wieder, was musikalisch durch schnelle ›zitternde‹

Ornamente realisiert wird, die eine aufscheuchende, vibrierende Wirkung haben. (Solche Rasas aber erschrecken den Inder nicht, sondern flößen ihm ehrfürchtigen Schauder vor der göttlichen Natur ein.)

*Vira* charakterisiert den Stimmungszustand von Heldenmut, Pracht, Herrlichkeit, Erhabenheit und eine Art vornehmer Erregung. Wird dieser Rasa übertrieben, dann geht er in den Raudra Rasa über.

*Bhayanaka,* der sechste Rasa, ist fürchterlich und erschreckend. Er ist von einem einzigen Instrument kaum darstellbar, während ein Orchester sehr leicht ›Bhayanaka‹ spielen kann. Den wirklichen Inhalt dieses Rasa kann aber eigentlich nur ein Text verdeutlichen. *Vivhatsa* – ›eklig oder ekelhaft‹ – ist musikalisch ebenfalls schwierig zu verwirklichen. Diese beiden letzten Rasas aber werden oft auf der Bühne dargestellt.

Der achte Rasa, *Adbhuta,* zeigt Vergnügen und Erheiterung, gemischt mit Verwunderung und auch ein bißchen Furcht, so als ob man eine neue, fremdartige Erfahrung machte. Das kann durch große Schnelligkeit oder durch einige technische Kunstgriffe verdeutlicht werden, die durch ihre spezielle, gesungene oder gespielte Art Vergnügen hervorrufen.

Der neunte Rasa ist *Shanta Rasa,* der Friede, Ruhe und Entspannung ausdrückt. Manchmal wird ein zehnter Rasa, *Bhakti,* genannt, der fromm und spirituell ist und religiöse Gefühle zu erwecken vermag. Aber im Grunde ist dieser Rasa eine Kombination von *Shanta, Karuna* und *Adbhuta.*«[4]

## Tala

Ein anderer wichtiger Aspekt, neben den Ragas und Rasas, ist der Rhythmus in der klassischen indischen Musik, der *Tala.* Er hat ursprünglich zwei Grundeinheiten als Ausgangspunkt, den Zweier- und den Dreierschlag. Der Zweiertakt resultiert wie in allen Musikkulturen aus der Rhythmik des Gehens und des Herzschlags im menschlichen Organismus. Der Dreiertakt entstammt der Rhythmik des Atmens, die in Indien in drei Zeiteinheiten gemessen wird. Jeder Tala ist somit eine Zusammenstellung dieser Grundeinheiten (z. B. 2-2-3; 3-3; 4-4-4 usw.). Der Tabla- oder Mridangamspieler lernt diese Rhythmen in einem regelrechten »Alphabet« der Klangfarben der Trommel spre-

[4] Frei übersetzt aus Ravi Shankar, *My Music, My Life,* London 1969.

chen. Jeder bestimmte Anschlag, ob mit dem Finger oder mit dem Ballen, hat eine Erkennungssilbe. Auf diese Weise lernt der Spieler alle wichtigen Formen und Variationen wie eine Sprache, die er dann auf das Instrument überträgt. Die Talas sind allesamt kreisförmig angelegt, d. h. es existiert ein rhythmischer Spannungsablauf und eine Rückkehr zum Anfang, *Sam* genannt. Bekanntester Tala, und für westliche Ohren dem Blues-Schema verwandt, ist *Teental* (4-4-4-4), jeder Schlag hat ein anderes Gewicht, entweder schwer oder leicht betont, und einige fallen sogar aus *(khali)*. Diese signalisieren die Umkehr oder die Kreisbiegung.

Der *Sam,* der Abschluß einer gemeinsamen Variation, ist der wichtigste Orientierungspunkt für Melodieinstrument und Rhythmus. Innerhalb des Kreises kann das ursprüngliche Tala-modell frei improvisiert werden, während die Urkonstellation des Talas als Orientierungsmaßstab ständig im Bewußtsein gegenwärtig sein soll. Die rhythmische Improvisation kann dermaßen komplex und raffiniert sein, daß die Unterteilungen, synkopischen Überlagerungen und rhythmischen Überlagerungen vom westlichen Hörer erst nach langer Übung mitvollzogen werden können.

Trotzdem wird im Westen der Tablabegleitung sehr viel Aufmerksamkeit geschenkt, denn viele Menschen erfahren heute Musik vorwiegend in ihrem rhythmischen Element. Und gerade die Dialoge zwischen der Sitar und der Tabla, wenn der Tabla-spieler mit den kompliziertesten Improvisationen Schritt halten muß, erfreuen sich im Westen größter Beliebtheit. Das Frage-und-Antwort-Spiel hat die Aufgabe gegenseitiger Inspiration und Herausforderung, die den Spieler in einen Zustand bringt, der spontane Kreativität mit einer bis ins letzte präzisen Exaktheit verbindet. Die von westlichen Ethnologen in Notenschrift aufgezeichneten Abläufe indischer Rhythmik und der *Taanas* (die einstudierten Läufe und Figurationen) könnten niemals im westlichen Sinn von Noten eingeübt und ausgeführt werden.

## Indisches Musikstudium

Die Unterrichtsform für klassische indische Musik ist die Imitation des Lehrers. Als erstes werden die Instrumente von Schüler und Meister gestimmt. Die Sitar hat zwei Spielsaiten und eine ganze Anzahl mitschwingender, »sympathischer« Saiten, die auf die Skala des Ragas eingestimmt werden müssen. Wird nun ein bestimmter Ton angespielt, dann schwingt die entsprechende konsonante Saite mit, wodurch der spezielle Sitar-Klang entsteht. Die Vina, die Urform der Laute in Südindien, besitzt nur wenige solcher mitschwingenden Saiten, während die *Sarangi*, das Streichinstrument Indiens, einer mittelalterlichen Kniegeige vergleichbar, an die vierzig solcher sympathischen Saiten hat. In Südindien ist auch unsere Violine in Gebrauch. Sie wird allerdings oft anders gestimmt (in Quarten) und so gespielt, daß der linke Arm des auf dem Boden sitzenden Spielers auf dem Oberschenkel ruht und die Hand wie unabhängig vom Arm auf den Saiten gleitet.

Nachdem nun alle Saiten gestimmt sind und die beweglichen Bünde der Sitar die Oktave an der für die entsprechende Skala richtigen Stelle unterteilen, beginnt der Lehrer die ersten Phrasen des Alaps zu spielen, die der Schüler abschnittweise und in der gleichen Tonfarbe wiederholt. Hier werden dem Schüler nicht nur Abläufe von Tonreihen vermittelt, sondern alle Spezifika der einzelnen Töne im Raga. Dabei wird kaum ein Wort gesprochen, nur gehört und oft mehrmals wiederholt: wie der wichtige *Vadi*-Ton hervortritt, welcher Ton nur von oben nach unten gespielt wird, welcher Ton nur von unten angepeilt wird usw.

Genauso ist es beim Gesangsunterricht: Die Tambura wird gestimmt, der Lehrer setzt mit dem Grundton, dem *Sa* ein, das so natürlich wie möglich zu singen ist. Bereits beim Stimmen des Instruments soll man in den Klang des Sa einsinken. Der indische Sänger Pandit Patekar aus Benares betont immer, daß man erst mit dem weiteren Üben beginnen soll, wenn das Sa ganz von innen heraus erklingt: »Visualisiere dein Sa, nimm das Sa als deinen Guru, werde ganz Sa ...« Dann wird der Grundton in Beziehung gesetzt zu der entsprechenden Skala, wobei aber die Töne nicht wie auf dem Klavier angesungen werden dürfen. Vielmehr »fließt« man durch die Tonleiter, landet aber immer haarscharf auf der nächsten Tonhöhe. Dieses Gleiten ist dem westlichen Musikstudenten am ungewöhnlichsten und schwersten, aber es gibt eine Reihe von Übungen, um die »steife Stimme elastisch werden zu lassen«, wie Patekar sagt.[5]

Entsprechend dem Stil und der Schule gibt es nun bestimmte Taanas und melodische Stücke (Ghats), und im Khyalstil existieren komponierte Lieder, die in der Form von *Antara* und

[5] In zahlreichen Gesprächen, als ich in Indien Patekars Schüler war.

*Stahi,* den immer wiederkehrenden, refrainartigen Motiven für einen rhythmischen Kreislauf feststehen. Diese einfachen und eingängigen Melodien werden auswendig gelernt, auch aufgeschrieben in einer Symbolschrift der indischen Tonnamen, und nun kann der Tablaspieler hinzukommen, der erst nur die leichtesten rhythmischen Formen mitspielt. Man lernt allmählich das Gefühl für die Kreise der Talas und kommt dann fast automatisch auf dem Sam wieder an.

Im Laufe der Zeit wird dem Schüler deutlich, daß er durch die Imitation des Lehrers noch ganz andere, tiefere musikalische Eigenschaften erworben hat. Der Alap und ganz gewisse Wendungen, die eigentlich weder notierbar noch also auswendig zu lernen sind, weil sie in einem zu subtilen Bereich liegen, wurden vom Lehrer in die unbewußten Räume des Schülers hineingelegt. Er merkt erst gar nicht, daß er plötzlich die oder jene Phrase beherrscht. Zwar konnte er sie im Dialog mit dem Lehrer richtig spielen, hat sie aber kurz darauf wieder verloren geglaubt. Oft Monate später, nach intensivem Üben findet er den tiefen Ausdruck seines Meisters in seinem eigenen Spiel oder Gesang wieder.

Auch auf den Hörer der klassischen indischen Musik werden diese ganz kraftvollen Schwingungen übertragen, wenn er richtig zu hören versteht. Die Kunst, indische Musik auch ohne theoretische Kenntnisse richtig zu hören, erläutert Pandit Patekar in den folgenden Ausführungen:

»Die höchste ästhetische Freude wird erreicht, wenn der Künstler und die Zuhörerschaft harmonische Wechselbeziehungen erleben. Es folgt eine Aufzählung der unbedingt notwendigen Verhaltensregeln, um ein guter Zuhörer zu werden.

1. Löse dich mit deinen Gedanken zeitweise von der üblichen Art des Denkens und konzentriere dich auf die höheren geistigen Aspekte des Lebens. Musik liefert die beste Art zu solcher Konzentration.

2. Stelle das Universelle in den Vordergrund deiner Betrachtungen und versuche, die Gewohnheit, Teilaspekte zu betrachten, abzulegen oder zu vergessen.

3. Versenke dich in eine Stimmung der Meditation und Kontemplation. Hierzu eignet sich am besten der Alap eines Ragas. Der Alap ist die ruhige, meditative Ausführung der musikalischen Idee.

4. Stelle eine Verbindung her zu den übernatürlichen Aspekten

der Wirklichkeit. Dies läßt sich sowohl durch die Töne des Ragas als auch durch seine Rhythmen erreichen.

5. Laß alle innere Voreingenommenheit beiseite.

6. Versuche dich in den Künstler einzufühlen. Das heißt, versuche mit ihm zu fühlen und eins zu werden mit dem Künstler und dem Thema.

7. Sei still und vergeistigt – innerlich und äußerlich. Om Shantih.«[6]

## Ein singender Sadhu am Ganges

Zum Abschluß des Kapitels über indische Musik soll ein musikalisches Erlebnis wiedergegeben werden, das für sich selber spricht:

Ich hatte gelesen und gehört, daß spezielle Töne der indischen Musikmagier innere Zentren offenlegen können. Viele Musiker sagten auch, daß sie die Drogen ablehnten, weil ihre Musik ohne die künstlichen Hilfsmittel eine reinere innerliche Bewußtwerdung hervorrufe, ohne Intoxikation, nur durch die Schwingung der Musik. Manche berichteten, daß sie sich an ihre göttliche Vergangenheit erinnern könnten, wenn sie mehrere Stunden lang religiöse *Kirtan*- und *Bhajan*-Lieder sängen, und daß ihnen Krishna und Sri Ram erschienen sei.

Durch die kosmischen Lieder des Paramahansa Yogananda kannte ich die fünf Stadien des Singens: »Lautes Singen, flüsterndes Singen, mentales Singen, unterbewußtes Singen, überbewußtes Singen. Unterbewußtes Singen wird dann automatisch, wenn der Geist (the mind) eine Gesangsfigur mühelos wiederholt und gleichzeitig irgend etwas denkt oder tut. Überbewußtes Singen tritt ein, wenn die inneren Schwingungen des Singens in Erkenntnis umgewandelt sind und wenn die Aufmerksamkeit ohne Unterbrechung auf die ganz reale kosmische Schwingung gerichtet ist, auf OM oder AUM und nicht auf einen vorgestellten oder äußerlichen Klang: Dann beginnt das überbewußte Singen.«[7]

In Ravi Shankars bereits zitiertem Buch las ich: »Die alten Meister waren nicht nur berühmte Sänger, sondern ebenfalls begnadete Yogis, die all die Geheimnisse der Tantras, Hatha-

---

[6] Verfaßt in Englisch anläßlich seiner mehrmonatigen Europa-Tournee im Frühjahr 1975.

[7] *Cosmic Chants* (Einführung), Self-Realization Fellowship, Los Angeles.

Yoga und die verschiedenen Formen okkulter Kraft kannten. Alle waren sie reine Asketen und oft Heilige. Das ist die wunderbare Tradition unserer Musik, und sie reicht sogar bis heute, obwohl die Wunder, die beim Musizieren dieser Meister geschahen (Regen, Naturveränderungen, Tierbändigungen usw.), nicht mehr vollführt werden. Doch existiert die ungeheuerliche Wirkung und die spirituelle Erfahrung, die der Zuhörer erlebt.«[8]

Nun fragte ich auf meinen Indienreisen überall, wo denn ein solcher musikalischer *Sadhu*, Asket oder Magier zu finden sei und ob es solche Menschen denn wirklich noch gäbe. Da lächelte man mich an und sagte mir, ich würde einen finden, wenn ich dazu bereit sei; der würde jetzt schon auf mich warten . . . Das nahm ich natürlich nicht ganz ernst, und da ich das Glück hatte, der indischen Heiligen Ananda Mayi Ma zu begegnen, vergaß ich meinen Musiksadhu schnell. Um die »Ma« nun in ihrem Ashram in Agarpara nördlich von Kalkutta zu sehen, reiste ich mit einem der vorsintflutlichen indischen Omnibusse in dieses verlassene Nest, das durch seine Lage direkt am Ganges in der heißen und immer feuchten Jahreszeit zur ärgsten Moskitoplage und Geduldsprobe wurde.

Das konservative Ashram gestattet dem »unreinen« Ausländer nur einen begrenzten Aufenthalt in seinen Mauern, so daß ich mich auf die Suche nach einer Bleibe und einer Möglichkeit, Mahlzeiten zu bekommen, machte. Ich war naß geschwitzt, müde und ärgerlich, daß das Ashram mich abgewiesen hatte. Außerdem hieß es, die »Ma« werde erst ein paar Tage später erwartet. So lief ich also den Ganges entlang, erfrischte mich in den braunen Fluten und suchte in der Mittagshitze einen Schattenplatz. Da sah ich in einiger Entfernung neben einer Lehmhütte eine Gestalt sitzen, die mich schon länger zu beobachten schien. Beim Nähertreten traute ich meinen Augen nicht: Der Mann hatte verfilzte, lange weißgraue Haare, einen ungeheuren Bart und nichts als ein zerschlissenes Stück Stoff um den Leib.

Das dürfte ein Yogi, Gammler oder Landstreicher sein, oder alles in einem, dachte ich und wollte einfach an ihm vorübergehen. Da traf mich eine Art Blitz aus seinen Augen, und ich erschrak zutiefst. Man weiß, daß in Indien unzählige Pseudogurus herumziehen, die mit ihren durch Yoga erworbenen Kräften ein schwarzmagisches Unwesen treiben, indem sie z.B. durch

[8] Aus: Ravi Shankar, *My Music, My Life*.

Augenkontakt bannen und Mitleid evozieren, bis man ihnen sein ganzes Geld herausrückt.

Ich hatte keine Lust, seinen Siddhis (geistige Kräfte) zu begegnen, und hatte nicht den Eindruck, daß er wüßte, wo eine Bleibe, von Hotel nicht zu reden, für mich zu finden sei. Als ich schon an ihm vorbei war, erklang in meinem Rücken eine unbeschreibliche Stimme: »Hallo, my friend!« Ich blieb wie angewurzelt stehen. »I'm happy to meet you.« Er lächelte einladend. »Very hot season now ...« Sein Englisch war typisch indisch gefärbt und beinahe unverständlich. Außerdem bestand es nur aus ein paar Brocken, wie sich bald herausstellte. »Come in!« Er deutete auf seine Hütte, die auf einigen Felsbrocken auf primitivste Weise errichtet war. Jetzt erst erkannte ich, wie nah sie am Wasser lag. In der Monsunzeit ist der Platz überflutet, ein »Sommersitz« anscheinend. Ich war zu erschöpft, als daß ich das Angebot hätte abschlagen können, und es ging im übrigen eine Kraft von ihm aus, die mich mehr berührte, als mir lieb war. Vor allem konnte ich ihm nicht in die Augen schauen, was er immer zu provozieren schien. Er hatte einen ausgesprochen stechenden Blick.

In der Hütte war nichts außer einer alten Teetasse, einer Matte und – einer riesigen schwarzen Tambura. Ich setzte mich auf den Boden, endlich brannte mir die Sonne nicht mehr auf den Kopf. Nach einiger Zeit des Schweigens, in der mich der Sadhu unentwegt anschaute, sagte ich, um irgend etwas zu sagen: »Very nice place – very nice instrument«, und deutete auf die Tambura. Da trafen mich seine Augen, und ich fühlte eine ungemein starke Ausstrahlung von Güte. »Music«, sagte er bloß, aber darin lag viel. Er saß einfach da und schaute mich an, als sei es völlig normal, daß ich bei ihm gelandet war. Dann deutete er auf mich, lachte und sagte wieder: »Music!« Ich nickte, er nickte: »Vocal music – bohut adscha (sehr gut) – I will teach you.«

Das war nun nicht mehr so selbstverständlich für mich. Konnte er denn wissen, daß ich indischen Gesang studierte? Und wie als Antwort auf meine innere Frage kam der frappierende Satz: »I know everything about you.« Ich schaute wohl ziemlich skeptisch drein. »Yes, I know everything about you.« Er nickte: »On Holy you go to Benares.« Das war doch unfaßbar: Ich hatte mir bereits in Kalkutta eine Bahnkarte nach Benares besorgt, für den 8. März, der auf den Holy-Feiertag fiel. Ich war verdutzt und hilflos und sagte bloß: »Very hot.«

Da griff der Sadhu behutsam nach seiner Tambura und flü-
sterte beinahe: »Tori – very good for this time, do you know
Tori?« Ich schätzte, daß er den *Raga Todi* meinte, und nickte
etwas unsicher. Er lächelte und begann die Tambura zu spielen
und etwas nachzustimmen. Welch ein Klang! Das Instrument
war sechssaitig, was sehr selten ist, und für meine Ohren völlig
fremdartig gestimmt. (Später lernte ich, daß Todi ohne Quinte
gesungen wird und so der 7. Ton, das *Ni*, im Grundklang mitschwingt.)

Er schaute mich an, räusperte sich ein paarmal und hob zu
singen an – langsam, tief, fast hauchend. Nun darf man nicht
glauben, daß dieser Mann etwa »schön« gesungen hätte, vielmehr war seine Stimme etwas rauh und urtümlich. Aber es lag
ein geheimnisvoller Unterton, eine nur fühlbare Schwingung
darin. Zu meinem größten Erstaunen fühlte ich mich mehr und
mehr wie von einem kühlen Wind umgeben. Das Schwitzen
hörte auf, und ich wurde frisch. Es war mir jedoch, da ich alles
bewußt wahrnahm, nicht möglich, irgend eine Luftbewegung
festzustellen. Das kühle frische Gefühl ging irgendwie von innen aus.

Während seines mächtigen und doch sehr zarten Gesangs
schaute er mir fortwährend in die Augen, und seine Tambura
klang so schön und vielfarbig, daß ich mich losließ und seinem
Blick endlich standhalten konnte. Es schien, als öffnete sich die
Hütte nach allen Seiten, und als könnte ich in weite Räume
blicken. Es strahlte mich ein leuchtendes Gesicht an, mit tiefen,
ernsten, liebenden Augen, und bald hatte sich jegliches Zeitgefühl aufgelöst. Dieses Erlebnis, in psychedelischen Zuständen
höchstens erahnt, war so stark, daß ich, den Umständen entsprechend, müde und erschöpft, nicht gegen eine glückliche
wohlige Müdigkeit ankonnte und einschlief.

Als ich aufwachte, wußte ich nicht, wo ich war, und die
Hütte war leer. Erst jetzt bemerkte ich, wie kunstvoll das Stroh-
dach geflochten war. Die Tambura lag flach neben mir auf dem
Boden, dahinter meine Umhängetasche. Sofort nahm ich die
immense Hitze wieder wahr und erinnerte mich an mein Erlebnis. Als ich hinausschaute, hantierte der Sadhu an einer kleinen
Feuerstelle, er machte Tee. So viele Fragen stiegen in mir auf:
Wie und wovon ernährt sich mein Gastgeber? Warum sind
keine Moskitos in seiner Hütte, die sonst alle düsteren Ecken
bevölkern? Was war das mit dem Raga Todi?

Der Sadhu kam mit dem Tee und »beantwortete« sofort

78

meine unausgesprochenen Fragen: Wo immer er auf seiner Pil-
gerschaft hinkomme, überall würde sich jemand um sein leibli-
ches Wohl kümmern. Und die Moskitos hätte er nicht gerne ...
ich könne drei Tage bei ihm bleiben und einiges an Musik lernen. Dann würde auch die Ma eintreffen. Ich hatte über nichts
mit ihm geredet. Über die Hinduheilige sagte er nur »Ma!« und
strahlte, bei dem Wort Ashram machte er eine abfällige Hand-
bewegung. Nach dem Tee gab er mir die Tambura in die Hand,
das heißt, er stellte sie einfach vor mich hin. Ich hatte noch nie
solch ein großes Instrument gesehen. »Two hundred years«,
sagte er, womit er offensichtlich ihr Alter meinte.

Nachdem ich das Instrument ein wenig spielen durfte, begann
er mit seinem eigentlichen Unterricht: Nada Yoga, die Technik
der Selbstverwirklichung durch den inneren Klang im Menschen. Der Sadhu veränderte sich andauernd. Einmal dachte ich,
er sei an die siebzig. Dann wieder kam er mir wie ein rüstiger
Vierzigjähriger vor. Sein Alter blieb ein Geheimnis. Trotzdem
erfuhr ich einiges über ihn. Sein Lehrer war Abdul Karim Khan,
dessen Bedeutung mir damals unbekannt war. Der 1937 Verstorbene galt als einer der letzten großen musikalischen Genies
und Sänger Indiens. Auch mein Sadhu – auf die Frage nach
seinem Namen kam ein strahlendes »No name!« – hat angeblich
berühmte Konzerte gegeben, aber jetzt singt er nur noch für
Lord Shiva, wie er ehrfürchtig sagte.

Morgens vor dem Sonnenaufgang war er schon auf und sang
unendlich lange, tiefe Töne. Ich konnte ihm mit meiner Stimme
nachfolgen, wenn ich aufwachte und wenn er in meine Stimmlage vorgedrungen war. Seine tiefsten Töne bleiben mir unver-
geßlich. Jeden Morgen und Abend, manchmal auch nachmittags, kamen ein oder zwei junge Burschen vorbei, die nach
ehrfürchtiger Verneigung zwei Platten mit einfachem Essen,
Reis und indischem Gemüse, und eine Kanne mit frischem
Wasser brachten. Wie diese Jungs meine Anwesenheit erfahren
hatten, so daß sie mich mitversorgten, ist mir rätselhaft. Einmal
wurde der Sadhu von einer Anzahl besser gekleideter Inder
besucht und mit allerlei Blumengirlanden beschenkt. Anscheinend wird er als Guru verehrt, was mich aber eher verwirrte,
denn für mich waren diese wenigen Tage eine angespannte
Lernzeit bei einem väterlichen, natürlichen Freund, der mir so
viel wie möglich von seinem Wissen schenken wollte.

Täglich gingen wir spazieren, meist nahm er mich bei der
Hand. Wir besuchten einen kleinen Tempel seiner Gottheit

*Shiva,* des Erbauers und Zerstörers des Universums. Und als ich gerade anfing, mich an diese zeitlose, ursprüngliche Lebensform zu gewöhnen, deutete er mir an, daß unsere gemeinsame Zeit beendet sei. Er begleitete mich zum nahe gelegenen Ashram der Ananda Ma. Eine hektische Menge von Verehrern und Anhängern der Ma bevölkerten plötzlich die einsame Gegend. An dem Tor des Ashramgartens verabschiedete er sich. Als er mich umarmte, sagte er bloß »Jai Ma!« (Es lebe Ma!) und deutete dabei auf seine nackte Brust.

Das Geld für eine Wundsalbe, die er ziemlich nötig für eine schmerzende Wunde brauchte, hatte er nicht angenommen. Aber ich legte es ihm in sein englisch-sprachiges Schulheft, in das ich meinen Namen schreiben mußte. Dieses Heft mit Notizen war das einzige, was er besaß – und seine Tambura natürlich. Es gibt eine einzige Chance, ihn wiederzutreffen: an jedem 26. Oktober in Bombay, wo das alljährliche Gedächtniskonzert für seinen Lehrer stattfindet.

Diese unverhoffte Begegnung mit einem scheinbar wahren Meister hatte mir gezeigt, welche Kraft im traditionellen indischen Lehrer-Schüler-Verhältnis wirksam wird. Die Sadhus, die wirklich eine spirituelle Botschaft verkörpern, leben heute in Indien so zurückgezogen, daß es scheint, sie seien verschwunden. Und doch, sie leben im verborgenen weiter: am Ufer des Ganges, an den Hängen des Himalaya, in Höhlen und in Hütten oder mitten in der Stadt. Tiefgreifende Erfahrungen mit musikalischen Kräften machte ich auch im Norden Indiens, wo die tibetischen Flüchtlinge ihre kleinen Siedlungen aufgebaut haben. Dort leben in bescheidensten Unterkünften, zum Teil in Wellblechhütten, die tibetanischen Mönche, die manchmal nicht mehr besitzen als ihre rituellen Gegenstände. Unter diesen befindet sich eine Glocke, eine kleine Trommel und ein Blasinstrument aus einem Menschenknochen. Gemessen an den Liedern und Tönen der Inder hat der Gesang der Mönche noch eine stärkere Wirkung: Er entstammt der magischen Urkraft der tibetischen Kultur.

## 2. Tibetische Ritualmusik

Als vor einigen Jahren zum ersten Mal eine Schallplatte mit Musik aus Tibet von einer Rundfunkstation ausgestrahlt wurde, kam eine Flut von Telefonanrufen, von Leuten, die von dieser Musik so erschreckt wurden, daß sie in Panik gerieten. In der Tat ist diese Musik dem westlichen Ohr fremd und ungewohnt, und auch innerhalb der buddhistischen Kulturen ist sie einzigartig und unverwechselbar. Und selbst für Kenner dieser Musik, von der einige Schallplatten existieren, ist die persönliche Begegnung mit den lebendigen tibetischen Klängen eine unheimliche Erfahrung, wie der folgende Erlebnisbericht aus dem tibetischen Flüchtlingsdorf Dharamsala deutlich macht:

»Der stille Spaziergang fand plötzlich eine gewaltsame Unterbrechung. Vom Tempel her scholl über den durchhängenden Bergrücken hinweg, auf dem das Dorf liegt, der Klang des Mönchsorchesters, der Abfolge der Töne nach von Schallplatten zwar oberflächlich bekannt, doch nun in der lebendigen Form etwas so vollkommen Unerwartetes, so urgewaltig und erschütternd, daß mein inneres Gleichgewicht einen heftigen Schlag erhielt.

Die ungeheuren, wuchtigen Töne der riesigen Tuben brandeten, magischem Uratem gleich, gegen die Bergwände, brachen sich und rollten donnernd zu Tal, Töne aus einer fremden Welt, die sich in tiefe Schichten des Bewußtseins eingruben und von dort eine drängende Antwort erhielten. So von außen und innen nie erfahrenen, höchstens in schweren Träumen erahnten Frequenzen ausgesetzt, stand ich atemlos, betäubt, doch zugleich unfreiwillig den gigantischen Schwingungen hingegeben.

Als die hohen Blasinstrumente mit ihrem flirrenden Getön einsetzten, schienen sich meine Nerven zum Zerreißen zu spannen, bis schließlich etwas in meinem Kopf mit einer blitzartigen Lichterscheinung barst und mein Hören nicht mehr wie zuvor mit dem Widerstand, der das Gefühl des Auffangens gibt, belastet war, sondern durchlässig wurde, frei mitschwang, die Töne selbst zu werden schien – der unmenschliche Klang der Tuben, das Aufschreien der Becken, die kleinen Jubeltöne der Hörner. Da war – so merkte ich in den Stunden danach – etwas Entscheidendes geschehen. Die Urmacht dieser archaischen Musik hatte umfangreiche Breschen in die Wände meines Bewußtseins geschlagen, hatte es gewaltsam aufgerissen, und ich erfuhr mich nun selbst in einem offenliegenden, verstörten, verletzbaren, überempfindlichen aber zugleich wundersam erfahrungsbereiten Zustand, der sich erst langsam zwischen tiefster Verunsicherung und hochgespannter Euphorie auspendelte.«[9]

Diese Urmusik läßt sich nur im Zusammenhang mit der tibetisch-buddhistischen Esoterik verstehen, denn sie ist eng verbunden mit der Geschichte dieser Religion, nicht nur in ihrer Klangwirkung, sondern auch in der symbolischen Bedeutung ihrer Instrumente. Hier gibt es keinen Ton, der in persönlichen Gefühlen verwurzelt wäre oder überhaupt in der Dimension des Menschlichen. Vielmehr kommen in dieser Musik die schamanistischen und animistischen Aspekte des ursprünglichen *Bön*-Glaubens des Himalaya zum Ausdruck, die von der tantrischen Form des Mahayana-Buddhismus integriert worden waren. Die Urkraft dieser alten Tradition konnte sich nur deshalb in so reiner Form erhalten, weil Tibet durch seine unzugängliche Gebirgslandschaft vor der Außenwelt abgeschirmt und von jeder Berührung mit anderen Zivilisationen viele Jahrhunderte hindurch abgeschnitten war.

Erst durch die chinesische Invasion verließ diese alte magische Tradition das »Dach der Welt«. Dort, wo Einsamkeit und Stille herrschen wie auf den höchsten Berggipfeln, wo das menschliche Bewußtsein nicht alle tieferen Erfahrungen einer unsichtbaren Welt überdeckt hat, dort konnte eine Musik sich entfalten, die der vollkommene Ausdruck elementarer Naturphänomene ist, die eine Brücke schlägt zur Welt der Geister und Dämonen.

Lama Anagarika Govinda, einer der größten buddhistischen Gelehrten und besten Kenner Tibets, führt dazu aus:

»Der tibetische Buddhismus betrachtet den Menschen nicht als eine für sich stehende einzelne Figur, sondern immer in Beziehung zu seinem universellen Hintergrund. In gleicher Weise befaßt sich die tibetische Ritualmusik nicht mit den flüchtigen Emotionen zeitbegrenzter Individualität, sondern mit den ewig-gegenwärtigen zeitlosen Qualitäten universellen Lebens, in dem unsere persönlichen Freuden und Leiden keine Rolle spielen. Wir kommen durch sie wieder in Berührung mit den Quellen der Wirklichkeit im tiefsten Kern unseres Wesens.

Dies ist nicht nur das wesentlichste Anliegen der buddhistischen Meditation, sondern auch der tibetischen Ritualmusik,

[9] Ulli Olvedi, Autorin und Übersetzerin, aus ihrem unveröffentl. Tagebuch.

die sich auf den tiefsten Schwingungen aufbaut, deren ein Instrument oder eine menschliche Stimme fähig ist: Lauten, die aus den Abgründen der Erde oder aus den Tiefen des Raumes zu kommen scheinen, dem Rollen des Donners gleich – mantrische Laute der Natur, deren schöpferische Schwingungen den universellen Ursprung aller Dinge symbolisieren. Sie bilden das Fundament wie auch den Hintergrund, von denen die Modulationen der höheren Stimmen und die klagenden Tremolos der Oboen aufsteigen wie die Formen empfindender Lebewesen von den Elementarkräften der Natur.«[10]

## Die Instrumente

Im tibetischen Mönchsorchester kommen nur Blas- und Schlaginstrumente vor. Als Blasinstrumente werden jeweils paarweise die oft wunderschön verzierten Muschelhörner verwendet, weiterhin Knochentrompeten, Metall- und Silbertrompeten, oboenartige Instrumente und schließlich die oft bis zu vier Meter langen tubaartigen langen Blasinstrumente aus Kupfer. Die Knochentrompete war früher aus einem menschlichen Oberschenkelknochen gefertigt und gehört zum »Hausgerät« jedes Mönchs, der auch stets eine Handglocke und eine Handtrommel besitzt, die früher ebenfalls aus zwei menschlichen Schädelschalen bestand und deshalb auch Schädeltrommel heißt.

Im Orchester sind zwei Arten von Becken eingesetzt, eine große Trommel, die an beiden Seiten mit Fell bespannt ist, und viele kleine Trommeln mit Klappern. Diese kleinen *Damarus* gehören ebenfalls zum rituellen »Handwerkszeug« eines jeden Mönchs. Sie werden in der rechten Hand hin und her geschüttelt, wenn die anderen ihre Handglocken erklingen lassen. Jedes Instrument hat eine tiefe Symbolik: Im tibetischen Mahayana-Buddhismus gibt es zwei Arten von Gottheiten, die einen sind schreckliche Aspekte der anderen, welche in Güte und Barmherzigkeit dargestellt werden. Allerdings sind die aggressiven Gottheiten keineswegs bösartige Wesen, vielmehr sind sie die Beschützer des Glaubens gegen die Dämonen. Den friedfertigen Gottheiten sind nun die Oboen, das Muschelhorn und die größeren Becken zugeordnet, die kurzen Trompeten und die schrilleren Becken entsprechen den schrecklichen Gottheiten.

---

[10] Govinda: *Der Weg der Weißen Wolken*, München, 3. Aufl. 1975, S. 59.

Die tiefen *Rag-dungs*, die meterlangen Tuben, und die Trommeln können beiden Arten zugeordnet sein.

Die Besetzung des Orchesters kann variieren und wird auch nicht immer streng gehandhabt. Das Kloster verwendet, wenn nötig, alle zur Verfügung stehenden Instrumente. Eine Merkwürdigkeit, die man auch in alten arabischen Musiktraditionen findet, ist die Atemtechnik beim Blasen der hohen Instrumente. Der Spieler atmet durch die Nase ein, ohne beim Spielen abzusetzen, was möglich ist, da er sich einen Luftvorrat im Mundraum hält. Abgesehen von einer kurzen Tontrübung wird der Klang ohne Unterbrechung quasi unendlich lange ausgehalten.

Bevor wir auf das wichtigste »Instrument« der tibetischen Musik, die menschliche Stimme, zu sprechen kommen, soll noch kurz die Form des Tonmaterials erläutert werden. Es existiert eine Anzahl von Grundmustern, von Klang- und Tongruppeneinheiten, die miteinander verbunden und variiert werden können. Jedem Instrument wird eine Anzahl solcher ziemlich klar festgelegten kurzen melodischen und rhythmischen Abläufe zugeteilt. Die Art, wie diese Grundeinheiten der einen Instrumentengruppe mit den Grundmustern der anderen verkoppelt werden, hängt ganz vom Ablauf der Zeremonie oder des Zwischenspiels ab. Das Grundmaterial sind nun keine festgelegten Tonhöhen, Motive oder Rhythmen, sondern relativ bezeichnete Angaben zu Dauer und »Charakter« der zu spielenden Töne. Ein *Dor* z. B. ist ein sehr tiefer Ton, ein *Dor-Haa* ist der gleiche Ton, aber etwas kürzer gespielt, dem sich ein höherer Ton anschließt. *Shung* bedeutet einen langen ausgehaltenen Ton in mittlerer Lage, und *Ti* heißt einfach hoher Ton.

In Tibet gibt es auch eine musikalische Notenschrift, die aber nicht »vom Blatt« gespielt wird, sondern lediglich der Erinnerung an spezielle seltener gespielte Abläufe dient. Vor allem sind natürlich die unendlich lang andauernden Gesänge aufgeschrieben. Neben den unzähligen Rezitations-Schriften hat sich für einen bestimmten Chorgesang eine ganz besondere Notenschrift ausgeprägt, die allerdings in jedem Kloster kleine Unterschiede aufweist. Dieser Gesang wird *tantrisch* genannt und ist zweifellos der eigentümlichste Vokalstil in Tibet. Er heißt auch *Yang*-Stil und wurde von bestimmten tantrischen Schulen entwickelt.

Der Yang-Stil ist ein Phänomen, das im Westen durch den Auftritt der Lamas des Gyoto-Klosters in Berlin und in anderen europäischen Städten bekannt wurde. »Selbst wenn man keine Vorstellung vom einstigen Gyoto-Kloster hat, keine Ahnung von den mystischen Voraussetzungen der Zeremoniengesänge, keinen Text versteht«, so schrieb ein Musikkritiker der Süddeutschen Zeitung, »geht von dieser Musik mehr als nur ein exotischer Reiz aus. Der Gesang verharrt mit ganz kleinen, seltenen Abweichungen auf einem einzigen Ton – aber was für ein Ton! Die sechs Mönche singen – ein Ghiaurov oder Talvela könnten neidisch werden – abgrundtief (für Pedanten: auf dem Kontra B!) litaneiartige Phrasen, die im ersten Abschnitt des zweistündigen Rituals nur von kleinen Handglocken und einem hölzernen Schlaginstrument, dann auch von Paukenschlägen und dem mächtigen Klang eines tibetischen Alphorns interpunktiert werden.

Faszinierend an diesem Gesang ist nicht nur die klangvolle Tiefe, sondern eine besondere Stimmtechnik, die bestimmte Obertöne so stark hervortreten läßt, als sängen die Mönche mehrstimmig. Der tiefere mystische Zusammenhang zwischen den Proportionen des Kosmos und des menschlichen Körpers, diesen und der Obertonreihe (jeder vernehmbaren Tonhöhe wird zwischen Solarplexus und Stirn eine Körperpartie zugeordnet, die ihr Sitz ist) kann allerdings so ohne weiteres nicht begriffen werden.«[11]

Diese Zusammenhänge in der tantrischen Meditation werden auch von uneingeweihten Tibetern nicht ganz verstanden. Den Texten wurden sogar absichtlich zur Verschleierung des esoterischen Inhalts sprachfremde Silben beigefügt. Diese somit verschleierten Texte werden auch von den modifizierten unnatürlichen Stimmen verschleiert gesungen: »Der Yang-Vokalstil dient der Kommunikation mit den Göttern, was seine Besonderheit erklären mag, denn man ›spricht‹ mit der Gottheit nicht in der gleichen Weise wie mit Menschen.«[12]

Diese Art des Singens ist nicht »machbar« im Sinne einer virtuosen Technik oder Beherrschung der Stimme, sondern sie erfordert einen völlig entspannten Körper, einen losgelassenen

[11] D. Polaczek in der *Süddeutschen Zeitung*, 15. 10. 74.
[12] Veröffentlichung d. Instituts f. Vergl. Musikwissenschaften, Berlin 1975.

Atem und eine Fähigkeit zur Versenkung. Die abgrundtiefen Grundtöne entstehen durch völlig freigelassene Stimmbänder, die bewußtseinsmäßig einpendeln müssen auf die untere Oktave eines normal gesungenen Tones. Nach längerer Zeit des Übens hakt dieser tiefe Ton ein. In einem Knurrklang unterhalb des wirklich von den Stimmbändern angesungenen Tones hat er sich als eine Art Unterschwingung oder Resonanz nach unten gebildet: Der Körper schwingt in extrem verstärkter Resonanz mit, durch kleinste Mundveränderungen wechselt der mitschwingende Oberton. Dieser kraftvolle Gesang wurde auch von einigen westlichen Musikern ansatzweise erlernt und für meditative Improvisationen und das persönliche *Sadhana* (geistige Übung) verwendet.

Nicht alle Mönche praktizieren dieses tantrische Singen: Es sind die wenigsten Schulen, die diese zum Teil geheimgehaltenen Zeremonien und Riten ausführen. Die anderen singen ihre Mantraformeln und Anrufungen, meist neben tibetisch auch in Sanskrit, in einfachen, teilweise sehr schönen motivischen Bögen. Der Gesang variiert um einen Grundton in immer wiederkehrenden Umspielungen, die auf bestimmten Modi basieren. Ein solcher Modus umfaßt meist nicht mehr als drei oder vier Töne und klingt in seiner pentatonischen Art von einem einzelnen Mönch gesungen ähnlich wie tibetische Volksmusik, die chinesisch-mongolischer Abstammung ist (s. Anhang: Notenbeispiel 1).

Diese einfachen Gesänge haben im Gegensatz zur tantrisch-magischen mehrstimmigen Technik eine beruhigende innere Heiterkeit, die allen Tibetern eigen ist. Der Gesang der Mönchsgemeinde wird auf verschiedenste Weise nach eigenem Geschmack verziert, besonders durch Glissandi, welche von einem Ton zum anderen auf- und abwärts sehr lang andauern können. Diese freie Improvisation jedes einzelnen ergibt in den oft stundenlangen Feierlichkeiten *(Puja)* für das Ohr des Zuhörers anfänglich ein harmonisches und rhythmisches Chaos, das sich durch den gleichen Konzentrations- und Versenkungszustand der Mönche allmählich in ein faszinierendes, von innen heraus vereinigendes Zusammensingen formt.

Nach bestimmten Abständen verebbt der Zusammenklang, und es bleibt die eine tiefe Stimme des *Umdze,* des Vorsängers, übrig, der auch meist der höchste anwesende Lama ist. Danach kennzeichnet ein neuer, langsamer Rhythmus den Beginn eines neuen liturgischen Teiles. An den Stellen, an welchen besonders bedeutende Mantras rezitiert werden, begleiten alle die rituellen Handglocken und stundenglasförmigen *Damarus* zusammen. Ist ein Orchester dabei, so setzt es meist in diesen vielstimmigen Glocken- und Trommelklang ein und spielt mit den in besonderer Weise rotierenden Becken, den meterlangen Radongs, den Baßpauken und den verschiedenen Blasinstrumenten, den Mittelteil.

»So wie die Baßstimme des Chorführers die Basis für den Chor und den Ausgangspunkt für die Liturgie bildet, so ... sind die Kupfertuben die Basis und der Ausgangspunkt der orchestralen Musik. Sie werden immer paarweise gespielt und abwechselnd geblasen, so daß der Ton eines Instrumentes unmittelbar von dem anderen aufgenommen und fortgesetzt wird. Auf diese Weise entsteht ein ununterbrochenes, auf- und abschwellendes Tönen, das in seiner durchdringenden Macht und Tiefe wie die donnernde Brandung eines Ozeans von Tönen die Luft erfüllt. Und auf der Oberfläche dieses Ozeans, dessen Grundton dem allumfassenden OM, dem Prototyp aller mantrischen Laute, gleicht, erschafft die Brise individuellen Lebens das vielfältige Spiel unzähliger Wellen und Wellchen, die, wie das hohe Tremolo der Oboen, lebhafte und melodiöse Arabesken entstehen lassen ... Wenn die Radongs oder die menschliche Baßstimme den kosmischen Laut darstellen, in dem wir die Unendlichkeit des Weltraums erleben, so repräsentieren Pauken und Trommeln die Unendlichkeit des Lebens und der Bewegung, die vom höchsten Gesetz alles Lebendigen, vom ihnen innewohnenden Rhythmus regiert werden, in dem wir die alternierenden Zyklen von Schöpfung und Auflösung, Differenzierung und Wiedervereinigung, Gestaltung und Wiedereinschmelzung, Werden und Vergehen erleben, die in Manifestation und Befreiung kulminieren.«[13]

Die Musik Tibets hat ihre geistige Grundlage somit in der buddhistischen Weltenlehre und ist auf überirdische Daseinsbereiche bezogen.

---

[13] Govinda: *Der Weg der Weißen Wolken*, S. 59.

### 3. Musik des magischen Bewußtseins

Es wurde bereits kurz angedeutet, daß wesentliche Elemente der tibetischen Ritualmusik noch Relikte der früheren schamanistischen Religion Tibets sind. So hat auch das melodische Element, das größtenteils dem mythischen Bewußtseinsbereich eignet, weniger Platz in dieser Tonkunst als das rhythmische. Letzteres wird durch die verschiedenen Arten von Trommeln und Schlagzeuginstrumenten verkörpert und entspricht der magischen Bewußtseinsform, welche allein im animistischen *Bön*-Glauben vorherrschte. Es war nun gerade das große Verdienst des Buddhismus, aufgrund seiner geistigen Kraft alte magische Bräuche und mythische Bilder in einer kosmologischen Einheit zu verbinden.

Der Rhythmus der Trommeln, das rollende Donnern der Baßpauken, der mächtige Zusammenprall der Becken geben der tibetischen Musik ihre eigentliche Struktur und Bedeutung, denn mit der Trommel und der Pauke verbindet nicht nur der Tibeter, sondern jede magische Kultur ganz andere Assoziationen als der Westen. Die Bedeutung der Trommel, schon für die frühesten Anfänge indischer Kultur, wird in einem Gleichnis des Buddha deutlich, in welchem er die ewige Gesetzlichkeit des Universums mit dem Rhythmus der Trommel vergleicht. Als erstes nach seiner Erleuchtung spricht Buddha von der »Trommel der Unsterblichkeit«, die in aller Welt erklingen soll.

Nun ist es wichtig zu wissen, welche enorme Bedeutung die gleiche große Trommel der tibetischen Musik bereits in den Zeremonien der alten *Bön*-Riten gespielt hat. Sie war dort die Trommel der Schamanen, die mit den Göttern, Dämonen und anderen Welten in magischem Kontakt standen. Überhaupt spielte in ganz Nord- und Ostasien die Trommel bei den schamanistischen Zeremonien eine große Rolle. Sie hatte eine weit ausgreifende und tiefe Symbolik, und ihr Aufgabenbereich war mannigfaltig.

#### Die Trommel der Schamanen

Nicht nur in Asien, Nordeuropa, Nordamerika, sondern auch in den Urformen südamerikanischer und afrikanischer Kulturen ist der Schamane oder Medizinmann ohne eine Trommel undenkbar. Der Tänzer und Congaspieler Jeffrey Biddeau aus Trinidad, der in Paris Tanz und Trommeln unterrichtet und in seiner Jugend in die magischen Riten eines *Voodoo*(Wudu)-Priesters eingeweiht wurde, vermittelte mir in lebendiger Form den Aufgabenbereich des Trommelns in den kultischen Sitzungen oder Tänzen. Alle Götter – der Gott des Windes, des Wassers, des Feuers und des Krieges – haben ganz bestimmte Trommelsignale, die dem ungeübten Ohr zu unterscheiden fast unmöglich sind. Es sind kleinste Verzögerungen der Periodik, kurze Pausen und Fermaten zwischen den Schlägen und feinste klangliche Abstufungen, die den Unterschied ausmachen. Diese akustischen Zeichen werden nicht mit dem Kopf, d. h. mit dem Verstand aufgenommen, sondern mit dem Bauch, oder besser: mit dem Zentrum des Unbewußten im Menschen.

Der im Westen bekannteste dieser magischen Rhythmen ist derjenige des Gottes *Shangó*, dessen musikalischem »Geheimbund« nicht wenige farbige Trommler angehören: Wer Shangó wirklich echt spielt, gehört dem Bund an. Dieser komplizierte, mental unfaßbare Rhythmus baut auf einem durchgehenden Sechsachtel-Takt auf, den er in sich überlagernde Zweier- und Dreier-Einheiten unterteilt. Das Typische ist jedoch ein bestimmter Synkopenschlag, der in richtiger Ausführung sofort auf jeden wirkt. Der Bruchteil einer rhythmischen Verzögerung macht es aus und – Shangó ist da.

Die beiden Congatrommeln eines Voodoo-Spielers aus Trinidad, der die rituellen Kulte beim »Übersiedeln« in die Sklaverei von Mittelafrika mitgebracht hat, sind stets in kleinen Terzen gestimmt. Diese Terzen sind etwas engere Intervalle als die temperiert gestimmten kleinen Klavierterzen. Die linke Hand spielt auf der tieferen Trommel den unteren Ton, die rechte den oberen, durch verschiedenartige Anschlagmöglichkeiten kommt nun eine ganze Trommelsprache zum Klingen. Obwohl sich das Muster der rhythmischen Grundeinheit kaum verändert, ist es doch fast unmöglich, die *patterns*, die Struktur dieser Muster genau zu notieren. Die Synkope entstammt eben nicht einer »notierbaren« wachbewußten, sondern einer magischen Quelle. Und gerade das ist ja das Faszinierende in unserer Zeit, daß dadurch der Rhythmus für den mentalen Menschen so attraktiv wird.

Wie schon erwähnt wendet der Trommelrhythmus der Schamanen sich in erster Linie an das Zentrum des Magischen und Unbewußten im Menschen. Dieses Zentrum im Bauch des Menschen wurde in den frühen animistischen Kulturen Afrikas mit dem Inneren des Baumes in Verbindung gebracht. Der ausgehöhlte Baumstamm war auch die Urform der Trommel, die als Kultinstrument verschiedenster Stämme von Nichteingeweihten niemals gesehen werden durfte. Auf Ceylon wird die Trommel noch heute als ein Mittel zur Vertreibung dämonischer, unbewußter Mächte im (mythischen) Buddhismus eingesetzt.

In Guatemala werden die Trommeln mit Menschenblut geweiht, auf den Inseln um Celebes und Guinea werden Trommeln zum Schutz gegen dunkle Kräfte an den Hauseingängen angebracht. Und was uns Abendländer immer wieder fesselt, sind die Ekstasen der eingeborenen Völker, die wir nicht nachvollziehen können: wenn sie sich Schwerter oder Messer in den Leib stecken, ohne zu bluten, wenn sie übersinnliche Kräfte demonstrieren, über glühende Kohlen laufen und damit Zustände trancehafter Ichlosigkeit demonstrieren.

Die Trommel ist sowohl den afrikanischen Stämmen als auch den arktisch-asiatischen Völkern die Stimme »des Einen da oben«, des Donnerers, des Allvaters, der Hauptgottheit. Die Trommel stellt darum auch die Kommunikation mit der Unterwelt dar. Bei den Korjaken heißt sie der »See«, in den der Schamane eingeht, um zur Unterwelt zu gelangen, wie der Eskimo-Schamane in die Meerestiefe der Unterwelt zur *Sedna* hinabsteigt. Den Jakuten und Mongolen »ist die Trommel das Pferd«, wie Mircea Eliade in seinem Buch *Schamanismus und Ekstasetechnik* schreibt. Auf ihm reiten sie in ihren Initiationsträumen zum »Zentrum der Welt«, zum Sitz des Weltenbaumes, zum Herrn des Universums.

»Aus einem Ast dieses Baumes, den der Herr zu diesem Zwecke fällen läßt, fertigt der Schamane seine Trommel. Von daher läßt sich die Trommel dem sprossenreichen Schamanenbaum gleichsetzen, auf dem der Schamane symbolisch zum Himmel klettert. Die Trommel veranschaulicht einen Mikrokosmos mit seinen drei Zonen Himmel, Erde und Unterwelt und zeigt gleichzeitig die Mittel an, mit denen der Schamane die Ebenen zu durchbrechen vermag und die Verbindung mit der oberen und der unteren Welt herstellt.«¹⁴ Immer sind es Instrumente, die Kontakt mit Göttern, Geistern und Dämonen, aber auch mit den Seelen der Ahnen und mythischen Tieren herstellen. Es kommt zu Himmelfahrten und Unterweltsfahrten des trommelnden und singenden Schamanen.

Eliade führt weiter aus, daß der Gedanke einer ekstatischen Reise auch in den Namen wiederkehrt, welche die Schamanen ihren Trommeln geben. Bei den Juraken der nordeuropäischen Tundren heißt die Trommel Bogen oder singender Bogen. Bei den Lebed-Tataren und den Altaiern ist der Bogen das magische Musikinstrument, das die Trommel ersetzt. Der Bogen wird nicht als Waffe, sondern ausschließlich als einsaitiges Instrument verwendet, welches die Trance vorbereitet. Trance tritt bei den Schamanen Sibiriens durch das Tanzen auf die magische Melodie des *kobuz,* des Saiteninstrumentes, ein. Es ist die Musik des einen Tones mit seiner Naturtonreihe.

## Ekstatischer Gesang in Persien und der Mongolei

Das schönste Beispiel einer animistisch-magischen und dennoch freien und bilderreichen Musiksprache findet sich in der Mongolei. Dieser heute teils russisch, teils chinesisch regierte Kulturbereich war früher ein Zentrum schamanistischer Kräfte.

Die Schamanen der Mongolei hörten sehr gut auf den Klang ihres singenden Bogens. Er wurde gestrichen oder gezupft, und man hörte in besonderer Weise und mehr als bei allen anderen Urvölkern die Melodie des einzelnen Tones: die Obertöne, die Klangfarbenmelodie. So war der Mongole schon seit Urzeiten in der Lage, das Geheimnis der Musik selbst, die physikalische Basis des Tönens zu vernehmen, und lernte mit seiner Stimme dieses Ursprüngliche, Archaische – das »Eintönige« – zu verwirklichen. Er entwickelte eine eigene Gesangstechnik dafür: *Xöömij,* was pharynx bzw. Rachen bedeutet.

Mit dieser Technik ist der einzelne Mongole in der Lage, zweistimmig zu singen. Er summt oder singt nasal einen Ton in mittlerer Lage an und verändert den Raum in der Mundhöhle durch Öffnen und Schließen des Mundraums, wodurch er das Obertonspektrum des einzelnen ausgehaltenen Tones verändert. In großer Höhe erklingt plötzlich eine schrille Melodie, die freilich nur aus verstärkten Obertönen eines einzigen

¹⁴ M. Eliade: *Schamanismus und Ekstasetechnik,* Zürich 1956, S. 168 f.

Grundtons besteht. Im Kapitel über die esoterische Tonwelt soll genau gezeigt werden, um welche Töne es sich hierbei handelt. Wir kennen die Technik von der Maultrommel her, deren Wesen darin besteht, daß eine auf die Lippe gestützte kleine Stahlzunge durch ihre Schwingungen einen ununterbrochenen summenden Grundton erzeugt, dessen Obertöne der Spieler durch die veränderte Stellung der Mundhöhle zum Erklingen bringt.

Die Mongolen pressen die Luft nun mit großer Kraft durch die angespannten Stimmbänder, wodurch ein an Obertönen reicher, maultrommelartiger Grundton entsteht, dessen harmonische Obertöne sie durch verschiedenartige Einstellung des Rachenraums ansprechen lassen können. Die geisterhafte und fast übernatürliche Wirkung dieser Gesangstechnik macht verständlich, daß es in der Überlieferung heißt, Sänger, die solche Obertonmelodien beherrschten, hätten Verbindung mit Geistern und besäßen übernatürliche Kräfte. Es soll auch Schamanen gegeben haben, welche diese Technik so gut beherrschten, daß sie im weiten Umkreis laut und deutlich zu hören waren. Ihnen soll es auch gelungen sein, dreistimmig zu singen.

Zwischen *Xöömij* und dem tibetischen *Yang*-Stil besteht eine deutliche Entsprechung, und zwar sowohl im Prinzip des Obertonsingens als auch in der Bewußtseinshaltung, die beiden Gesangsarten die Fähigkeit der magischen Evokation verleiht. Dem Kult des Schamanen entspricht nun im mythischen Bereich die mystische Ekstase des religiös Gläubigen. Es ist völlig verständlich, daß sich auch innerhalb der Hochreligionen musikalische Formen insbesondere in Zusammenhang mit der menschlichen Stimme gebildet haben, die – von außen als unnatürlich betrachtet – mystische Kräfte der Schauung und Erleuchtung freisetzen konnten, nicht nur beim Sänger, auch beim Hörer eines rituellen Gottesdienstes. Natürlich sind es vor allem die gnostischen Schulen und Sekten, die mit schamanistischen und kultischen Elementen die Reise ins kollektive Unbewußte mittels der Tonwelt antraten.

Im Raum Persiens und Arabiens, von der Türkei bis Afghanistan waren es vor allem die mystischen Geheimschulen der Sufis, die Musik als Mittel und Weg zur Erleuchtung ansahen. Viele Sekten des Islam hatten ja in übereifriger Auslegung des Korans neben allem Bilderschmuck auch sämtliche Musik verboten. Doch Mohammeds Verbot galt in Wirklichkeit nur der weltlichen, sinnlichen Musik, mit der die Gesänge der Sufis nichts zu tun haben.

Im islamischen Raum hat sich ebenfalls eine bestimmte Technik entwickelt, in der die Stimme verfremdet wird. Schon seit jeher legt der *Muezzin,* der den heiligen Koran vom Minarett aus singend rezitiert, beide Hände an die Schläfen und singt die Anrufung Allahs in einem unnatürlich hohen Timbre mit der Kopfstimme, dem Falsett. Die in stillen Regionen kilometerweit zu hörenden Töne klingen aus der Ferne wie eine zarte Frauenstimme, und erst in der Nähe des Sängers nimmt man seine Anstrengung beim Pressen und Drücken der Stimme wahr. Auch hier gilt, daß der Sänger mit überirdischen Kräften, mit der Botschaft des Propheten in Verbindung steht.

In den Sufigesängen ist dieser Sprung in die Kopfstimme noch weiter entwickelt worden. In ekstatischen Augenblicken gelingt dem Sänger der heiligen Schriften eine Art »Gluckser« oder ganz schnell iterierende Jodler, die wie bei einer überblasenen Flöte die Stimme in eine hohe Obertonlage befördern. Wenn man in diese Musik eingehört ist, berührt diese Gesangstechnik den Hörer auch physisch so stark, daß ihm die Tränen kommen. Dem Eingeweihten teilt sich mittels dieser kraftvollen Gesänge die mystische Botschaft der Texte oder ekstatischen Anrufungen unmittelbar mit. Eine Technik, die der mystisch-islamischen Verbindung aus herber Kraft und liebender Hingabe entspricht.

In den meisten Gemeinschaftsgesängen der Sufischulen wird auch der mystische Tanz praktiziert, den Georg Gurdjieff (Gurdjew) nach Europa brachte. Einer dieser Tänze ist eine schwingende Rundbewegung, an der alle teilnehmen, deren Rhythmus vom Atem des einzelnen übernommen wird. In dieser Periodik wird immer schneller und kraftvoller der Name Allahs ausgerufen, wobei auch beim Einatmen Silben gesungen werden. Das Ganze steigert sich zu einem ekstatischen Höhepunkt, der den Mitgliedern des mystischen Ordens oder der Schule ein tiefes spirituelles Gemeinschaftserlebnis schenkt. Im übrigen sind auch hier die meisten Praktiken geheim, was auf ihre Verwurzelung in der magischen Bewußtseinsform schließen läßt.

*Die Instrumente der islamischen Anrufung*

Abgesehen von den ursprünglichen Zoroaster-Kulturen des persisch-arabischen Raumes ist die Kunstmusik der dortigen

Länder in erster Linie von den verschiedenen Richtungen des Islams geprägt. In den Ensembles der persischen Musik wird als Blasinstrument in erster Linie die *Nay* verwendet, die mit einer genau zwischen Blockflöte und Querflöte liegenden Stellung zum Mund gespielt wird. Ihr zarter, ätherischer Klang ist Gegenstand esoterischer Symbolik in vielen islamischen Dichtungen. Das Hauptstreichinstrument ist die *Kemantsche*, Hauptzupfinstrument die *Setar*, aus der die indische Sitar entstand. Ein anderes wichtiges Lauteninstrument ist die *Ud*, die auch in Westeuropa durch den fabelhaften Ud-Spieler Mounir Bachir aus Bagdad bekannt wurde.

Daneben muß noch ein wichtiges Instrument genannt werden, das auch im nordindischen Kaschmir und vor allem in Afghanistan in Gebrauch ist, die *Santur* mit ihren meist 18 Saiten. Dieses Instrument, eine Art Hackbrett, das mit Schlegeln gespielt wird, ist sicherlich der Vorläufer des osteuropäischen Cymbals und damit unseres Klaviers. Die Santur verlangt eine immense Geduld zum Stimmen. Man bedenke, daß es für jeden Modus, fast jedes Stück, neu und anders gestimmt werden muß. Im Volksmund heißt es darum, man brauche ein halbes Leben, um Santur spielen zu lernen, und die andere Hälfte des Lebens, um sie zu stimmen. Das gängige Rhythmus-Instrument der arabischen Musik ist der *Tumbak* (»Dumbeck« gesprochen), eine Trommel, die einem großen Pokal gleicht und mit den Fingern beider Hände gespielt wird, indem man sie unter den rechten Arm nimmt. All diese Instrumente, abgesehen von der Laute *Ud* und der *Nay*-Flöte, sind in erster Linie Begleitinstrumente des Sängers persischer oder arabischer Dichtung gewesen, bevor sie sich selbständig machten.

Die Systeme der Modi in der arabischen und persischen Musik, also die Tonskalen, haben eine Zwischenstellung zwischen den indischen Ragas und den alten Kirchentonarten. Diese arabisch *Maqam*, iranisch *Dastgah* genannten Tonreihen sind in nichttemperierter Stimmung und klingen unseren Ohren vor allem durch die »neutrale« Terz, die zwischen Dur- und Mollterz liegt, fremdartig. Aber wenn wir nicht mehr nur auf »falsch« oder »richtig« hören, sondern einmal in diese ungewöhnlichen Intervalle hineinhorchen, so sind genau sie es, die eine tiefe, neue Erfahrung vermitteln. Denn die »falschen« Intervalle sind es oft, die unser an temperierte Klaviere und Akkorde gewöhntes Ohr für die modale Musik überhaupt erst öffnen. Wir überhören längst die feinen Differenzierungen einstimmiger Musik, und sie berühren nicht mehr unsere Seele. Und wenn uns plötzlich solch ein »unstimmiges« Intervall begegnet, so werden wir vielleicht anfangs unangenehm berührt, beginnen aber wieder in die Tiefen des einstimmigen grundtonbezogenen Vortrags zu lauschen.

Hierbei geht es nicht nur um die einstimmigen Ragas oder Maqams oder Dastgahs Vorderasiens, sondern um alle Musik, die einer anderen Bewußtseinsebene als unserer mentalen entsprungen ist. Denn es gibt auch modale Musik, die den Bezug zum Grundton nicht so deutlich macht wie die indische, die ein besonderes Instrument dafür einsetzt (die Tambura). In diesen anderen Kulturen lebt der Modus, die Skala, in erster Linie durch die *heterophone* Spielweise. Das bedeutet, daß mehrere Musiker mit etwa der gleichen Geschwindigkeit die gleiche modale Figur, denselben einstimmigen Ablauf auf ihrem Instrument spielen, jedoch nicht exakt synchron einsetzen, sondern hintereinander herspielen, sozusagen im Kanon den starken oder schwachen Taktteil alternativ betonen.

## Indonesische Gamelanmusik

In der gleichen heterophonen Weise wird sämtliche Musik der indonesischen Inseln Java und Bali gespielt, eine Musik, die zum Faszinierendsten gehört, was eine in sich geschlossene magische Inselkultur hervorgebracht hat. Anfangs ist sie dem westlichen Hörer völlig fremd, allmählich wird sie ihm jedoch vertraut, ja, er spürt sogar seine Verwandtschaft zu ihr, denn sie ist von allen Musiken des außereuropäischen Raums am eindrucksvollsten ein klingendes Manifest der archetypischen Bilder des uns alle verbindenden kollektiven Unbewußten. Die Musik Indonesiens ist vor allem Orchestermusik, also das Zusammenspiel vieler – dreißig bis vierzig – Spieler und nicht selten die Begleitmusik zu theatralischen Darbietungen.

Auf den indonesischen Inseln hat sich vor allem der magische Aspekt der hinduistischen Religion herausgebildet. Die *Ramayana,* das große Epos der Hindus, stellt auf Bali und Java in erster Linie den Zusammenprall zwischen Mensch und dämonischer Geisterwelt dar. Der göttliche Prinz Ram, im mythischen Indien Gottheit und Guru einer persönlichen Selbstverwirklichung, ist hier zusammen mit seiner Gattin Sita und seinen Brüdern in erster Linie Kämpfer in den schamanistischen

Schlachten und Kriegen gegen die Affenwelt, die Zauberer sowie die über- und unterweltlichen Kräfte. Im übrigen nahm
man es mit der Überlieferung nicht so genau und schrieb auf
Bali seine eigenen »Opern«. Jedes Dorf hat ganz selbstverständlich sein eigenes Orchester, Tanz- und Gesangsensemble. Ein
Musikmeister, der Medizinmann sozusagen, hat die Leitung
und ist selber Mitspieler. Man erarbeitet und probiert gemeinsam, es werden aktuelle Anspielungen eingebaut, und man
spielt sich alles selber vor. Die Tanzmasken der Akteure und die
farbigen Kostüme haben zwar ihre Tradition, aber die Musik
entsteht lebendig und verändert sich bis auf den heutigen Tag.

Das Orchester des indonesischen Gamelan umfaßt eine ganze
Anzahl kleiner Metallophone, die wie Xylophone gespielt werden. Es gibt eine Vielzahl von Gongspielern, einige tiefe Buk-
kelgongs, die alle eine feste Tonhöhe haben. Außerdem stehen
in den meisten Fällen eine Anzahl Handtrommeln und Flöten
zur Verfügung, und schließlich wird gesungen. Die Sänger sind
oft auch Darsteller und Tänzer zugleich. So ergeben sich Ge-
samtkunstwerke, in denen Kunst noch alle verschiedenen Gat-
tungen umfaßt. Neben dieser lebendigen, täglich neu entstehenden Musik auf Bali gibt es auch eine klassische Gamelanmusik.
Sie wird vor allem im Königspalast, dem Kraton von Jogjakarta,
auf Java gepflegt.

Das schon erwähnte modal-heterophone indonesische Spiel-
prinzip hat zwei Hauptmodi, zwei Skalen, in denen die einzelnen Stabspiele oder Metallophone und Gongs gestimmt sind.
Beide Tonreihen haben auch hier eine ganze Reihe von »falschen« Tönen, bzw. sie unterteilen die Oktave in völlig andere
Intervalle als die uns bekannten. Der eine dieser beiden Modi ist
pentatonisch und heißt *Slendro* und klingt *fast* wie die Stimmung der schwarzen Klaviertasten. Jedoch ist keines der Intervalle entsprechend dem Tonsystem unseres temperierten Klaviers gestimmt.

Jeder der fünf Töne von *Slendro* hat einen bestimmten Namen: der erste – nehmen wir an, er sei C – heißt *Barang; Gulu*
ist als zweiter etwa $\frac{1}{6}$ Ton höher als D; *Dada* klingt einen
Viertelton höher als E; *Lima* ist $\frac{1}{6}$ Ton höher als unsere temperierte Quinte, aber auch höher als eine reine Quinte; *Nem* ist $\frac{1}{4}$
Ton höher als A, und selbst die Oktave ist $\frac{1}{6}$ Ton höher als die
reine Oktave. Interessant ist, daß die Oktave in fünf fast gleiche
Teile geteilt ist und daß die Quarten zwischen zweitem und
viertem sowie drittem und fünftem Ton annähernd rein ge-

stimmt sind, also im Verhältnis 3:4. Diese Skala ist uns also noch einigermaßen zugänglich. Völlig fremd klingt uns nun die zweite Hauptskala Indonesiens, die *Pelog* genannt wird. Sie ist siebentönig; zwei Töne haben jedoch untergeordnete Bedeutung.

Sämtliche Instrumente der Metallophone und Gongs wurden nun in diesen für unsere Ohren unnatürlichen Intervallen exakt gleich gestimmt. Es existieren motivische Strukturen, die jedem Spieler von Kindheit an beigebracht wurden und die er in unglaublicher Virtuosität beherrscht. Es existieren Notationen dieser rhythmischen Formeln, die den Schwierigkeitsgrad bewußt machen. Zum Teil spielen einzelne Parts sich nur auf den schwachen Taktteilen ab, das heißt, der Spieler muß permanent die Hauptschlagzeit auslassen.

Ein Orchesterstück besteht somit darin, daß viele Spieler heterophonisch, aber teilweise auch völlig exakt parallel die gleiche motivische Figur dauernd wiederholen, die *patterns* (Figuren) überlagern oder übereinanderschichten, und auf bestimmte Signale, die zumeist von dem ersten Handtrommler ausgehen, die Motive steigern, also lauter spielen, plötzlich verlangsamen oder schneller werden und abbrechen. Darüber steigen singende oder spielende Solisten in langsamer Form mit den gleichen *patterns* ein. Diese musikalischen Prozesse, die zur Form eines abgerundeten Musikstücks führen, werden nicht dirigiert, und man spürt als Zuhörer, daß die dazu nötige Kommunikation nur möglich ist, wenn alle Ausführenden dem gleichen musikalischen Impuls instinktiv folgen. Dieser geht von den Tanzgesten aus.

Die Wirkung dieser Musik, speziell einiger Schallplatten aus Bali und vom Hoforchester aus Jogjakarta, ist mit keinem anderen durch Töne und Klänge hervorgerufenen Bewußtseinszustand vergleichbar. Begriffe wie »wache Trance«, »zeitlose Zeit«, »klarsichtiger Rausch« drängen sich auf. Aber nach Aussagen des Musikredakteurs Walter Bachauer, der nach Bali gereist ist, um ein ganzes Dorf zum Berliner Meta-Musik-Festival 1976 einzuladen, wird ein wirklicher Eindruck dieser Musik nur in der lebendigen Aufführung vermittelt. Das war wohl auch der Grund, daß der Münchner Komponist und Dirigent Eberhard Schoener in Bali selbst mit einem Gamelan-Orchester und seinem Synthesizer musizierte.

Das letzte Kapitel dieser knappen Ausführungen über außereuropäische Musik beschäftigt sich mit den Musikkulturen, die ein äußerst diffiziles Klangbild ihrer meditativen, kontemplativen Praxis vermitteln. Der religiöse Charakter des japanischen Zen-Buddhismus beispielsweise ist von außen her gesehen kaum sichtbar, da der größte Teil des Übens, das *Sitzen,* im stillen verläuft, nach innen gekehrt und ohne äußere Symbolik. So kann eigentlich nur die Klangwelt des Zen-Klosters den inneren Zustand und die Absicht des *Za-Zen,* des schweigend-meditativen Sitzens, äußerlich darstellen. Die gesungenen Anrufungen werden in manchen Klöstern in kurzen Intervallen von Glocken und Becken sowie von Paukenschlägen und Trommelwirbeln begleitet.

Die deutsche Zen-Lehrerin Gerta Ital berichtet aus einem japanischen Tempel: »Als nach dem Einzug der Mönche der ins Gigantische anschwellende Wirbel von Glocken, Gong, Pauke, Becken und Trommel das Nahen des Meisters verkündete, war sicherlich jetzt schon jedermann, gleich mir, in den Erschütterungszustand versetzt worden, der die Seele des Menschen einerseits bereit machen soll, Außergewöhnliches zu erleben, andererseits aber dem Wesen, dem die Feier galt, die Kraft darzubieten, durch diese auf ihn gerichtete allgemeine Ekstase der heiligen Handlung beizuwohnen.«[15]

Ansonsten vollzieht sich aber der Zen-Weg in vollkommener Stille, in der die akustischen Zeichen des Rôshi tief in den Meditierenden eindringen. Diese bestehen aus einer bestimmten, variierten Anzahl von Schlägen auf ein kleines metallisches Gefäß, das einen hellen, durchdringenden Klang von sich gibt, und das markante Zusammenschlagen zweier Holzstäbe, das Beginn und Ende einer Sitzrunde ankündigt.

Die traditionelle Hofmusik Japans hat sich aus der chinesischen Musik der T'ang-Zeit entwickelt. Das Blasinstrument *Shakuhachi* und das der Zither gleichende *Koto* lassen nur ganz wenige Tonschritte, Intervalle oder Glissandi zu. Die Glissandi der Koto werden durch Andrücken der gezupften Saite hervorgerufen, die dadurch ihre Tonhöhe verändert. Diese Koto kann auch akkordische Musik spielen, jedoch herrscht eine jeweils gewählte modale Skala vor, die zumeist pentatonisch ist. Die

---

[15] G. Ital: *Der Meister, die Mönche und ich,* Weilheim, 3. Aufl. 1972, S. 217.

bekannteste und für unsere Ohren typisch japanisch klingende Reihe ist: C-Des-F-G-As-C.

Diese Koto hat ihr Vorbild in der chinesischen Zither, so wie sich auch das japanische Zen aus dem buddhistischen *Ch'an* Chinas entwickelte. Das Musiksystem Chinas ist das älteste und philosophisch am höchsten entwickelte der ganzen Welt. In China soll die Musik entstanden sein, als Ling-Lun einem Vogelpaar begegnete, das ihm als die Abgesandten Gottes einige Töne vorpfiff, die Ling-Lun auf einigen Bambusröhren nachahmte. Das wurden die 12 Töne des chinesischen Tonsystems, die 12 *Lü*. In China beruht die Musikphilosophie auf der uralten Beziehung von Zahl, Ton und Kosmos. Wer sich mit dem chinesischen »Buch der Wandlungen«, dem *I Ging,* beschäftigt hat, weiß von der Bedeutung der Zahlen zwei und drei, aus deren vielfältigen Konstellationen die Bilder und Botschaften des Orakels entstehen. Auch die chinesische Musik hat die Zwei und die Drei als existentielle Grundlage. Aus dem Zahlenverhältnis 2:3 ergibt sich die Quinte, und aus der Übereinanderschichtung dieser Quinten ergibt sich die chinesische pentatonische Skala. Niemand weiß heute, was der tiefste Ton der chinesischen Skala war oder welcher Ton als tiefster »galt«.

| | |
|---|---|
| 1. Huang-chung (F) | 7. Jui-pin (H) |
| 2. Ta-lü (Fis) | 8. Lin-chung (C) |
| 3. T'ai-ts'u (G) | 9. I-tse (Cis) |
| 4. Chia-chung (Gis) | 10. Nan-lü (D) |
| 5. Ku-hsi (A) | 11. Wu-i (Dis) |
| 6. Chung-lü (Ais) | 12. Ying-chung (E) |

Die traditionelle Musik Chinas beeinflußte sowohl die japanische als auch die koreanische, sogar die mongolische und tibetische Volksmusik. Von ihrer früheren Macht erzählt folgende Begebenheit aus den Büchern des *Liä-Dsi* (ca. 400 v. Chr.):

»Wenn Gu-Ba die Zither schlug, da kreisten die Vögel über ihm, und die Fische sprangen aus dem Wasser hervor. Der Musikmeister Wen von Dscheng hörte es. Er verließ sein Haus und folgte dem Meister Siang auf seinen Wanderungen. Er rührte mit den Fingern die Saiten drei Jahre lang, ohne daß es eine Melodie wurde. Der Meister Siang sprach: Geh nur wieder nach Hause. Meister Wen legte die Zither weg, seufzte und sprach: Nicht daran liegt es, daß ich die Saiten nicht zu rühren wüßte, nicht daran, daß ich keine Melodie zustande brächte; was mir im Sinne liegt, das bezieht sich nicht auf die Saiten; worauf ich ziele, das bezieht sich nicht auf die Töne. Solange ich innerlich im Herzen das noch nicht erreicht habe, kann ich ihm äußerlich auf dem Instrument noch keinen Ausdruck geben. Darum wage ich es nicht, die Hand zu regen und die Saiten zu rühren. Doch gebt mir noch eine kleine Weile Frist und seht dann, was ich kann.

Nicht lange danach trat er wieder vor den Meister Siang. Der sprach: Wie steht's mit deinem Zitherspiel? Der Meister Wen sprach: Ich habe es erreicht, bitte prüfet mein Spiel. Darauf schlug er während des Frühlings die Schang-Saite an und ließ das achte Rohr begleiten. Da erhob sich plötzlich ein kühler Wind, und Kraut und Baum trugen Früchte. Als es Herbst geworden war, schlug er die Güo-Saite an und ließ das 2. Rohr begleiten. Da kam laue Luft linde geflossen, und Kraut und Baum entfalteten ihre Pracht. Während des Sommers schlug er die Yü-Saite und ließ sie von dem 11. Rohr begleiten. Da fiel Reif und Schnee durcheinander, die Flüsse und Seen wurden plötzlich starr. Als es Winter geworden war, da schlug er die Dschi-Saite an und ließ das 5. Rohr erwidern. Da ward der Schein der Sonne stechend heiß, und das harte Eis schmolz rasch zusammen. Zuletzt ließ er die Gung-Saite ertönen und vereinigte sie mit den 4 anderen Saiten, da säuselten liebliche Winde, glückbringende Wolken schwammen, süßer Tau fiel herab und kräftig rauschten die Quellen.«[16]

Die meisten Musikmagier Chinas lebten unter den Taoisten, und heute ist es schwer, noch irgendeinen Künstler zu finden, der zumindest das Prinzip vom Ursprung der ältesten chinesischen Musik kennt. Immerhin leben auf Taiwan und in Korea einige dieser alten Meister des Taoismus, und dem einen oder anderen der Weltmusikwanderer ist es gelungen, bei einem solchen Meister in die Lehre zu gehen. Die traditionellen Musiken Chinas oder Japans – zu nennen wären auch diejenigen Koreas und Vietnams – sind freilich nur einem relativ kleinen elitären Hörerkreis des Westens zugänglich, welcher die wenigen Schallplatten und Tonbänder besitzt und über die geschichtlichen und musiktheoretischen Hintergründe Bescheid weiß. Wesentlich mehr Resonanz hat demgegenüber in den USA und

[16] R. Wilhelm: *Das Buch vom quellenden Urgrund*, Jena 1911, zitiert in Fritz Stege: *Musik, Magie, Mystik*, Remagen 1961, S. 185–186.

Europa die afrikanische Rhythmusmusik gefunden. Der Jazz integrierte die musikalische Ekstase der Farbigen, hat ihr zur Popularität verholfen, zugleich aber auch verschleiert, daß wirklich reine afrikanische Musik mit den kommerziellen Adaptionen in Pop, Rock und Jazz kaum mehr etwas zu tun hat.

## Rhythmische Aspekte

Wenn wir in einen afro-amerikanischen Tanzclub gehen oder die Musik des farbigen Jazz, des lateinamerikanischen *Latin-Rock* hören, dann reißt uns der Rhythmus buchstäblich in die körperliche Bewegung. Die magischen Impulse in uns werden wieder wach, wir geraten sogar manchmal in einen Trancezustand, der unserem Normalbewußtsein so fremd ist. »They try to dance« (sie versuchen zu tanzen), sagte der farbige Trommler Jeffrey Biddeau aus Trinidad lächelnd, als er uns Weiße in allerlei »trancehaften« Verrenkungen in einem Rockmusik-Keller betrachtete. Und es war faszinierend zu beobachten, wie er in die Rhythmusversuche der ausgezeichneten Rockband auf einer unverstärkten Conga einstieg. Plötzlich *brannte* die Musik, der Baßspieler wurde um Grade besser, und keiner wußte, was geschah: Das Tanzlokal stand unter Feuer, obwohl man die Conga selbst kaum hörte.

Wenn der Rhythmus uns begeistert, so erwacht das magische Bewußtsein in uns. Es ist uns ja nicht fremd, vielmehr ruht es in den meisten rationalen Menschen der westlichen Zivilisation und ist von uns nun sozusagen menschheitsgeschichtlich überwunden. Die Gefahr besteht darin, daß wir durch Musik und durch Drogen von der Wiedererweckung des magischen Erfahrens so fasziniert werden, daß wir ins längst überwundene magische Bewußtsein zurückfallen und uns »defizient« (Gebser) unserer Aufgabe des wachen Integrierens entziehen, gebannt vom musikalischen »Schamanentum« unserer Tage. Das wäre Weltflucht, die uns in eine Pseudomagie von ausschließlicher »Bauchmusik«, in die »musicpower« unbewußter Irrationalität zurückwirft.

Unsere Chance besteht darin, das Magische in uns wachbewußt, also auf der mental-rationalen Bewußtseinsebene zu erfassen, gleichzeitig auch die Kraft des kollektiven Unbewußten in uns zu erleben und beides miteinander in Einklang zu bringen und zu integrieren. In diesem Zusammenhang muß auch von der Differenzierung des Rhythmischen gesprochen werden, denn es gibt ja auch mythische und mentale, intellektuelle rhythmische Formen. Die Unterschiede zwischen diesen rhythmischen Formen sind meines Wissens noch nirgends herausgearbeitet worden.

Die rhythmische Struktur des *magischen* Bewußtseins bilden die unendlichen, zeitlos wiederholten Perioden. Den Schamanen bringen diese Trommelwirbel und aufeinanderfolgenden Schläge zum »Zentrum der Welt«, ermöglichen ihm – in den schamanistischen Sitzungen der Tundra – zu fliegen, die Geister gefangenzusetzen, oder sie verhelfen ihm zur Konzentration, um mit einer spirituellen Welt Kontakt aufzunehmen. Der Trommelschlag richtet sich nach der vielleicht unbewußt wahrgenommenen Schlagzeit des Herzens oder des Schreitens (Zweier-Rhythmus) oder des Atems (Dreier-Rhythmus), die sich wie in der Natur ad infinitum wiederholt. Manchmal wird dieser Grundrhythmus unendlich oft getrommelt oder mit dem Fuß gestampft, während der andere Teil des Körpers oder die zweite Trommel den eigentlichen synkopierten Rhythmus darstellt. Diese Variationen zur Schlagzeit sind im Sinne einer periodischen Dehnung, eines immer wiederkehrenden signifikanten Einschubs oder einer quasi irrationalen, aber bis ins letzte exakt wiederkehrenden Synkope gestaltet. Diese Dehnungen, Einschübe und Synkopen wirken direkt auf das unbewußte Zentrum, den eigentlichen Schwerpunkt des Menschen, der in der Bauchregion liegt.

Rhythmische Formen im Sinne des *mythischen* Bewußtseins sind dagegen *zyklische* Perioden, die, nachdem sie eine Kreisform durchschritten haben, wieder zum Ausgangspunkt zurückkehren, wie in den indischen *Talas* beschrieben. Die Schlagzeit selbst wird differenziert, und die Variationen werden so gestaltet, daß sie subtile metrische Unterteilungen der Schlagzeit selber sind oder daß eine Variation selbst auf einer anderen Schlageinheit basiert, wobei beide am selben Punkt wieder zusammenfinden. Diese polaren Rhythmusspannungen werden hier im Gemüt, im Herzen empfunden bzw. erlebt, so wie alle mythische Musik Indiens oder Persiens. Der rational erdachte Rhythmus des *mentalen* Bewußtseins schließlich ist gar keine im eigentlichen Sinn rhythmische, sondern eine metrische, mathematische Form. Die faszinierenden, aber eben *erdachten* rhythmischen Strukturen einer Komposition von Johann Sebastian Bach bis hin zu den mikroskopischen Rhythmusverzahnungen der Musik von Anton von Webern bis Pierre Boulez werden dementsprechend auf intellektuelle Weise in ihrer kompositorischen Idee erfaßt.

Was können uns all die kurz charakterisierten außereuropäischen Musikkulturen geben? Haben sie wirklich die heutige abendländische Musik beeinflußt oder gar befruchtet? Im Kapitel über *periodic music* wird nachgewiesen, wie intensiv die Schlagzeugmusik aus Ghana, der indonesische Gamelan sowie die indischen Ragas und die tibetischen tiefen Töne auf die amerikanische und europäische Avantgarde-Musik der letzten Jahre gewirkt haben. Jazz- und Popmusiker, die mit den afrikanischen und asiatischen Spielern zusammen musizierten, haben in den gelungensten Fällen eine neue spirituelle Musik, eine *musikalische Meditation,* entwickelt.

III. Esoterische Tonwelt und
harmonikale Forschung

1. Vom Wissen der Alten

Durch die Begegnung mit den außereuropäischen Kulturen ist
uns in der heutigen überrationalisierten Zeit eine Wiederentdeckung der suggestiven Wirkung von Musik möglich geworden. Das Wissen von der magischen Kraft der Musik, seit Jahrtausenden ein Bestandteil sämtlicher Weltkulturen, tritt in den
Vordergrund des Interesses mancher zeitgenössischen Komponisten und Musikgruppen. Lang anhaltende Gesänge, ekstati-
sche Rhythmen und melodische Urformen können auch den
heutigen Abendländer in Bewußtseinszustände führen, die eine
momentane Loslösung von der subjektiven Persönlichkeit bewirken und Erfahrungen mit dem kollektiven Unbewußten in
der menschlichen Psyche möglich machen.

Carl Gustav Jung, der Wegbereiter einer west-östlichen Begegnung in der Psychologie, hat Wesentliches dazu beigetragen,
daß dem mental orientierten Abendländer ein tieferes Verständnis seiner Innenwelt möglich wurde. Gleichzeitig aber wies er
stets auf die Gefahr hin, der Faszination des Fernen Ostens zu
erliegen und die eigene Lebensbasis zu verlieren. Einen viel
größeren Wert legt Jung auf die Wiederentdeckung der esoterischen Symbole unserer abendländischen Kultur und damit auf
die Bewußtwerdung der westlich geprägten Bilder und Archetypen.

»Durch die mit der analytischen Behandlung verknüpfte Beschäftigung entstehen Erlebnisse archetypischer Natur, welche
nach Ausdruck und Formung verlangen. Natürlich ist dies
nicht die einzige Gelegenheit, wo Erfahrung solcher Art gemacht wird; archetypische Erlebnisse treten nicht selten spontan, und zwar keineswegs bloß bei sogenannten ›psychologischen‹ Leuten, auf. Ich habe schon oft die wunderlichsten
Träume und Visionen gerade von Leuten vernommen, deren
geistige Gesundheit nicht einmal der Fachmann anzweifeln
konnte. Das Erlebnis des Archetypus wird oft als das individu-
ellste Geheimnis gehütet, da man sich davon im Innersten ge-
troffen fühlt. Es ist eine Art Urerfahrung des seelischen Nicht-

Ich, eines inneren Gegenüber, welches zur Auseinandersetzung auffordert.«[1]

Auch eine musikalische Selbsterfahrung hat sich im Sinne Jungs nicht nur mit den exotischen und magischen Tönen Afrikas und Asiens zu beschäftigen, sondern muß einen Zugang finden zu den eigenen westlichen esoterischen Quellen der Musik. Bezeichnenderweise vollzieht sich bei einer großen Anzahl von Komponisten und Musikern eine ähnliche Entwicklung: Nachdem man die trügerische Welt der Drogen hinter sich gelassen hatte, wandte man sich den außereuropäischen Kulturen zu und kehrte schließlich zum alten Griechenland, zum Frühchristentum, zum Mittelalter und in die eigene Vergangenheit zurück.

Die Bedeutung von Musik in der Antike war eng verknüpft mit den mythischen Ahnungen von der *Harmonie der Sphären*. Musik galt damals als Teil des Weltplans, als das Innere der Welt, ja, als die Weltseele selbst, wie der Musikhistoriker Gerhard Nestler ausführt: »Diese Musik war unhörbar, hörbar war nur ihr Symbol. Das Symbol aber waren Töne oder auch Geräusche, die der Mensch aus der Fülle dessen, was der Kosmos bereitstellte, auswählte. Musik ist aus den polaren Spannungen zwischen Hörbarem und Unhörbarem entstanden. Der Kosmos konnte entweder ein Mythos oder auch ein Abbild göttlicher, geistiger Ordnung sein. Er war es, je nach dem Glauben der Menschen. Sie wählten den Mythos und fanden dafür ein Symbol, oder sie schufen dieses aus dem Geist der kosmischen Ordnung. Die unerhörte Substanz des Kosmischen – das Seiende – aber war in jedem Falle Klang und Klangfarbe. Diese drängten zur Offenbarung und Darstellung durch Töne und Instrumente.«[2]

Seit der Zeit des Pythagoras zieht sich der Begriff »Harmonie der Sphären« als Symbol einer kosmischen Weltordnung wie ein roter Faden durch die Geschichte einer esoterischen Musikauffassung. Für den Musikforscher Fritz Stege ist das kosmische Symbol der Sphärenharmonie die »Idee« unserer Musik, die sich unserem Ohr in der zahlenmäßigen Ordnung von akustischen Klangverhältnissen präsentiert. Schon in frühgriechischer Zeit hatte man die akustischen Proportionen entdeckt, die gleichermaßen in der Natur wie auch in der psychophysischen Be-

---

[1] C. G. Jung: *Über die Psychologie des Unbewußten*, Frankfurt 1975, S. 80.
[2] G. Nestler: *Die Form in der Musik*, Freiburg 1954, Einleitung.

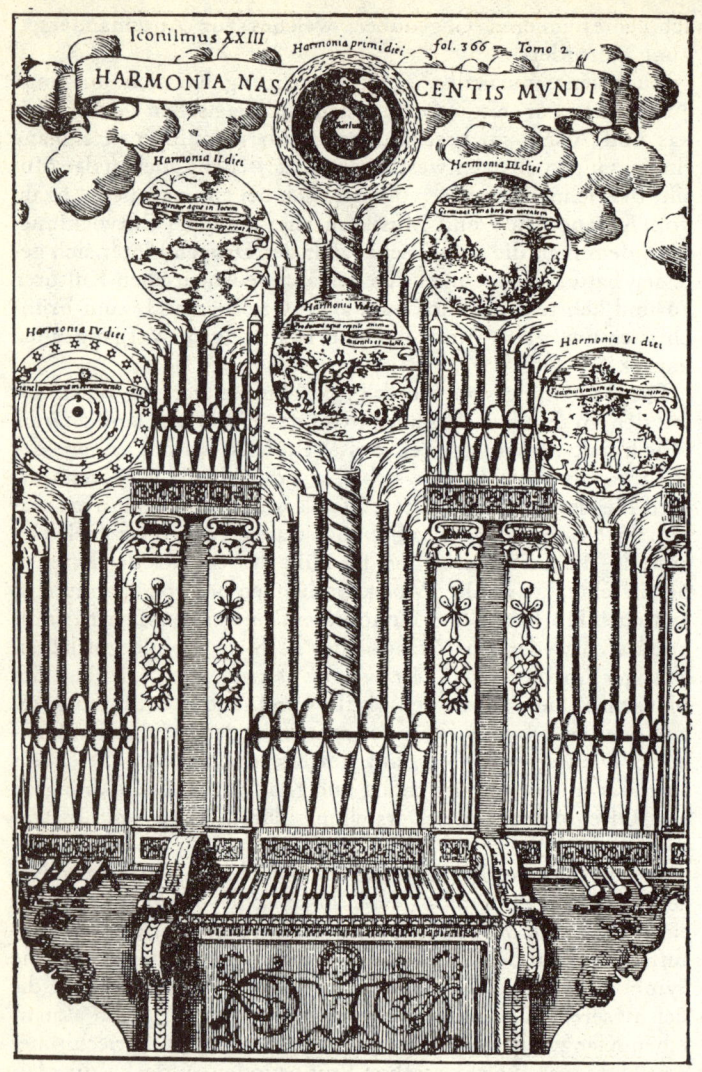

*Die Harmonie der Weltschöpfung.* Faksimile aus A. Kirchers *Musurgia.*

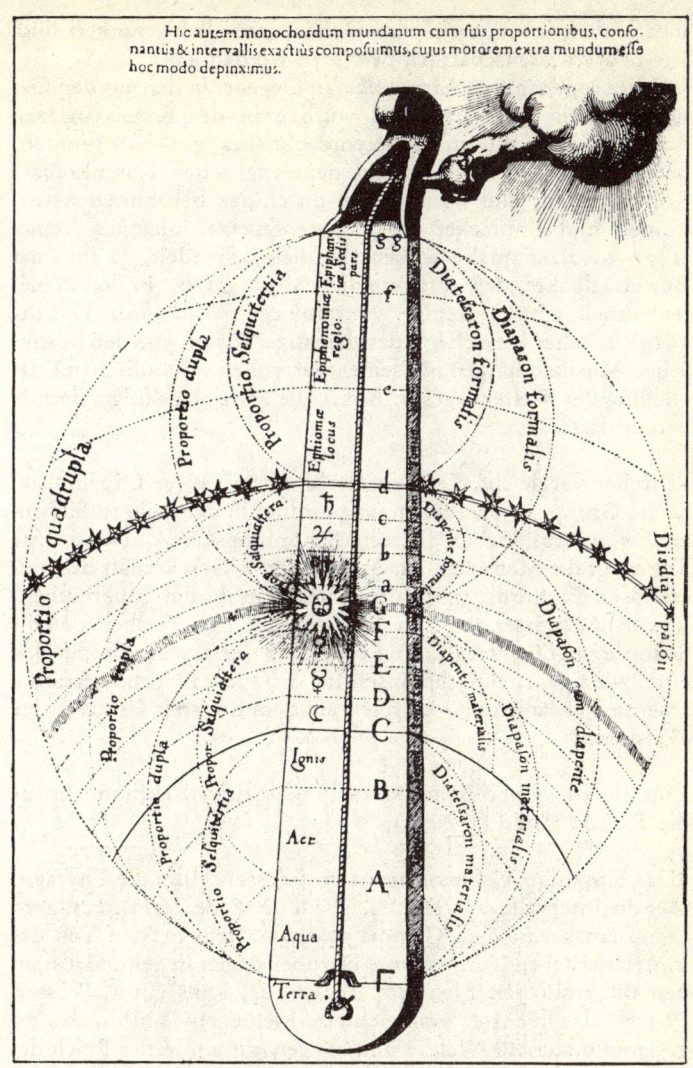

Das Weltmonochord des Robertus de Fluctibus aus seiner *Metaphysica, physica atque technica ... Historia.* Linz 1519.

schaffenheit des menschlichen Gehörs gesetzlich verankert sind, wie heute wissenschaftlich bewiesen werden kann.

Diese sogenannten *harmonikalen* Gegebenheiten aus den Geheimschulen des Pythagoras wurden in der Renaissancezeit durch die Humanisten wiederentdeckt (u. a. von dem Jesuitenpater Athanasius Kircher und dem englischen Rosenkreuzer Robert Fludd) und wenig später durch den berühmten Astronomen und Entdecker der Planetengesetze Johannes Kepler (1571–1630) erstmalig wissenschaftlich behandelt, da ihm der Beweis glückte, daß es tatsächlich Musikgesetze in den Planetenbahnen gibt (J. Kepler: *Harmonices mundi libri V,* Linz 1619). Kircher bereicherte das damalige Wissen von den kosmischen Musikahnungen mit seiner wertvollen symbolischen Darstellung der Weltenorgel (s. Abb.), die Fritz Stege folgendermaßen erklärt:

»Kircher vergleicht die Weltschöpfung mit einer Orgelmusik. Sechs Gruppen von Pfeifen, angeordnet in der heiligen Siebenzahl, versinnbildlichen die sechs Schöpfungstage … Der sechste Tag zeigt die Menschen am Apfelbaum in Gesellschaft des mysteriösen Einhorns, mittelalterliches Symbol der Jungfräulichkeit. Alle Register der Orgel sind gezogen zum Zeichen, daß die Schöpfung vollendet ist. Und unterhalb der Tastatur findet sich eine winzige lateinische Inschrift ›sic lucit in orbe terrarum aeterna Dei sapientia‹ – so spielt auf dem Erdkreis Gottes ewige Weisheit.«[3]

Eine andere symbolische Darstellung ist das »Weltmonochord« des Robert Fludd (s. Abb.):

»Das einsaitige Meßinstrument, mit dessen Hilfe die Phytagoreer die Intervalle errechneten, ist auf der Erde (terra) verankert. Diese entspricht dem Gamma graecum, dem tiefsten Ton des mittelalterlichen Tonsystems. Darüber liegen in Sekundabständen die restlichen Elemente Aer, Aqua, Ignis (Luft, Wasser, Feuer – das höchste, weil leichteste Element) –, mithin also die gesamte materielle Welt. Dann steigen wir auf in das Reich des Kosmos vom Mond bis zum Jupiter anhand der beigefügten Planetenzeichen, wobei die Sonne die ›Mese‹, die Mitte, bildet.

Die Kreisbögen an den Saiten beziehen sich auf die tonalen Abstände, rechts die Intervalle, links die mathematischen Pro-

[3] F. Stege: *Musik, Magie, Mystik,* Remagen 1961, S. 133.

portionen. Der Abstand der Sonne von der Erde ergibt eine ›diapason materialis‹, die griechische Bezeichnung für die Oktave, das entspricht links einer ›proportia dupla‹, d.h. 1 : 2. Wir finden weiter unten den ›materiellen‹ Intervallen ›diatesseron‹, das ist die Quarte, ›diapente‹, die Quinte, ›diapason mit diapente‹ usw. Das gesamte Universum ist also in eine Doppeloktave eingeteilt, deren Mitte die Sonne bildet... Bei der Betrachtung der Intervallsysteme fällt das Fehlen der Terz auf. Die Oktave und Quinte beherrschen das Weltall als Grundlage unserer gesamten Musik; in der Tat trat die Terz als Konsonanz erst später in den Anschauungskreis der Menschheit als typisch ›menschliches‹ Produkt. Das ›Intervall-Erlebnis‹ ist uns weitgehend verloren gegangen – ganz zu schweigen vom Erleben des Einzeltones. Wie hat man es beispielsweise dem Komponisten Carl Orff verübelt, daß er in seiner Oper *Antigonae* dem Einzelton eine besondere Bedeutung beigemessen hat, oder Anton von Webern in seinen Orchesterstücken! Dabei haben sie – ob mit Absicht oder unbewußt, spielt keine Rolle – die Praxis altägyptischer Mysterien aufgenommen, in denen jeder gemeinsam gesungene, lang ausgehaltene Einzelton einen Anruf an die verschiedenen Gottheiten bedeutete.«[4]

Genau dieses Erlebnis des einzelnen Tones und die Bedeutung der Intervalle sind es, die in der neuen spirituellen Musik wieder interessieren. Schon Rudolf Steiner deutete die Intervalle, ordnete dem »Terzerlebnis« das Subjektive, das Schicksal zu, dem Oktaverlebnis dagegen die Entdeckung des höheren Selbst, dem Quinterleben die Imagination. Die Anthroposophin Anny von Lange beschäftigte sich mit der esoterischen Deutung der griechischen Tonarten, mit der »kosmisch-ätherischen« Pentatonik. Mit Sachkenntnis und Intuition weist sie den Weg zu einem neuen Hören von Musik und einem geistigen Verständnis der Tonkonstellationen.[5] Eine umfassende esoterische und zugleich wissenschaftliche Intervall- und Tondeutung innerhalb der Kulturen der Antike und des Fernen Ostens veröffentlichte jüngst der Musikwissenschaftler Hermann Pfrogner, der auch die kosmischen Aspekte der 12-Ton-Ordnung untersuchte.[6]

Schon vor diesen anthroposophischen Interpretationen begann die Wiederbelebung jener harmonikalen Lehren, die einst

[4] F. Stege, a.a.O., S. 126.
[5] A. v. Lange: *Mensch, Musik, Kosmos*, Freiburg 1956 (2. Band 1960).
[6] Hermann Pfrogner: *Lebendige Tonwelt*, München 1976.

das Zentrum des griechischen Pythagoreismus gebildet hatten. Kepler hatte bereits bewiesen, daß es tatsächlich Musikgesetze in den Planetenbahnen gibt (die sogenannten Intervallproportionen), und dieser Beweis ist auch heute noch gültig. Infolge der wachsenden Bedeutung des naturwissenschaftlichen Denkens war aber dieses für Kepler selber äußerst wichtige Anliegen in den Hintergrund getreten, ja Kepler wurde später geradezu ausgelacht wegen dieser vermeintlichen Entgleisung.

Erst 250 Jahre später kam es zu einer umfangreichen neuerlichen Beschäftigung mit den pythagoreischen Lehren bei dem Universalgelehrten Albert von Thimus (1806–1878), der glaubte, daß der Kern der antiken Weisheitslehren die sogenannte »harmonikale Symbolik« gewesen sei, und dem Beweis dieser Auffassung widmete er ein umfangreiches und äußerst schwieriges zweibändiges Buch mit dem Titel *Die harmonikale Symbolik des Alterthums* (Köln 1868 und 1876, Reprint Hildesheim 1972). So verdienstvoll diese bewundernswerte geistige Leistung eigentlich war, wurde sie dennoch damals kaum beachtet, und erst Hans Kayser griff sie wieder auf und machte die harmonikale Symbolik zu einer wichtigen Komponente seiner »Kayserschen Harmonik«. Inzwischen wissen wir allerdings (L. Spitzer: *Die harmonikale Symbolik des A. Frh. von Thimus*, Wien 1978), daß Thimus nur teilweise echte antike Lehren mitteilte, darüber hinaus hingegen viele eigene Spekulationen in diese alten Überlieferungen hineininterpretierte, so daß sein Lebenswerk mehr als Philosophie anzusehen ist und weniger als philologische Forschung.

Wir müssen infolgedessen auch bei Kayser den Anteil der harmonikalen Symbolik einschränken, doch sind die anderen Komponenten seines Lebenswerkes bedeutsam genug gewesen. Damit meinen wir insbesondere die Wiederbelebung der harmonikalen Tradition überhaupt, die ohne ihn heute unbekannt wäre, und außerdem das Aufgreifen weiterer harmonikaler Naturgesetze über Kepler hinaus, wobei wir vor allem an den Kristallographen Victor Goldschmidt denken, der zahlreiche Intervallproportionen im Aufbau der Kristalle nachwies. Von hier aus nahm die moderne harmonikale Naturforschung ihren Anfang, wie sie dann von Rudolf Haase zu einer weitreichenden Entsprechungslehre ausgebaut wurde (R. Haase: *Der messbare Einklang. Grundzüge einer empirischen Weltharmonik*, Stuttgart 1976).

Kayser legte ferner Wert auf die Tatsache, daß jene den musikalischen Intervallen zugrundeliegenden Zahlen auch seelisch erlebt werden können (als sogenannte Sinnesqualitäten: Oktave, Quinte, große Terz usw.), so daß diese »Tonzahlen«, wie er sie nannte, gleichsam eine Brücke zwischen der objektiven Naturgesetzlichkeit und dem psychischen Erleben bildeten. Zufolge dieses Denkansatzes kann von einem harmonikalen Weltbild gesprochen werden, dessen Reichweite größer ist als die des naturwissenschaftlichen, da es die Natur, die Mathematik (also den menschlichen Verstand), Sinnesempfindungen des Menschen und die Musik (die sich dieser Grundlage bedient) umfaßt.

Freilich blieb in dieser großartigen Zusammenschau noch eine Beweislücke offen. Zur Zeit Kaysers verbreitete sich nämlich immer mehr die Meinung, daß jene harmonikalen Grundlagen der Musik, also die seit der Antike verwendeten einfachen Zahlenverhältnisse, auf bloßer Gewöhnung beruhten und daß diese Konventionalisierung keineswegs zwingend sei – die seither bekannt gewordenen Versuche, Musik auch mit anderen Zahlengrundlagen zu machen, sind die Folge dieser (übrigens nie bewiesenen) These. Kayser hätte mit seiner Harmonik noch keinen Gegenbeweis liefern können, doch waren seine Hypothesen richtig, wie heute nachträglich bewiesen werden kann.

Inzwischen hatte nämlich eine systematische Erforschung des menschlichen Gehörs begonnen (H. Husmann: *Vom Wesen der Konsonanz*, Heidelberg 1953), deren Ergebnisse von Rudolf Haase weitergeführt und in die Harmonik einbezogen wurden (R. Haase: *Über das disponierte Gehör*, Wien 1977). Auf Grund dieser Untersuchungen steht heute fest, daß die Physiologie des Ohres tatsächlich für eine Bevorzugung der aus einfachen Proportionen gebildeten Intervalle sorgt, daß sie ferner die Unterscheidung von Konsonanzen und Dissonanzen ermöglicht und zur Ausbildung der Diatonik und zwölfstufigen Chromatik sowie zur Bevorzugung von Dur geführt hat. Damit ist das harmonikale Weltbild geschlossen und der Beweis dafür geliefert, daß die Pythagoreer recht hatten, wenn sie (sinngemäß) behaupteten, daß gleiche Gesetze in der Natur, in der Musik und im Menschen existieren sollten.

## Versuche am Monochord

Um die harmonikalen Gesetze zu veranschaulichen, wird im folgenden die Arbeit am Monochord beschrieben, mit Hilfe dessen bereits Pythagoras die akustischen Proportionen und deren Zahlenverhältnisse gefunden hat.

Ein Monochord besteht aus einem kastenförmigen Resonanzkörper, der tonverstärkend wirkt und über den eine Saite von z. B. 120 cm Länge gespannt ist. Diese eine Saite wird auf C gestimmt, das heißt, sie gibt dann den Ton C wieder, wenn sie in ganzer Länge schwingt. Nun versuchen wir, genau an der Mitte der Saite einen kleinen Steg zu postieren, so daß die Saite in zwei Hälften geteilt ist, und zupfen die halbierte Saite an: Es ergibt sich die Oktave des vorherigen Tones C, also C′ (das eingestrichene C). Das Zahlenverhältnis 1:2 klingt also als Oktave.

Bei kleinster Verstellung des Steges von der Mitte weg oder wenn unser Augenmaß uns etwas betrogen hat, entsteht ein unsauberer Klang, den unser Ohr sofort wahrnimmt. Sogar bei einer Ungenauigkeit von 2 mm ergibt sich keine wirklich saubere Oktave. Unser Ohr registriert als Meßinstrument also viel besser als unser berühmtes »Augenmaß«! Diese Fähigkeit des Ohres ist die wichtigste Voraussetzung für den Harmoniker, der davon ausgeht, daß eine Integration von intellektuellen und seelischen Bereichen, von Quantität und Qualität über das Gehör möglich ist.

Als nächstes soll unser Ohr das Zahlenverhältnis 2:3 hörend messen. Auf der 120 cm langen Saite muß der Steg bei 80 cm angebracht werden, was dem Auge nicht so leicht gelingt. Es wäre also zweckmäßig, auf das Holz unter der Saite eine Proportionsskala zu zeichnen. Bei richtiger Einstellung erklingt als Ergebnis von 80:120 cm bzw. 2:3 die Quinte vom Grundton, also G. Beim Verhältnis 3:4 wird der Steg auf 90 cm gestellt und ergibt das Intervall der Quarte, also F. Und weiter ergibt das Verhältnis 4:5 die große Terz, den Ton E, und 5:6 die kleine Terz, den Ton Es. Die Abstände werden jetzt immer kleiner, und auch das exakte Orten, wo der »richtige« Ton liegt, wird zunehmend schwierig. Während die Oktave von den meisten sofort als objektiv richtig »erhört« wird, ist schon die Entscheidung, wann die Quinte stimmt, ein Prozeß der Differenzierung und Konzentration. Man kennt diese gespannten Minuten in der indischen Musik, wenn die Tambura, das Begleitinstrument, gestimmt wird. Um die gefundene Gesetzmäßigkeit weiterzuverfolgen, teilen wir nun die Saite des Monochords in immer kleiner werdende Abstände, die theoretisch folgenden Zahlenbrüchen entsprechen: $\frac{1}{2}$, $\frac{1}{3}$, $\frac{1}{4}$, $\frac{1}{5}$ usw. Die Halbierung der

Saite ergibt, wie wir schon wissen, die Oktave (C′), die Drittelung der Saite ergibt die um eine Oktave höhere Quinte (G′), da ein Drittel der ganzen Saite soviel bedeutet wie zwei Drittel der Hälfte. Ein Viertel der Saite ergibt wieder den Ton C, allerdings zwei Oktaven höher, da es sich um die Halbierung der Hälfte handelt. $^{1}/_{5}$ der Saite ergibt E″ (das zweigestrichene E), die große Terz über dieser zweiten Oktave, $^{1}/_{6}$ die kleine Terz darüber, also G″, und bei $^{1}/_{7}$ der Saite erklingt ein noch kleineres Intervall, eine zu kleine Terz. Dieser letzte entstandene Ton, etwas tiefer als B″, wurde seit der Spätantike nicht mehr im Tonsystem verwendet, weil die Zahl 7 wichtige Symbolbedeutungen hatte. Der nächste Ton im Verhältnis $^{1}/_{8}$ führt zur dritthöheren Oktave, dem C‴ (dem dreigestrichenen C).

Die Abstände sind jetzt so klein geworden, daß es sich für ein praktisches Experiment lohnt, ein Monochord mit größerer Saitenlänge als 120 cm zu verwenden, so daß die Abstände der kleinen Verhältniszahlen noch meßbar sind. In Deutschland haben zum lebendigen Musizieren zwei Komponisten und Musiker monochordartige Instrumente entwickelt, die beide elektronisch verstärkte Saiten verwenden: Der Amerikaner Rolf Gehlhaar baute ein *super-string*, das durch Druck die Saitenlänge verändert und also Glissandis erzeugt, und der argentinische Gitarrist Roberto Détrée erfand ein *Motocello*, das einen drehleierartigen »ewigen« Bogen mit Hilfe eines Motors betreibt und mit den Fingern gezupft oder abgetastet werden kann. Beide Instrumente werden wie die elektronischen Instrumente des Physikers Dieter Trüstedt mit kleinen Metallstäben gespielt und bringen die Zahlenverhältnisse überzeugend zum Klingen.

Da das Motocello in großer Ausführung eine 3 m lange Saite hat, ist es möglich, noch höhere Unterteilungen zu erforschen. $^{1}/_{9}$ der Saite ergibt den Ton D‴, der etwas höher liegt als auf dem temperierten Klavier, $^{1}/_{10}$ ist E‴, $^{1}/_{11}$ ein »falsches«, zu tiefes Fis, $^{1}/_{12}$ ein G‴. Danach werden die Intervalle immer kleiner, bis innerhalb eines Ganzton-Raumes noch unendlich viele Töne klingen.

## 2. Die Obertonreihe

Die Kenntnis dieser Intervallunterteilungen einer Saite fungierte in der akustischen Selbsterfahrung der Antike als Verbindungsglied zwischen Natur und Seele. Denn diese Grundgesetze beweisen den Zusammenhang von Tönen und Zahlen: Die Intervalle sind psychisch erlebbar, und die Zahlenverhältnisse entsprechen bestimmten Gefühlen. Da diese Proportionen vom Gehör wahrgenommen werden können und schon für die damalige Zeit als Grundgesetze der Musik existierten, rückten im frühen Griechenland musikalische Vorstellungen in das Zentrum des Weltbildes. Nun versteht man unter *Ton* im physikalischen Sinne eine einzige hörbare Schwingung, doch kommen bei jedem auf natürliche Weise erzeugten Ton naturgesetzlich weitere, sehr leise mitklingende Töne hinzu, die man als *Obertöne* bezeichnet, und ein Ton mit seinen Obertönen wird als *Klang* bezeichnet. (Man spricht auch von *Partialtönen* oder *Teiltönen*.) Die Obertöne stehen zum Grundton in ganzzahligen Frequenzverhältnissen, wir können sie jedoch auch einzeln am Monochord erzeugen, ja wir haben dies bereits getan: unser geschildertes Monochordexperiment, bei dem wir nacheinander die Hälfte bis $^1/_7$ der Saitenlänge erklingen ließen, liefert uns genau die Obertöne des Grundtones C! Da es sich in dieser Abhandlung um keine rein physikalische Darstellung handelt, sondern die physikalischen Gegebenheiten unter musikalischem Aspekt gesehen sind, werden die soeben verwendeten Bezeichnungen im folgenden teilweise ineinanderfließen.

Jeder Ton eines klassischen Musikinstrumentes hat einen speziellen Klang, der durch eine bestimmte Konstellation verschiedener Obertöne seine Farbe und seinen unverwechselbaren Charakter erhält. Die Klangfarbe eines Tones ist also abhängig von dem jeweilig vorhandenen Ausschnitt des Obertonspektrums, wobei einige Teiltöne weniger, andere mehr hervortreten können. Nicht alle Klangkörper allerdings besitzen die harmonischen Obertöne des ganzzahligen Frequenzverhältnisses. Bei angeschlagenen Glocken, Becken oder Gongs z.B. erklingen auch unharmonische, manchmal richtig falsch klingende Teiltöne mit. Auf einem Monochord oder einem beliebigen Streich- oder Zupfinstrument kann man die harmonische Naturtonreihe jedoch leicht durch zartes Berühren an den oberen beschriebenen Stellen der Saite hörbar machen. Sie werden dann als *Flageoletts* bezeichnet (siehe Notenbeispiel 2: die Obertöne einer tiefen C-Saite eines Violoncellos). Die Naturtonreihe konnte bis zum 40. Teilton physikalisch nachgewiesen werden. Zumeist werden zu harmonikalen Forschungen jedoch nur die ersten zwölf Obertöne verwendet. Es sind somit die einfachsten

Verhältnisse 2:1, 3:2, 4:3 usw. oder anders ausgedrückt $\frac{1}{2}$, $\frac{1}{3}$, $\frac{1}{4}$, $\frac{1}{5}$ usw., die unserem Ohr harmonisch und richtig erklingen. Es ist anfangs kaum möglich, einzelne Obertöne aus einem Klang herauszuhören, selbst wenn man ein noch so gutes Gehör besitzt. Es ist eine ganz besondere Art von Aufmerksamkeit notwendig, um Obertöne wahrzunehmen, sonst bleiben sie verborgen. Denn alle unsere sinnlichen Wahrnehmungen sind nicht bloß Empfindungen des Nervenapparats, schreibt schon 1857 der bekannte Physiologe Hermann v. Helmholtz, »sondern es gehört noch eine eigenthümliche Thätigkeit der Seele dazu, um von der Empfindung der Nerven aus zu der Vorstellung desjenigen Objektes zu gelangen, welches die Empfindung erregt hat«.[7] Das Hören des Obertonspektrums, die Versenkung in die Naturtonreihe, ist innerhalb zahlreicher asiatischer und arabischer Schulen eine Tonmeditation zur Selbstverwirklichung.

## Die Formanten

In der heutigen Physik werden einzelne Obertongruppen auch als Formanten eines Tones bezeichnet. Vor allem in der Produktion von elektronischen Musikinstrumenten und in der Klangkomposition mit dem Synthesizer wurde die Wirkungsweise der Formanten erforscht. Stockhausen nannte die Obertonreihe schon 1960 *Spektralharmonik,* also die harmonische Übereinanderlagerung der Teiltöne des Obertonspektrums. Jedem Klangbild, sei es akustisch oder technisch hervorgebracht, gibt die Konstellation der Formanten Leben und Brillanz, und einem Instrument verleiht sie seinen typischen Klang. Es handelt sich aber nicht um ein breites, zusammenhängendes Spektrum, sondern, wie schon angedeutet, vorzugsweise um Obertongruppen, die besonders stark hervortreten oder aber gedämpft bzw. ganz unterdrückt sind. Genau diese Formanten geben einer bestimmten Musikinstrumentenfamilie ihre charakteristische Klangfarbe. Die Bereiche sind konstant und unabhängig von der Grundfrequenz des erzeugten Tones; denn die Formanten werden durch Resonanzerscheinungen hervorgerufen, wie sie im Resonanzkörper eines Instruments oder im mitschwingenden Kopf- und Brustraum des Menschen entstehen.

[7] Helmholtz: *Über die physiologischen Ursachen musikalischer Harmonien,* München 1971, S. 45.

Daher werden die Formanten mit dem Namen desjenigen Vokals bezeichnet, in dem sie am stärksten hervortreten. Die folgende Aufstellung zeigt die wichtigsten Frequenzbereiche der
Vokale.

| Vokale | Mittlere Resonanzfrequenz (Hertz) | |
|---|---|---|
| U | 300 Hz (ca. $f^1$) | |
| A | 500 Hz (ca. $h^1$) | |
| Ä | 1000 Hz (ca. $h^2$) | |
| Ö | 1350 Hz (ca. $f^3$) | und 500 Hz (ca. $h^1$) |
| O | 1550 Hz (ca. $g^3$) | und 300 Hz (ca. $f^1$) |
| Ü | 1800 Hz (ca. $a^3$) | und 700 Hz (ca. $fis^2$) |
| E | 2100 Hz (ca. cis $^4$) | und 500 Hz (ca. $h^1$) |
| I | 3000 Hz (ca. $g^4$) | und 300 Hz (ca. $f^1$) |

Bei den hier angegebenen Frequenzbereichen handelt es sich um
Mittelwerte aus statistischen Untersuchungen, bei denen die
Vergrößerung der Resonanzfrequenz deutlich einer bestimmten
Vokalanordnung entspricht; von unten nach oben: U-O-A-E-I.
Wie die menschliche Stimme, so haben auch die Instrumente
ihre arteigenen Formanten. Und wenn man Instrumente elek-
tronisch nachahmen will (wie z.B. in Orgeln), so muß man
hierauf besonders Rücksicht nehmen. Auch der sogenannte
Einschwingvorgang spielt dabei eine große Rolle. Man hatte
sehr bald entdeckt, daß die ersten Momente beim Ansatz oder
Anklingen eines Tones zu den charakteristischen Merkmalen
eines Instruments gehören.


## Elektronische Klangerzeugung

Da heute jeder Laie mit elektronischen Musikapparaturen und
Synthesizern effektvolle Tonstücke herstellen kann, seien hier
einige Anmerkungen zu der Klangformung bei elektronischen
Musikinstrumenten eingefügt. Etwas vereinfacht kann man in
der elektronischen Klangerzeugung zwischen einer additiven
und einer selektiven Klangformung unterscheiden. Bei der *additiven* Methode wird der gewünschte Klang aus obertonfreien
(also sinusförmigen) Tönen einzelner Generatoren addiert. Auf
diese Weise ist der Aufbau jedes beliebigen Klangspektrums
möglich. Es ist jedoch mit gewissen Schwierigkeiten verbunden,
den so erzeugten Gesamtklang in seiner Tonhöhe zu verändern,

ohne daß sich die Intervalle zwischen den einzelnen Teiltönen ändern. Moderne Synthesizer bieten allerdings einen recht guten Gleichlauf zwischen mehreren Generatoren.

Anders ist es bei der *selektiven* Klangformung: Als Ausgangsmaterial dient ein meist obertonreicher Klang, dessen Spektrum durch verschiedenartige, nachgeschaltete Filter verändert wird. Da die einzelnen Teiltöne einem einzigen Generator entstammen, folgen sie der Obertonreihe, und die Intervalle zwischen ihnen bleiben auch bei einer Änderung der Tonhöhe des Grundtones konstant. Von den meist verwendeten Filtern seien zwei der wichtigsten angeführt, das Resonanzfilter und der Tiefpaß.

Mit Hilfe des *Resonanzfilters* können einzelne Frequenzbereiche hervorgehoben und dadurch Formantwirkungen erzielt werden. Macht man ein solches Filter sehr schmalbandig, so werden einzelne Frequenzen im Spektrum so sehr verstärkt, daß sie deutlich herausgehört werden können. Man kann auf diese Weise eine sehr eindrucksvolle Klangmodulation erreichen. Das Filter wird dabei so eingestellt, daß ein stufenweises Auf- und Abklingen der einzelnen Obertöne entsteht.

Ein *Tiefpaß* ist demgegenüber so konstruiert, daß er alle Frequenzen unterhalb einer einstellbaren sog. Grenzfrequenz »passieren« läßt, während alle höheren Frequenzen zunehmend gedämpft, also unhörbar werden. Legt man die Grenzfrequenz z.B. unterhalb des ersten Obertones, so werden alle Obertöne gedämpft, und man hört nur noch die annähernd sinusförmige Grundschwingung.

Derartige Filter werden heute in fast jedem Synthesizer angeboten, wie sie in verschiedensten Kleinausgaben mancher Avantgarde- oder Rockgruppe zur Verfügung stehen. Das Spiel an diesen Geräten, die jeden Ton bzw. Klang mühelos praktisch unendlich lang aushalten und in jeder beliebigen Art und Weise verändern können, hat vielen Musikern das Ohr für die einem Klang innewohnenden Gesetzmäßigkeiten wieder geöffnet.

Das Stichwort hierzu heißt »Live-Elektronik«, wenn man darunter manuell spielbare, ohne mechanische oder elektronische Steuergeräte (wie Lochstreifen oder Computer) oder ohne Tonband reproduzierbare, auf elektronischem Wege erzeugte Musik versteht. Denn ohne die unmittelbare spielerische Begegnung mit den Tönen am Instrument bleiben die vorgeformten Klang- oder Bewegungsabläufe allzuleicht steril und tot. Alles reißbrettartige Konstruieren vermag das Einfühlen z.B.

in einen Klang oder Rhythmus und das improvisatorische, von inneren Spannungsbögen und vor allem dem Rhythmus des Atems induzierte Reagieren nicht zu ersetzen. Die Tatsache kommt nicht von ungefähr, daß große Komponisten ihre Werke oft in allen Einzelheiten vor dem Niederschreiben »im Kopf« hatten und auch als Improvisatoren einen guten Ruf besaßen.

Als erster Komponist, der live-elektronisches Spiel in größerem Rahmen praktizierte, muß Oskar Sala (geb. 1910) genannt werden. Er hatte bei Paul Hindemith Komposition studiert und war Mitarbeiter des durch seine Klangforschungen bedeutenden Physikers Friedrich Trautwein (1888–1956). Mit gleichermaßen technischen wie musikalischen Kenntnissen entwickelte er Trautweins »Trautonium« in mehreren Stufen weiter bis zum Mixturtrautonium. Von den ersten öffentlichen Auftritten im Jahre 1930 mit Stücken von Paul Hindemith für drei Trautonien bis zu der Mitwirkung in Arthur Honeggers *Jean d' Arc* und in Wagners *Parsifal* (bis etwa 1953) nahm Sala an vielen Konzerten in Europa teil, in denen er die live-elektronischen Möglichkeiten seines Instruments ausschöpfte.

Grundlegende Forschungen zur weiteren Entwicklung elektronischer Spielmöglichkeiten begann der Deutschamerikaner Robert A. Moog Anfang der fünfziger Jahre. Sein Grundgedanke, Generatoren, Filter, Hüllkurvenformer und alle anderen Bausteine elektronischer Klangerzeugung und -formung durch Spannungen zu steuern, eröffnete völlig neue Wege und hat sich heute allgemein durchgesetzt. Durch die Miniaturisierung der Bauelemente läßt sich heute in kleinen tragbaren Koffern ebenso viel Elektronik unterbringen wie früher in großen unbeweglichen Verstärkerschränken. Kein Wunder, daß heute praktisch jeder Komponist irgendwann Elektronik verwendet, kein Wunder, daß der synthetisch erzeugte oder modulierte Klang auch die Pop- und Rockszene beherrscht. Hier mag so mancher genauer hinhörende Musiker zum ersten Mal dem universellen Spiel der Obertöne begegnet sein.

Man hatte also in dem Moment, als man Musik ohne die herkömmlichen Instrumente entstehen lassen konnte, auch gleichzeitig die Urgesetzmäßigkeiten, die zur Entstehung von Tönen und Klangfarben führen, neu entdeckt, oder besser: neu erlebt, erhört. Dies führte wieder zurück zu den Quellen der Musik und weiter zum Monochord, zum Zahlenverhältnis, zum harmonikalen Erlebnis.

Die Kenntnis der Obertonreihe ermöglicht uns aber auch gleichzeitig ein Verständnis für die so zauberhaft-geisterhaft wirkenden Gesangstechniken der Tibeter und Mongolen. Die Melodie des mongolischen Schamanen folgt völlig konsequent der Anordnung der Naturtonreihe. Somit singt er auch die »falschen«, bei ihm selbstverständlich und natürlich klingenden Intervalle einer zu tiefen kleinen Septe und eines zu tiefen Tritonus; von C aus gesehen wäre das B und Fis. Und die zu kleine Terz des Teilverhältnisses 6 : 7 ist genau das Intervall der beiden afrikanischen Congatrommeln. Interessanterweise wird die Skala, die der Gesetzmäßigkeit der Naturtöne am meisten folgt, nämlich C-D-E-Fis-G-A-B-C, in Südindien als Raga Saraswati bezeichnet, und *Saraswati* ist die Göttin der Musik und der Wissenschaften. Auch der mystische Akkord Alexander Skrjabins ist eine Summierung des 8., 9., 10., 11., 13. und 14. Obertones ($c^3$-$d^3$-$e^3$-$fis^3$-$a^3$-$b^3$).

*Harmonik und die Wissenschaften*

Der den Pythagoreern zugeschriebene Gedanke einer Weltharmonie oder Sphärenharmonie kam in der Antike nicht in wissenschaftlicher Formulierung oder gar als Beweis vor – obwohl streng genommen die damaligen Monochordexperimente bereits die Grundgesetze der Akustik, sogar den Aufbau der Obertonreihe enthielten. Pythagoras wurden hellseherische Fähigkeiten zugeschrieben, und so wäre es denkbar, daß er Einblicke in einen höheren kosmischen Gesetzeszusammenhang hatte, den wir heute beweisen können. Aber das wurde eben nicht konkret ausgesprochen, sondern nur in Symbolen angedeutet; die legendäre pythagoreische *Tetraktys* oder Platons berühmte Schilderung der Weltseele als Tonleiter in der Form eines Geheimtextes (Platon: *Timaios* 35 B ff.) sind Beispiele solcher harmonikaler Symbolik. Diese Symbolik wurde durch Thimus überbewertet, wie schon gesagt, und daraufhin suchte Hans Kayser sogar Verbindungen zwischen Harmonik und Mystik herzustellen.

Die heutige harmonikale Grundlagenforschung verwendet den Begriff »Symbol« dagegen nur selten, weil es sich bei Symbolen stets um etwas Stellvertretendes, nur Hinweisendes, Uneigentliches handelt, während die harmonikalen Tatbestände sehr konkrete Bedeutungen haben. Schon in Kaysers diesbezüglich wichtigsten Werken (*Der hörende Mensch*, Berlin 1932; *Harmonia Planetarum*, Basel 1943; *Lehrbuch der Harmonik*, Zürich 1950) sollte man das Wort Symbol weitgehend durch »Analogie« (oder »Entsprechung«) ersetzen; denn tatsächlich enthalten diese Bücher bereits einen bedeutenden Ansatz für eine harmonikale Analogienlehre, wie sie später Rudolf Haase aufgebaut hat (*Der messbare Einklang*). Was aber bedeutet das?

Die Töne der Obertonreihe haben Frequenzen, die im Verhältnis $1:2:3:4:5:6$ usw. stehen, wie wir schon andeuteten (wobei 1 als Frequenz des Grundtones gilt). Den gleichen Sachverhalt gibt es aber nicht nur in der Akustik, sondern auch an anderen Stellen in der Natur, wie der berühmte Physiker Max Planck nachgewiesen hat. Er stellte nämlich fest, daß Energie (z.B. Wärme) nicht stetig zunimmt, vergleichbar einem Glissando in der Musik, sondern sprungweise um ganz bestimmte Beträge, und diese Energiestufen (= Quanten) erwiesen sich als ganzzahlige Vielfache einer bestimmten Grundeinheit h. Die Skala der Quanten läßt sich daher auch durch die Proportionenfolge $1:2:3:4:5:6$ usw. angeben, wobei diesmal h als 1 bezeichnet wird. Damit aber ist der Tatbestand der Analogie zwischen Obertonreihe und Quanten gegeben und eine harmonikale Interpretation der Quantenphysik prinzipiell möglich. Eine weitere Analogie liefert das sogenannte periodische System der Elemente, die wichtigste Grundlage der Chemie, insofern die Anzahlen von Kernladungen und Elektronen der einzelnen Elemente sich ebenfalls wie $1:2:3:4:5:6$ usw.. verhalten, also wiederum eine Analogie zu den Frequenzen der Obertöne bilden.

Es existieren nun weitere Naturgesetze aus solchen Zahlen, die auch Intervalle bilden, in den verschiedensten Wissenschaften (Astronomie, Kristallographie, Physik, Chemie, Botanik, Zoologie, Anthropologie), durch die ebenfalls Analogien zwischen diesen Gebieten entstehen, und alle diese Proportionsgesetze lassen sich leicht sinngemäß auf einem Monochord einstellen und hörbar machen, wodurch sich auch der psychische Zugang zu diesen Gesetzen ergibt. Dabei wird außerdem offenbar, daß die verschiedenen Bereiche der Natur viel mehr miteinander zusammenhängen, als es die sich immer stärker spezialisierenden Naturwissenschaften festzustellen vermögen. Freilich besteht dieser große Zusammenhang nicht aus Ursache-Wirkungs-Verhältnissen, wie sie die Naturwissenschaftler vorwiegend darstellen, sondern eben aus Analogien. Und mit Hilfe dieser harmonikalen Methodik wird schließlich eine harmonikale Struktur der Natur dargestellt, die man auch als »harmonikalen Strukturalismus« bezeichnen kann.

An diesem Punkt endet die wissenschaftliche Harmonik, doch mündet sie notwendig in eine philosophische Fragestellung ein. Wenn da nämlich eine zusammenhängende Struktur der Welt mit analogen Gesetzen in den verschiedenen Bereichen glaubhaft gemacht werden kann, so zwingt diese Vorstellung geradezu zur Annahme eines einheitlichen Planes, der diesen Fakten zugrundeliegt, und wenn ein derartiger Weltplan angenommen werden muß, dann muß auch auf einen Erdenker dieses Planes geschlossen werden. Es gibt daher auch eine harmonikale Metaphysik, die von Rudolf Haase als Folgerung aus den harmonikalen Naturgesetzen skizziert wird (R. Haase: *Der messbare Einklang*, S. 118 ff.).

Eine andere Schlußfolgerung ist aber speziell für unseren Zusammenhang vielleicht noch wichtiger. Wenn nachweislich wichtige Naturgesetze aus den gleichen mathematischen Gegebenheiten bestehen wie sie auch Grundlagen der Musik seit der Antike sind, und wenn obendrein, wie ebenfalls feststeht, besonders beim Menschen eine Vielzahl solcher harmonikaler Gesetze existiert, dann liegt die Vermutung nahe, daß die Natur, insbesondere die menschliche, auch durch Musik beeinflußbar sein muß. Man könnte sich eine Art Resonanz zwischen Musik und harmonikal strukturierter Natur vorstellen und damit eine Begründung formulieren für die weit über den ästhetischen Konsum hinausgehende Wirkung von Musik, beispielsweise bei der Musiktherapie und auch bei der Meditation. Haase geht mit diesem »harmonikalen Resonalismus« so weit, daß er sogar die Wirkung von Mantras bei bestimmten Arten von Meditation auf die tiefgreifende harmonikale Beschaffenheit der menschlichen Person glaubt zurückführen zu können (R. Haase: *Harmonikale Forschung und Transzendentale Meditation*, in: *Grenzgebiete der Wissenschaft*, Jg. 27, Heft 2, Innsbruck 1978).

Diese Ausführungen über harmonikale Forschung sollten nur die wichtigsten Aspekte beleuchten und dadurch deutlich machen, wie sich das esoterische Wissen und Ahnen der Alten mit der wissenschaftlichen Methodik von heute verbinden und erklären läßt. Vielleicht könnten sogar so obskur wirkende Begriffe wie »objektive Musik« oder »innere Oktaven«, die der

Magier Georg Gurdjieff prägte, im Zusammenhang mit der Obertonreihe und deren harmonikalen Entsprechungen im mikrophysischen Bereich als »bewiesen« gelten und daher in völlig neuem Licht gesehen werden:

»Objektive Musik beruht nur auf den ›inneren Oktaven‹. Und sie kann nicht nur bestimmte psychologische Ergebnisse, sondern auch bestimmte physische Ergebnisse zeitigen. Es kann Musik geben, die Wasser zum Gefrieren bringt. Es kann Musik geben, die einen Menschen sofort töten würde. Die biblische Legende von der Zerstörung von Jericho durch Musik ist eine solche Legende von objektiver Musik. Und sie kann nicht nur zerstören, sondern auch aufbauen. In der Legende von Orpheus gibt es Hinweise auf objektive Musik, weil Orpheus Wissen durch Musik zu vermitteln pflegte. Die Musik der Schlangenbändiger im Osten ist eine Annäherung an objektive Musik, wenn auch natürlich sehr primitiv. Sehr oft ist es nur eine Note, die sehr lange hingezogen wird und nur wenig steigt und fällt, aber in dieser einzigen Note vollziehen sich andauernd ›innere Oktaven‹ und Melodien ›innerer Oktaven‹, die für die Ohren unhörbar sind, aber vom Gefühlszentrum empfunden werden.«[8]

Die hier erwähnten langen Töne erinnern wieder an den Gesang der tibetischen Mönche und die magische Musik der Mongolen. Auch andere Naturreligionen hatten Kenntnis von der Anwendung musikalischer Kräfte, die ihnen niemals Selbstzweck gewesen ist, sondern stets ein Mittel, in die esoterischen Naturgesetze vorzudringen. Und sie hatten die Fähigkeit zu ganz esoterischen, sichtbaren Verwirklichungen ihres Wissens. Es gibt eine ganze Anzahl bewiesener parapsychologischer Phänomene, welche mittels der gesungenen oder nach innen gesprochenen Schwingungen hervorgerufen wurden.

»In Indien gibt es ein geheimes Wissen, das auf Tönen beruht und auf den verschiedenen Schwingungsarten, die den Bewußtseinsebenen entsprechen ... Und da ein jedes unserer Bewußtseinszentren unmittelbar mit einer bestimmten Ebene in Verbindung steht, kann man folglich durch die Wiederholung gewisser Laute mit der entsprechenden Bewußtseinsebene in Verbindung treten ... Die Grundtöne oder Kernlaute, denen

---

[8] Ouspensky: *Auf der Suche nach dem Wunderbaren*, Weilheim 1966, S. 437 f.

die Macht innewohnt, die Verbindung herzustellen, werden Mantra genannt ... Es sind buchstäblich Schwingungen oder Wellen, Rhythmen, die sich des Suchers bemächtigen, in ihn eindringen.«[9]

Ohne die Kenntnis physikalischer Proportionen sind solche Gedanken »nur« esoterisches Wissen, das mancher zwar intuitiv erahnen, jedoch nicht als erfahrbare Tatsache hinnehmen kann. Im Licht der wissenschaftlichen Forschungen über den Ultraschall und die Eigenschaften ultrasonarer Töne erscheint selbst die sagenhafte Überlieferung, daß die ägyptischen Pyramiden mit Hilfe von »gesungenen Sprüchen und tiefen Tönen« erbaut worden seien, als nicht mehr ganz so abenteuerlich.

Der erste Europäer, der die magische Wirkung geheimer Laute und Silben erforscht hat, soll durch eigene Erlebnisse mit indischen *Mantras* auf diese rätselhaften Kräfte gekommen sein. Arthur Avalon (eigentlich Sir John Woodroffe) hatte einmal als Kolonialrichter über zwei sich bekämpfende indische Familien Recht zu sprechen. Plötzlich verwirrte sich sein Gerechtigkeitssinn: Einmal empfand er Mitleid mit der einen Partei, dann akzeptierte er plötzlich die Argumente der anderen, die er noch tags zuvor verworfen hatte. Schließlich entdeckte Avalon, daß er von beiden Gruppen mit Mantras und Gedankenkonzentration systematisch auf die eine oder andere Seite manövriert werden sollte. Dieser sicherlich schwarzmagische Prozeß führte ihn zu seiner eingehenden Beschäftigung mit den mantrischen Kräften, denen wir uns jetzt zuwenden wollen.[10]

## 3. Die Bedeutung des Mantras

Um die Macht der nach innen gesprochenen Worte und Silben, die im Sanskrit *Mantra* genannt werden, verstehen zu können, ist die Kenntnis gerade der altgriechischen Musiktheorie notwendig. Nach dem Schwingungsgesetz und den akustischen Proportionen kann ein Körper mittels seines Grundklangs oder Eigentons zerlegt werden, wenn diese Grund- oder Eigen-

[9] Satprem: *Sri Aurobindo oder das Abenteuer des Bewußtseins*, Weilheim 1973, S. 171 f.
[10] Avalon: *Die Schlangenkraft*, 2. Aufl., München 1975.

schwingung eines bestimmten Körpers oder Stoffes bekannt ist: »Jeder Organismus weist sein eigenes Schwingungsmaß auf, und das trifft auch zu für jeden unbelebten Gegenstand vom Sandkorn bis zum Berge und sogar für jeden Planeten und jede Sonne. Ist dieses Schwingungsmaß bekannt, so kann mit dessen innerer Anschauung der Organismus oder die Form zerlegt und bewußt gemacht werden.«[11]

So ist es der Klang des »Wortes«, die singende Kraft, die eine Verbindung schaffen kann zur gemeinsamen Ursubstanz aller Dinge und Wesen und die den Kosmos, esoterisch gesehen, zu bewegen vermag. Der Gesang ist ein Mittel, mit den entferntesten Mächten in eine direkte und substantielle Wechselbeziehung zu treten: »Singen oder rhythmisches Sprechen ist im tiefsten Sinn ein aktives Aufrufen, Erschaffen, Handeln innerhalb der akustischen Grundschicht der Welt ... Die singende Kraft als erste Manifestation eines Gedankens erschuf die Welt dadurch, daß der Klang der Urvibration sich selbst aufopferte, um sich in einem spiralig anwachsenden Rhythmus von immer höheren und neu gearteten Vibrationen progressiv auszuarbeiten und allmählich in Stein und in Fleisch zu verwandeln ... Sowohl die Schöpfungsmythen der Naturvölker wie die Kosmogonien der afroasiatischen Hochkulturen erwähnen einen dunklen, überbegrifflichen Klang als die Mutter des Weltenschöpfers.«[12]

Dieser Urklang, der hier von Marius Schneider beschrieben wurde, ist in der hinduistischen Mythologie als *Nada* bekannt, der von der Gottheit *Brahma,* dem Schöpfer der Welt, auf seinen Zimbeln gespielt wurde, wodurch der Kosmos entstand. Der Erhalter der Welt, *Vishnu,* spielt in seiner Verkörperung als *Krishna* die Flöte, deren Melodie die Selbstverwirklichung, die Vereinigung mit dem Urklang versinnbildlicht. *Shiva,* der Zerstörer der Welt, spielt die Trommel, aus der die Buchstaben des Sanskrit-Alphabetes herausfielen und sich als Keimsilben auf die verschiedenen geistigen Zentren des Menschen verteilten und durch die ihm somit eine Begegnung und Verbindung mit einer Gottheit möglich ist. Diese fünf oder sieben geistigen Zentren nennt der Inder Lotos oder *Chakras.* Sie entsprechen physiologisch den innersekretorischen Drüsen, und esoterisch werden sie den fünf Elementen zugeordnet.

Jedes dieser Chakras hat daher eine Reihe von Keimsilben,

[11] Evans-Wentz: Anhang zum *Tibetanischen Totenbuch,* Olten 1971, S. 61.
[12] M. Schneider: *Singende Steine,* Kassel 1955, S. 12.

die der Anzahl der Lotosblätter entsprechen und die in verschiedenen, größtenteils geheimgehaltenen Konstellationen als
Mantras vom Guru während der Initiation dem Schüler ins Ohr
geflüstert werden. Da jede Gottheit, die der Hindu als *Ishvara*,
seine höchste zu verehrende Manifestation des Göttlichen, anbetet, verehrt oder besingt, ein eigenes Mantra hat, ist es dem
Adepten möglich, durch die Kenntnis dieses Mantras eine Art
drahtlose oder telepathische Verbindung mit der Gottheit herzustellen, ja sogar, wie es mystisch heißt, mit ihr vereint zu
werden.

»Wie die äußere Luft in derben Tönen vibriert, so werden die
inneren ›Lebenslüfte‹ in Bewegung gesetzt und genutzt durch
Verwendung der Mantraklänge: Zuerst fängt die Göttin (Kundalini) den subtilen okkulten Klang auf und läßt ihn in Tönen
göttlicher Musik von ihrem Throne im Wurzelstock des psychischen Zentrums aufsteigen, von einem Zentrum zum anderen,
immer höher, bis seine Musik den Lotos der 1000 Blütenblätter
erfüllt und dort gehört und vom obersten Guru beantwortet
wird. Nur wenn die Mantras richtig intoniert werden, üben sie
ihre Wirkung aus; ferner erfordert das korrekte Aussprechen
des Mantras einer Gottheit sowohl körperliche Sauberkeit wie
auch Kenntnis seiner richtigen Intonation. Deshalb muß der
Gläubige erst mittels Reinigungsmantras den Mund und die
Zunge säubern und dann das Mantra selbst, durch ein Verfahren, das als Belebung oder Erweckung der schlafenden Macht
des Mantras bezeichnet wird.«[13]

Dieser Text aus dem *Tibetanischen Totenbuch* macht bewußt,
wie sorgfältig sich die Schüler und Eingeweihten in der Übung
des Mantra-Yoga vorbereiten müssen. Überall, wo das esoterische Wissen um die inneren Worte noch lebendig war, wurde es
als verborgene Kraft des Lautes oder der Vibration, als schöpferische Keimzelle aller Natur geheimgehalten. Den Meistern aller Zeiten war das Geheimnis wohlbekannt: den altindischen
*Rishis* (Sehern), die in den Vorbergen des Himalaya einsam
lebten, den Sufis Persiens, den Adepten der Zoroaster-Kultur,
den Priestern in den ägyptischen Pyramiden, den Voodoo-Ma-
giern und Medizinmännern Afrikas und Südamerikas.

Sie wußten und wissen, daß die mantrischen Silben und
Worte, ob gesungen oder nach innen rezitiert, einen subtilen
inneren Vorgang bewirken, der die unsichtbaren Zentren *(Cha-*

---

[13] Evans-Wentz: Anhang des *Tibetanischen Totenbuchs.*

*kras)* allmählich erweckt und sie in tiefere Dimensionen ihres
Bewußtseins führt.

Die Essenz aller Wesen ist die Erde,
die Essenz der Erde ist das Wasser,
die Essenz des Wassers sind die Pflanzen,
die Essenz der Pflanzen ist der Mensch,
die Essenz des Menschen ist die Rede,
die Essenz der Rede ist das heilige Wissen (Veda),
die Essenz des Veda ist der Sama-Veda (Wort, Laut, Klang),
die Essenz des Sama-Veda ist das OM.

*Chandogya-Upanishad*

Das wichtigste Mantra in ganz Asien ist OM. Es entspricht unserem *Amen,* dem *Amin* des Moslems, dem *Logos,* dem Wort. In
den Upanishaden wird OM in seine lautlichen Bestandteile zerlegt, nach der O als Kombination von A und U aufgefaßt wird, so
daß OM eigentlich AUM bedeutet. Wenn wir AUM langsam aussprechen, nehmen wir wahr, daß wir im A den Mund gänzlich
öffnen und bis zum U den Mundraum immer mehr verkleinern,
um ihn im M zu schließen. Das AUM umfaßt also auch praktisch
und konkret den ganzen Resonanzraum, mit dem wir sprechen.

Der weiseste Kenner asiatischer Mantras ist Lama Govinda,
der durch seine westliche Abstammung und Geistesschulung in
der Lage ist, die gesamte buddhistische Tradition und gerade die
tiefe Bedeutung des Mantras dem westlichen Menschen nahezu-
bringen. In seinem Buch *Grundlagen tibetischer Mystik,* das die
wichtigste Quelle für diese Erörterung ist, schreibt Govinda:
»Da OM Ausdruck höchster Bewußtheit ist, werden die drei
Elemente A, U und M als drei Stufen des Bewußtseins erklärt: A
als Wachbewußtsein, U als Traumbewußtsein und M als Tief-
schlafbewußtsein, während OM als Ganzes das allumfassende
über alle Worte hinausgehende, ›kosmische‹ oder ›vierte‹ Bewußtsein – das Bewußtsein der 4. Dimension – ist. Anders ausgedrückt: das subjektive Bewußtsein der Außenwelt, das Bewußtsein unserer Innenwelt, d. h. unseres Denkens und Fühlens, Wünschens und Wollens, das wir unser geistiges Bewußtsein nennen, und das in sich ruhende, nicht mehr in Subjekt und
Objekt zerspaltene Bewußtsein undifferenzierter Einheit.«[14]

Ein Mantra wird nach innen gesprochen, meist nicht einmal
geflüstert. Es wird bildlich an einem bestimmten inneren Zen-

[14] Govinda: *Grundlagen Tibetischer Mystik,* München 1972, S. 11.

trum visualisiert, als Flamme, als weißer Punkt, als Sanskritzei-
chen OM. Dieser so visualisierte und allmählich innerlich gehörte Laut wird beispielsweise vom Herzen zur Stirn geführt
oder durch alle Zentren hindurch. Arthur Avalon beschreibt die
Zustände des Yogis, wenn sich durch jahrelange Praxis des inneren Mantrasprechens die geistigen Zentren öffnen: »Beim
dritten Zentrum ist man imstande, sich teilweise an unbestimmte Astralwanderungen zu erinnern, mitunter mit einem
halbbewußten Eingedenksein, mit beseligendem Behagen,
durch die Luft geflogen zu sein. Beim vierten Zentrum wird der
Mensch der Freuden und Sorgen seiner Mitmenschen instinktiv
gewahr, wobei er bisweilen ihre körperlichen Schmerzen und
ihren Kummer in sich selbst hervorbringt.

Beim Erwecken des 5. Zentrums hört er Stimmen, die allerlei
Beeinflussung auf ihn ausüben. Manchmal hört er Musik oder
auch andere weniger angenehme Geräusche. Die volle Entfaltung führt zum Hellhören auf der Astralebene. Die Erweckung
des 6. Zentrums gewährt Erlebnisse wie halb wahrgenommene
Landschaften und Farbwolken. Wenn man die Hirnanhang-
drüse zu tüchtiger Funktion anregt, wird sie eine Brücke zum
astralen Vehikel. Das Erwecken des 7. Zentrums befähigt einen,
den Körper bei vollem Bewußtsein zu verlassen.«[15]

Alle Selbstzeugnisse von Mantra-Yoga-Adepten erwähnen
immer wieder musikartige Geräusche, wie von Zimbeln. Sie
sehen Flammen, die sich wie Emanationen zu entfalten scheinen, und Klänge der Lautbuchstaben, die in der Visualisierung
Farbtönungen tragen. Die Chakras, die alle eine bestimmte
Farbe haben, kommen durch Keimsilben gleicher Farbe mit
verschiedenen anderen Zentren in Verbindung.

*Silben und Worte*

Im Falle mantrischer Silbensymbole spielen die feinsten
Schwingungen eines Klangs, eines Lautes, die wichtigste Rolle.
Die Macht eines Mantras, gleich welcher Materialität und
Absicht, hängt eng mit dem Bewußtseinszustand des Übenden
zusammen. Ein Mantra ist keine Tonwelle physikalischer Art
und wirkt auch nicht, wenn es von einem Unwissenden hervor-
gebracht wird. Ein Mantra kann zwar von einem physikalischen
Laut begleitet werden, aber seine Kraft ist spirituell und kann

[15] Avalon: *Die Schlangenkraft*, S. 13.

127

zwar vom Herzen, aber nicht vom äußeren Ohr vernommen werden. Das Mantra wird also eigentlich nicht vom Mund hervorgebracht, sondern vom Geist, und es hat somit auch nur für den Wissenden oder den Initiierten eine Bedeutung.

Wer in Japan Buddhist ist, spricht zu Anfang oder am Ende der religiösen Zeremonie: *gyate gyate hara gyate hara so gyate bodhi so waka,* was übersetzt etwa bedeutet: »Der du gegangen bist, hinübergegangen bist zum anderen Ufer, Ehre sei mit dir.« Und der Buddhist Tibets verehrt den Erleuchteten mit *thayata om muni muni maha muniye svaha,* was etwa bedeutet: »Du, der du ganz verwirklicht bist, Schweigender, Schweigender, Großer Schweigender, Heil sei mit dir.« Wer den weiblichen Bodhisattva, die barmherzige Beschützerin der Tibeter, *Tara,* anbetet, spricht innerlich *om tare tutare ture svaha.* Viele Mantras sind aber auch geheim und würden niemals einem westlichen Menschen weitergegeben werden. Es ist durchaus möglich, daß manche Mantras beispielsweise der tibetischen Orakelpriester noch niemals laut ausgesprochen und von der Welt gehört wurden.

Die berühmtesten Mantras der Hindus sind dagegen auch als religiöse Gesänge bekannt, werden also nicht geheimgehalten, sondern manchmal in den hinduistischen Ashrams stunden-, ja tagelang rezitiert. Man nennt diese Technik Japa-Yoga. *Hare krishna hare krishna krishna krishna hare hare hare rama hare rama rama rama hare hare* ist eines der bekanntesten Mantras. *Hare* oder *hari* bedeutet soviel wie Allerhöchster oder Großer Gott, *krshna* (Krischna) und *rama* sind hinduistische Gottheiten. Der göttliche Prinz Rama, dessen Name sich aus der Keimsilbe RAM des Herzzentrums herleitet, wird auch mit dem Spruch *sri ram jai ram jai jai ram* besungen (Notenbeispiel 3).

Ein anderes wichtiges Mantra speziell im hinduistischen Raum ist *hong-so* (andere Aussprache *hang-sa*). Es wird nasaliert gesprochen, der Laut *hang* beim Einatmen (auch *han* oder *ham* nasaliert), der Laut *sa* (oder *so*) beim Ausatmen. In jeder Yoga-Schule wird dieses Mantra anders verwendet, Yogananda lehrte *hong-so*, Sivananda lehrte *ham-sa* usw. Es geht bei den Hindus nicht um die »richtige« oder »falsche«, sondern einzig um die persönlich vom Guru erhaltene Form.

Eine weitere Mantraformel, die von allen hinduistischen Sängern, vor allem in Südindien, vor jede Darbietung gestellt wird und deren gesungene Rezitation als Gesangsmaterial für den Alap oft stundenlang ausgesungen wird, ist *hari om tat sat.*

Einer der größten Sänger Indiens, Bade Ghulam Ali Khan, hat dieses Mantra, obwohl er Moslem war, so einzigartig und hingebungsvoll gesungen, daß das ganze Auditorium geweint haben soll. *Tat sat* bedeutet soviel wie »So ist das«; im übertragenen Sinn könnte man auch übersetzen: Das Absolute existiert im So-Sein. Sat-Gurus sind Heilige, die einfach »so« sind, also eins mit allem.

*Tat twam asi* schließlich ist ein Mantraspruch, der auch im Westen von vielen Mystikern übersetzt und interpretiert wurde, zum Beispiel von Bô Yin Râ: »Du bist das« oder »Das bist du selbst«, was soviel bedeutet wie: In dir selbst ruht auch das Allerhöchste. Ein anderes Mantra wurde durch Hazrat Inayat Khan, den *Murshid* (Meister) eines Sufi-Ordens, in den Westen gebracht, die Silbe HU, die für viele mystische Gruppen die größte Bedeutung hat. Die Meister vom *Eckankar* lehren den Schüler, ununterbrochen im Inneren die Silbe HU lautlos, also mental zu wiederholen. Den stärksten Eindruck eines laut intonierten Mantras machten auf den Verfasser etwa fünfhundert Frauen, die beim Eintritt der Heiligen Ananda Mayi Ma in ein riesiges Zelt bei Kalkutta einen vielstimmigen Gesang in höchster Höhe anstimmten, der nur aus der Silbe HU bestand.

Wie anfangs erwähnt, gehören in Indien die Keimsilben der Mantras und einige Mantralaute selbst dem Sanskritalphabet an. Jeder Buchstabe ist einem inneren Lotos-Zentrum zugeordnet, und je nachdem, wieviel Blätter ein solches Chakra hat, so viele Buchstaben werden ihm zugeteilt.

Es stellt sich die Frage, ob nur das Sanskrit solche esoterische Auslegung besitzt. Gibt es denn in unserem Kulturraum keinerlei vergleichbare Auffassung, die das tiefe Geheimnis der Sprache als solches berührt? In der Tat sind viele Quellen vorhanden, und zwar im griechischen und im hebräischen Alphabet, die allerdings verschüttet oder geheim sind. So hat in der Kabbala jeder Buchstabe einen bestimmten Zahlenwert, und auch in vielen mystischen Orden des Abendlandes ist das griechische Alphabet auf verschiedene Weise gedeutet worden. Betrachten wir z.B. unsere Vokale A E I O U. Wie weiter unten (S. 139) noch ausführlicher erläutert wird, öffnet jeder Vokal einen bestimmten Raum des menschlichen Körpers, wenn er beim Einatmen vorgestellt und innerlich gesprochen wird. Dieses Öffnen durch die Vokale ist ganz konkret so zu verstehen, daß der Atem tiefer oder höher in die angesprochenen Räume eindringt. Das U erfüllt unseren unteren Körperraum, das I unseren ober-

sten Körperraum usw. Der Atem führt aber auch das feinstoffli-
che *Prana* mit sich, den geistigen Atem, den die griechischen
Eingeweihten *Pneuma*, Hauch Gottes, nannten. Die Gesamtheit eines von Pneuma erfüllten Raumes könnte somit als göttliche Verwirklichung verstanden werden.

Daher ist es gar nicht so abwegig, wenn in griechisch-ägypti-
schen Papyrusrollen von dem Beherrscher der Götter, dem Kö-
nig Adonai, als »Herr I-A-O-U-E-Ä« gesprochen wird oder
vom »Weltenauge I-A-O-U-E-Y«. Und wenn wir den jüdi-
schen Namen Gottes *Jehova* auf seine Zusammensetzung unter-
suchen, so bildet er sich ebenfalls aus den Vokalen »I E O U A«.
Während die hebräische Schrift diese »geheimsten« Buchstaben
nur als Punkte signalisiert, sind sie ja in unserer eigenen christlichen Mythologie oft in verschlüsselten Bildern als Weisheitsträ-
ger zu finden. Christus sprach: »Ich bin das Alpha und
Omega.« Das bedeutet: der Anfang und das Ende und zugleich
das ganze Alphabet – also der Herr des Himmels und der Erde.

Über mantrische Übungen schreibt Karl Weinfurter: »Die
Buchstaben sind als Sprachelemente die einfachsten Vorstellungen, sind die Grundlagen sowohl des Sprechens als auch des
Denkens, und wenn wir unseren ganzen Körper vermittelst der
Gedanken und der Vorstellung zuerst mit den Selbstlauten und
dann mit den Mitlauten durchdringen, so lehren wir den ganzen
Körper bis in jede Faser und Zelle durch den Geist sprechen.
Hier komme ich zum wichtigsten Geheimnis dieser Übungen,
daß nämlich *in den Füßen begonnen* werden muß. Der Mensch
ist mit den höheren Welten nicht durch den Kopf verbunden,
sondern mittels der Füße. Wir wissen sicherlich, daß der eines
natürlichen Todes sterbende Mensch zuerst das Gefühl in den
Füßen und die Herrschaft über sie verliert. Dasselbe geschieht,
wenn der Astralkörper den physischen Körper verläßt, denn
auch dann fühlt jeder, daß zuerst die Füße erstarren.«[16]

An diesen Äußerungen sieht man sehr wohl, daß auch im
Westen ein praktisches mantrisches Üben bekannt ist, zumal in
den Kreisen mystischer Eingeweihter. So hat sich auch eines der
ältesten Mantras ägyptischer Abstammung erhalten, das nur die
Vokale unserer Sprache verwendet.:

---

[16] Weinfurter: *Der Brennende Dornbusch*, Lorch/Württemb. 1962, S. 108 f.

A
E E
Ä Ä
I I I I
O O O O O
U U U U U U U

Den Schlüssel zu einer solchen Überlieferung hätte jedoch nur
ein wirklich Eingeweihter, der die bis ins letzte exakte Aussspra-
che von einem Meister erhalten hat, und dieser einer Schule
angehört, die aus ältesten Zeiten stammt. Es gibt diese Schulen
im Osten *und* im Westen. Nur sind sie im Westen wegen der
allgemeinen materialistischen Einstellung *noch* geheimer als im
Osten.

Auch die christliche Tradition hat eine große Mantrapraxis,
die leider immer mehr, als »Herunterleiern« mißverstanden, aus
der lebendigen Religionsausübung verschwindet. Man denke
nur an die katholischen Marienandachten mit ihren langen Für-
bitten, an das Rosenkranzbeten, das stärkste Versenkungszu-
stände ermöglicht, oder die Litaneien mit dem immer wiederkehrenden Satz: »Wir bitten Dich, erhöre uns.« Die psychologische Wirkung hängt auch beim klösterlichen Gesang nicht nur
von der überindividuellen, kontemplativen Kraft der alten Kirchentonarten ab, sondern von der Tatsache, daß kein fester
Rhythmus existiert und der Gesang dafür dem natürlichen
Rhythmus des gesprochenen lateinischen Wortes folgt.

Die unpersönliche Art dieser Gesänge, die keine individuellen
Gefühle und keinen persönlichen Kompositionsstil kennen, ist
besonders geeignet für das heilige Offizium und die heilige
Messe, in welcher die Worte Gottes und nicht die der Menschen
verkündet werden. Viele Gregorianische Choräle enden mit einer mehrminütigen gesungenen Ausschmückung des *Amen.*
Und es gibt auch Gesänge des Mittelalters, insbesondere der
heiligen Hildegard von Bingen (1098–1179), die an den Schluß
einer Antiphon eine Art christliches Mantra aus den reinen Vokalen stellen, etwa die Hauptvokale als Abkürzungen eines lateinischen »Mantras« (saecula saeculorum Amen). Es besteht
kein Zweifel, daß diese Konstellationen der vokalischen Keimsilben einer vorchristlichen gnostischen Schule entstammen
(s. Notenbeispiel 4). Da die Einwirkung bestimmter Lautfolgen
der Sprache ein bedeutendes Formulierungsmittel der Seele ist,
können die Relikte dieses uralten Wissens in allen religiösen

Liturgien und Gesängen nachgewiesen werden. Es sind Geheimnisse, die in der westlichen Welt zusehends vergessen wurden und lediglich als Regeln und Riten weitergegeben wurden, ohne den tieferen Inhalt zu erfassen.

Im Orient ist die Tradition des inneren Sprechens und gleichzeitigen Rezitierens der Mantras noch lebendig, aber verschüttet und oft in kommerziellen Verzerrungen zum Aberglauben degradiert. Und dort, wo nur noch mit dem Kult als äußerlichem Ritus Geschäft gemacht wird, ist die Kraft eines Mantras vollends verloren. Im Gegenteil, wer nur durch den physisch hörbaren Laut zu höheren inneren Einsichten gelangen will, wird, ohne es zu ahnen, wie Bô Yin Râ mahnte, »nur zum wirksamsten Mithelfer aller dem Menschen ›feindlichen‹, (oder quasi vergiftend auf ihn einwirkenden) Kräfte der unsichtbaren physischen Welt, und die erträumten Erkenntnisse, so erhaben sie auch erscheinen mögen, sind nichts als selbsterzeugte, der Wirklichkeit ferne Phantasmagorien«.[17]

Bô Yin Râ rät dem Abendländer auch, bei mantrischen Übungen *immer* nur nach innen zu sprechen und es völlig zu vermeiden, auch nur leise zu murmeln oder die Lippen zu bewegen. Wo die Wirkung des nach innen gesprochenen Wortes zur Formung und zum Selbsterleben der Seele angewendet wird, solle niemals irgendeine Anspannung, niemals auch nur der geringste Selbstzwang erfolgen. Auch Lama Govinda macht in den folgenden Ausführungen über das OM deutlich, daß ein Mantra mehr als eine modische käufliche Ware, aber auch mehr als eine »machbare« Technik ist: »Der Laut der Silbe OM öffnet das innerste Wesen des Menschen für die Schwingungen einer höheren Wirklichkeit. OM ist ein Mittel, die Mauern unseres Ego niederzureißen. OM ist der tiefe Urton zeitloser Wirklichkeit, der aus anfangloser Vergangenheit in uns schwingt und uns entgegentönt, wenn wir durch vollkommene Stillung des Geistes unseren inneren Gehörsinn entfalten. Der transzendente Laut ist wie ein Öffnen der Arme, um alles zu umfangen, was da lebt, wenn er im Herzen eines wahrhaft Strebenden in gläubigem Vertrauen gesprochen wird. Es ist nicht ein Ausdruck der Selbstvergrößerung oder der Selbstausdehnung, sondern der Aufnahmebereitschaft und der Hingabe – ... Geben und Nehmen zu gleicher Zeit: ein Nehmen, das frei ist von Gier, und ein Geben, das nicht versucht, sich anderen aufzuzwingen.«[18] Da

---

[17] Bô Yin Râ: *Mantrapraxis*, Zürich 1967, S. 37 f.

[18] Govinda: *Grundlagen Tibetischer Mystik*, Seite 45 f.

der nördliche Buddhismus eine der lebendigsten Traditionen des mantrischen Weges besitzt, soll hier kurz der Zusammenhang mit anderen geistigen Hilfsmitteln erwähnt werden, durch welche der Mahayana-Buddhist seiner Schauung Wirklichkeitswert verleiht. Seine Mittel sind neben den Mantras die *Mudras* und die als *Yantra* bezeichneten geometrischen *Mandalas*. Letztere, sichtbarer Ausgangspunkt einer Meditation, sind kreisförmige kosmologische Malereien, die als archetypische Urbilder im Inneren visualisiert werden. Die körperlichen Gesten, Mudras, begleiten die rituelle Handlung und die innere Haltung, indem Arme, Körperhaltung und Fingerstellung ganz bestimmte innere Ströme verbinden und als Symbole der inneren Betrachtung äußere Zeichen sind. Die heiligen Laute, Mantras, die dem Schüler vom Guru übermittelt wurden, bringen nun sein Inneres zum Schwingen und ermöglichen das innere Erleben. Durch ein *tantrisches* Zusammenwirken aller drei, Geist, Körper und Rede, wie der Buddhist es nennt, kann der Adept Stück für Stück seine geistige Schauung aufbauen. Tantra heißt soviel wie Weben oder Faden und auch Verwobensein.

Die alten hinduistischen tantrischen Riten haben als konkrete körperliche Vereinigungskulte nichts zu tun mit der buddhistischen Auffassung der Vereinigung von männlich und weiblich im Sinne einer Auflösung des dualistischen Prinzips, im Sinne einer Selbstverwirklichung, in der es »keinen Verstand ohne Gefühl, kein Wissen ohne Liebe, keine Erkenntnis ohne Mitleid gibt, sondern die Synthese von Herz und Hirn, Gefühl und Verstand, höchster Liebe und tiefster Erkenntnis« (Govinda). Erleuchtung findet deshalb im universellsten, aber auch menschlichsten Vorgang ihr Symbol: in der Vereinigung der Liebenden.

Die Tiefe des berühmtesten Mantras im tibetischen Buddhismus *om mani padme hum hrih* (sprich: Om Mani Peme Hung Hchri) soll abschließend in Lama Govindas Worten wiedergegeben werden:

»OM ist der Aufstieg zur Allheit, HUM der Herabstieg der Allheit in die Tiefe des Herzens. HUM ist der mittlere Weg, der sich weder im Endlichen noch im Unendlichen verliert, sich keinem Extrem verhaftet ... Im OM öffnen wir uns, im HUM geben wir uns hin. OM ist das Tor der Erkenntnis, HUM das Tor der Verwirklichung im Leben ...Die Silbe HUM besteht aus einem Hauchlaut, einem langen Vokal und dem nachtönenden Verschlußlaut, der sich im Sanskrit einem nasalen ›ng‹ annähert. Der Hauchlaut ist der Laut des Atems, des Inbegriffs alles Lebenden, der Laut des Prana, des lebendigen Odems: die fließende, ein- und ausströmende, mit allem verbundene Lebenskraft (Atman). Der Vollvokal U ist der Laut der Tiefe, der ins Unhörbare übergeht. U ist die untere Grenze in der Skala menschlicher Stimmlaute, die Schwelle des Schweigens oder, wie es im Tibetischen heißt, ›das Tor zum Unhörbaren‹.

| | |
|---|---|
| OM | Mysterium des universellen Körpers – das Allheitserlebnis |
| MANI | die Leuchtkraft des unsterblichen Geistes, Erwecker des seelischen Bewußtseins, der Schauung und Inspiration |
| PADME | Mysterium des alles verwandelnden Geistes, Entfaltung im Lotos der Bewußtseinszentren |
| HUM | Synthese, Integrierung, Verwirklichung |
| HRIH | ist die innere Stimme, das bessere Wissen des Intuitiven, des Spontanen, es besitzt die Wärme der Sonne – es ist selbst ein mantrisches Sonnensymbol, ein lichter, aufwärtsstrebender Laut, zusammengesetzt aus dem pranischen Hauchlaut H, dem feurigen R (wie RAM, die Keimsilbe des Feuers) und dem hohen I-Laut, der Aufwärtsbewegung und Intensität ausdrückt. |

Alle diese Licht- und Feuerassoziationen stimmen in der Sphäre des Universellen mit *Amitabha* überein, dem Buddha unendlichen Lichts, dem das Element Feuer, die rote Farbe und die Richtung der untergehenden Sonne zugeordnet sind, während die ideellen und emotionellen Assoziationen in der Sphäre des Menschlichen auf *Avalokitesvara* hinweisen.«[19]

Dieser *Amitabha Buddha* wird in Japan als *Amida* verehrt, und derjenige Gläubige oder Wissende, der sein Leben lang das Mantra *namu amida butsu* auf den Lippen und im Herzen hatte und in Einheit mit ihm stirbt, wird im *Shukavati* Himmel, dem westlichen Paradies, wiedergeboren werden.[20]

---

[19] Govinda: *Grundlagen Tibetischer Mystik*, S. 148 ff., S. 276 ff.
[20] Vgl. D. T. Suzuki: *Amida – der Buddha der Liebe*, München 1974.

# 4. Der menschliche Organismus und seine akustischen Gesetze

In der Beschreibung, wie es am Monochord zur Bildung der Obertonreihe, zu den elementaren Intervallen (Oktave, Quinte und Quarte) kommt, ist klar geworden, daß unser Ohr exakt wahrnimmt, wann einfachste Zahlenverhältnisse eine Saite richtig unterteilen. Die Proportionen sind durch den Gehörsinn psychisch in uns verwurzelt und damit eine Naturgegebenheit. Unser Ohr ist sogar so veranlagt, daß es sich die unsauberen Intervalle »zurechthört«. Wie oft saß ich an verstimmten Flügeln oder Klavieren, zuckte beim Griff in die Oktave erst zusammen, so falsch klang es, spielte aber dennoch eine Zeitlang mit den einfachsten pentatonischen Konstellationen, und genau in dem Augenblick, wenn der musikalische Zusammenhang zu begeistern begann, ordnete das Ohr die Abweichungen in richtiger Weise. Und selbst der Hörer, der sich in die eigentlich verstimmten Klänge innerlich einhörte, erlebte dieses seltsame Phänomen, daß plötzlich alle Intervalle stimmten. Erst wenn das Spiel zum Schluß kam, der Musiker sozusagen wieder ausstieg, waren die verstimmten Klänge wieder deutlich und unangenehm hörbar.

Selbst ein sauber gestimmtes Klavier ist ja nicht rein gestimmt, sondern gleichschwebend temperiert, d.h. die Oktave wird nach der Methode des Andreas Werkmeister (17. Jahrhundert) in 12 gleiche Halbtonschritte unterteilt, damit die damals aufkommende mehrstimmige Musik mit ihren Akkorden und Modulationen auf dem Tasteninstrument spielbar wurde.

Die Verfechter der temperierten Stimmung argumentieren mit der *Toleranz* des Ohres, das kleinere Intervallschritte innerhalb einer gewissen Stimmungsbreite noch tonwertlich als »stimmend« empfinde und eine Folge von Vierteltönen nicht mehr als Intervalle unterscheiden und bestimmen könne.[21] Dem ließe sich entgegnen, daß ein Musiker, der einstimmige Musik oder modalharmonische Musik spielt, die sich ebenfalls auf *einen* Grundton bezieht, *sofort* die Temperierung des Klaviers als Unsauberkeit wahrnimmt. Der indische Sänger Pandit Patekar war nicht in der Lage, seinen dem phrygischen Modus entsprechenden Raga Bhairavi zu singen, wenn er auf einem frisch gestimmten Flügel lediglich von Quinte und Quarte begleitet wurde. »They are not in tune!« (Es ist verstimmt), sagte er immer. Für chromatische oder dodekaphonische Musik ist die

[21] Vgl. M. u. W. Keyserling: *Das Rosenkreuz*, Wien 1956.

Temperierung allerdings notwendig, obwohl sie die Konsonanz beeinträchtigt. Wir wissen heute durch die Forschungen Husmanns und Haases, daß die Unterscheidung von Konsonanzen und Dissonanzen wie auch die Beurteilung der Reinheit von Intervallen auf der Interferenz von Ober- und Kombinationstönen im Ohr beruht (R. Haase: *Über das disponierte Gehör*, Wien 1977). Durch die Verstimmung der Intervalle bei der Temperierung gibt es daher faktisch keine reinen Verhältnisse mehr (mit Ausnahme der Oktave). Doch da hilft uns eine weitere Disposition des Gehörs, die jedoch im psychischen Bereich liegt und die man als »Zurechthören« bezeichnet. Die dort registrierten Intervallempfindungen haben nämlich gewisse Bandbreiten, so daß auch Abweichungen von der exakten Stimmung noch die gleiche Empfindung auslösen. Man weiß das seit der Barockzeit (Leonhard Euler), doch ahnte man bereits in der Antike etwas von der Verwurzelung der Intervalle in der Seele des Menschen und gründete auch später noch verschiedene Theorien auf dieser Vermutung. Oktave, Quinte und Quarte galten bei den Byzantinern als »geistige Klänge«, *Pneumata*, während die Intervalle der 3. und 4. Oktave der Obertonreihe, also die Terzen und Sekunden, *Somata* hießen, körperliche Klänge. Hieraus resultiert auch die Theorie, daß »geistige« Musik eben nur Quinten und Quarten haben könne, »weltliche« Musik hingegen auch Terzen und Sekunden besitzen dürfe. Und im Mittelalter besteht ja hierin auch der Hauptunterschied zwischen Kirchen- und Volksmusik. Auch Kepler vertrat die Auffassung, daß die von ihm in den Planetenbahnen entdeckten und in der Musik vorhandenen Intervalle in der menschlichen Seele angeboren sein müßten, eine Auffassung, an die C. G. Jungs Archetypen des kollektiven Unbewußten erinnern. Kepler meint, die Seele reagiere auf harmonikale äußere Manifestationen spontan, kraft der ihr eingeborenen urbildlichen Verhältnisse.

Was früher esoterisch verborgen oder nur intuitiv erahnt wurde, daß nämlich Entsprechungen zwischen Naturgesetzen, Tonverhältnissen und menschlicher Veranlagung bestehen, ist heute wissenschaftlich beweisbar. Dazu liefert auch Thomas Michael Schmidt einen Beitrag und zeigt in seinem Buch *Musik und Kosmos als Schöpfungswunder* (im Selbstverlag erschienen) unter anderem die Proportionsentsprechung im Menschen selbst. Unser Körper ist durch verschiedene markante Punkte wie Beinansatz, Bauchnabel, Brustwarzen, Armansatz usw. in der Vertikalen unterteilt. Bei den Gliedmaßen ist ebenfalls eine Unterteilung gegeben, und zwar durch die Lage der Gelenke. Wenn man nun die Teillängen des Körpers oder einzelner Gliedmaßen zueinander oder zur Gesamthöhe des Körpers in Beziehung setzt, so ergeben sich nach den Forschungen T. M. Schmidts genau die Verhältnisse, die wir in der Arbeit am Monochord kennengelernt haben.

Bei einer Person mit der Körperlänge von 172 cm zum Beispiel liegt der Bauchnabel in einer Höhe von 103 cm. Beide Maße stehen ziemlich genau im Verhältnis 5:3. Die Körpergröße verhält sich zur Höhe der Brustwarzen wie 4:3, also in der Proportion der Quarte. Die Quinte ergibt sich in etwa aus der Lage des Bauchnabels, denn die Höhe des Nabels verhält sich zur Entfernung vom Nabel bis zum Scheitel wie 3:2. Ein anderes Quartverhältnis ergibt sich aus der Höhe des Armansatzes, der sich zur Nabelhöhe wie 4:3 verhält. Die Innenseite des Unterarms einschließlich der Handfläche ergibt mit dem Unterarm ohne Hand ebenfalls das Quintverhältnis 3:2.

»Darüber hinaus haben die genannten Verhältnisse des menschlichen Körpers Entsprechungen in den mathematischen Beziehungen der Planetenumläufe. Teilen etwa die Brustwarzen den Körper im Verhältnis 4:3, so entspricht dieses nicht nur der musikalischen Quarte, sondern auch dem Verhältnis von synodischem Marsumlauf zu synodischem Venusumlauf. Für jede Proportion des menschlichen Körpers, die einem musikalischen Ausdruck entspricht, läßt sich ein entsprechendes Verhältnis zwischen zwei oder drei Planetenumläufen angeben.

Die beiden scheinbar so weit auseinanderliegenden Welten der Töne und Planetenbewegungen finden also im menschlichen Körper einen unmittelbaren, sichtbaren Ausdruck. Verbindungsglieder zwischen Mensch und Kosmos sind dabei die musikalischen Verhältnisse, die daher im wahrsten Sinn des Wortes ein universales Ordnungsprinzip darstellen.«[22]

Andere Proportionen des menschlichen Körpers betreffen nun seine inneren Organe, die physiologischen Drüsen und deren »dahinterstehende« Chakras. Hier ergeben sich die geheimnisvollsten Entsprechungen, die bereits den mongolischen Schamanen und den tibetischen Lamas mit ihren fremdartigen Gesängen zumindest als Wirkungsweise bekannt gewesen sein dürften.

[22] Th. M. Schmidt: *Musik und Kosmos als Schöpfungswunder*, Frankfurt 1974 (Selbstverlag), S. 230 ff.

Obwohl sich keine harmonikalen Beziehungen zwischen Farben und Tönen oder Intervallen herstellen lassen (alle uns bekannten Versuche beruhen auf Irrtümern), gibt es dennoch in alten Überlieferungen solche Zuordnungen, von denen wir einige anführen wollen. Schon in der Alchemie gehörte zu jedem Planeten eine bestimmte Farbe, in der altindischen Musik hat jeder Intervall der Tonreihe eine bestimmte farbliche Zuordnung, und die Ragas »färben« ja auch den Geist, wie wir hörten. Nach kabbalistischen Anschauungen ist die Leiter Jakobs im Alten Testament ein Symbol des siebenfarbigen Regenbogens oder eine »prismatische Stiege«, deren 7 Stufen wiederum mit den 7 Tönen identisch sind. Heute wird Harmonik frei von Esoterik und Spekulationen als rationale, wennschon neuartige Wissenschaft unter der Bezeichnung *Harmonikale Grundlagenforschung* von Rudolf Haase gelehrt, der an der Wiener Hochschule für Musik und darstellende Kunst eine Professur hat und ein Institut leitet, das er zu Ehren seines Lehrers *Hans-Kayser-Institut für harmonikale Grundlagenforschung* genannt hat. Der Stoff dieses Faches ist so umfangreich, daß 8 Semester Vorlesungen angeboten werden können.

*Analogien zwischen Mensch und Tonwelt*

Die Entsprechungen in den wichtigsten Proportionen zwischen Mensch und Tonwelt betreffen vor allem die Anordnung der innersekretorischen Drüsen im Körper und ihrer dahinterliegenden Chakras. Diese Analogie kann im Zusammenhang mit der Verbindung zwischen den Vokalen und der Naturtonreihe gesehen werden. Wenn wir langsam lernen, die Obertöne eines Grundtons zu singen, bzw. wenn wir diesem Prozeß lauschen, so können wir genau hören, wie der Sprung von Ton zu Ton, das Auf- und Absteigen der Obertöne von dem gesungenen Vokal bzw. von der Mundstellung, die einen solchen Vokal formt oder erzeugt, abhängig ist. Hierbei geht es auch um die allmähliche Überführung eines Vokales in den anderen, also zum Beispiel von A über O nach U. Wenn wir den Mundraum allmählich von A nach U umstellen und in der Lage sind, durch einen gutturalen Druck und mentale Konzentration, die zweite Stimme, die »Obertonstimme«, zum Klingen zu bringen, so nehmen wir ganz deutlich wahr, wie das Formantenspektrum vom siebten zum zweiten Oberton heruntersteigt. Und wenn wir beginnen, noch höhere Obertöne zu bilden, so gelingt uns dies nur, wenn wir auch die Mundstellung zu einem anderen »höheren« Vokal hin formen.

Aus meinen eigenen Versuchen, aus den mongolischen Schallplatten, der Begegnung mit den tibetischen Lamas sowie aus den Erfahrungen der spirituellen Gesangsgruppe *prima materia* ergibt sich, daß die Entwicklung von tieferen zu höheren Obertönen entsprechend der Vokalbildung von U über O, A und E zum I verläuft. Wenn man zum Beispiel einen Ton mittlerer Lage lange aussingt und dabei den Vokal A überdeutlich formt, indem man den Mund bis in den Rachenraum öffnet, so ist man in der Lage, einen bestimmten Oberton – z. B. den siebten – deutlich hörbar hervorzuheben. Verkleinert man den Mundraum nun durch subtilste Mundbewegung zum Vokal O hin, so springt der hervorgehobene Oberton sofort hinunter zum sechsten und fünften. Je weiter man die Mundstellung zum U hin verändert, desto eher erklingen neben dem ausgehaltenen Grundton die Oktave und Quinte, also die ersten Naturtöne. Verändert man nun die Mundstellung zum übertrieben geformten E hin, indem man die Lippen breit dehnt, so erklingen automatisch die höheren Obertöne mit. Mit dieser nasalen Gesangstechnik ist man in der Lage, von einem angenommenen Grundton aus mehr als acht oder neun Obertöne als zweite Stimme hervorzubringen. Es existiert also eine Entsprechung zwischen den Obertönen, den Zahlenverhältnissen 2 : 1, 3 : 1, 4 : 1 usw. und der Vokalabfolge U O A E I.

Eine andere durch Erfahrung beweisbare Entsprechung existiert zwischen den einzelnen Vokalen und den Körperräumen. Durch vorgestelltes inneres Sprechen der Vokale öffnen sich ganz bestimmte innere Räume des Leibes für den Atem, d. h. der Atem dringt in die verschiedensten Körperpartien durch die Hilfe des inneren Vokalformulierens überhaupt erst ein. In den verschiedenen Atemschulen, vor allem der Berliner Schule von Frau Prof. Middendorf, wurden übereinstimmende Erfahrungen gemacht, welcher Körperraum durch welchen Vokal geöffnet werden kann. Auch die Bewegung, die ein Vokal empfinden läßt, wurde untersucht: So bewirkt z. B. das E den Weg in den Außenraum, das O führt die Bewegung in den Innenraum usw. Obwohl in der Arbeit am Atem diese Kenntnisse niemals vorweg angesprochen werden, um dem Schüler oder Patienten die eigene absichtslose Selbsterfahrung zu ermöglichen, sei hier die differenzierte Entsprechung der Vokale und der Atemräume nur schematisch dargestellt.

| | |
|---|---|
| Kopfraum | I |
| Hals und obere Brust (aber auch Flanken) | E |
| Brustraum (aber auch der gesamte Körper) | A |
| Bauch (bis zum Nabel) | O |
| Becken und Unterleib | U |

Der Schritt zu einer noch weiterreichenden Analogie von Proportionen der Obertöne, den Vokalen und den verschiedenen Körperräumen wird jetzt durch die Kenntnis der inneren Zentren getan: Das Chakra *Muladhara* hat seinen Sitz bei den Geschlechtsdrüsen und entspricht esoterisch dem Element der Erde. Das zweite Zentrum, *Svadisthana*, hat seinen Sitz bei den Nebennierendrüsen, die den Wasser-Mineralhaushalt regeln und dem Element Wasser entsprechen. Der *Manipura*-Lotos hat seinen Sitz im Sonnengeflecht, dem Solarplexus, nahe der Bauchspeicheldrüse, die die Verbrennung und Verdauung regelt und esoterisch dem Element Feuer entspricht. Das Zentrum der Brust, auf der Höhe des Herzens, ist das *Anahata*-Chakra, an der Stelle der Thymusdrüse und mit dem Element Luft assoziiert. Der Lotos der Halsregion in der Gegend der Schilddrüse heißt *Vishuddha* und ist dem Element Äther zugeordnet. Das Stirnchakra zwischen den Augenbrauen, das »dritte Auge«, ist das *Ajna*-Chakra, das mit der Zirbeldrüse in Verbindung steht. Der tausendblättrige Lotos schließlich, das *Sahasrara*-Chakra im Hinterkopf, korrespondiert mit der Hypophyse am Boden des Zwischenhirns. Da die Vokale, die bestimmten Räumen des Körpers zugeordnet sind, in der Entsprechung mit der Obertonreihe stehen, liegt es nahe, daß auch die Körperproportionen der damit verbundenen inneren Zentren den Zahlenverhältnissen der Naturtonreihe analog sind. Die Beziehung der Grundvokale zu den Atemräumen und den damit verbundenen geistigen Zentren betrifft auch die Tatsache, daß die Chakras durch vokalische Keimsilben »erweckt« werden und daß die Abstände der Obertöne, die den inneren Körperräumen entsprechen, immer kleiner werden, bis im Raum einer Sekunde unzählige Mikrointervalle existieren sowie die unzähligen Blütenblätter im obersten Lotos des *Sahasrara*-Zentrums.

Von hier aus ließe sich auch das Geheimnis der abgrundtief singenden tibetischen Lamas verstehen und ihre mantrischen Formeln, denen ein bestimmter Oberton beigeordnet ist, sowie ein bestimmtes inneres Zentrum mit der damit verbundenen Gottheit und ein *Mudra,* eine Handstellung, welche innere Kontaktströme zwischen den Zentren zu schließen vermag. Die Hervorbringung der Obertöne durch die von den einzelnen Vokalen ausgehenden Mundstellungen und die Konzentration auf die dem Vokal analogen Körperräume ermöglichen als fühlbares, auch dem westlichen Adepten erlernbares Resultat die innere Erweckung der geistigen Zentren.

Sichtbares Zeichen dieser menschlichen Urkraft sind die einfachsten Zahlenverhältnisse $^1\!/_2$, $^1\!/_3$, $^1\!/_4$, $^1\!/_5$ usw. oder, anders herum, 2:1, 3:2, 4:3, 5:4 usw., die in der Obertonreihe ihr hörbares Äquivalent finden. Wir können dem eigenen Grundton lauschen, der alle Töne in sich hat, auch die »Dissonanzen«. Wenn die archaisch urtümliche Musik des Bauches nur die Oktave verwendet hat, aber unbewußt in ihr alle Töne vernahm, wenn die mythische Musik die Quarte und Quinte als Intervalle der Polarität für modale Einstimmigkeit in den Vordergrund stellte und wenn der beginnende Dualismus des mentalen Bewußtseins den beiden Terzen, die dem Gefühlszentrum eignen, die Unterscheidung von Moll und Dur einräumte, so wurde als weitere Entdeckung des Bewußtseins im Aufstieg zum folgenden Zentrum die Emanzipation der Dissonanz, der Ganz- und Halbtöne möglich, die eine 12-Ton-Musik schaffen konnten.

Der nächste Schritt wäre nun eine musikalische Integration der tief unten vergessen ruhenden Grundtöne, der »geistigen« Intervalle (Quinte, Quarte), der modalen Skalen, der Moll-Dur-Dualität und der 12-Ton-Idee. Träger dieser Integration ist die *Klangfarbe,* die eine tiefe seelische Verwurzelung mit den Urgegebenheiten der Musik offenbart. Lauschen wir der Klangfarbe unseres eigenen Grundtones, der alle Töne in sich trägt, auch die »Dissonanzen« der Kopfbereiche des Mentalen, die dann allerdings harmonisch mitschwingen.

5. Die Klangfarbe als Träger des Seelischen

Eine armenische Volksfabel stellt das Lauschen auf den Eigenton in humorvoller Weise dar: »Ein Mann besaß ein Cello mit einer Saite, über die er den Bogen stundenlang führte, den Finger immer auf der gleichen Stelle haltend. Seine Frau ertrug dieses Geräusch sieben Monate lang in der geduldigen Erwartung, daß der Mann entweder vor Langeweile sterben oder das Instrument zerstören würde. Da sich jedoch weder das eine noch das andere ereignete, sagte sie eines Abends, wie man glauben darf, in sehr sanftem Tone: ›Ich habe bemerkt, daß dieses wundervolle Instrument, wenn es andere spielen, vier Saiten hat, über welche der Bogen geführt wird, und daß die Spieler ihre Finger ständig hin und her bewegen.‹

Der Mann hörte einen Augenblick lang auf zu spielen, warf einen weisen Blick auf seine Frau, schüttelte das Haupt und sprach: ›Du bist ein Weib, dein Haar ist lang, dein Verstand ist kurz. Natürlich bewegen die anderen ihre Finger hin und her. Sie suchen die richtige Stelle. Ich habe sie gefunden.‹«[23]

Wer einmal in einem Ton das spezielle Klangfarbenspektrum wahrgenommen hat, oder gar einzelne Obertöne aus einem Ton herausgehört hat, wird immer wieder versuchen, dieses Naturphänomen beim Musikhören zu entdecken. Und da wird ihm sehr schnell klar, daß es manche Musik geradezu darauf anlegt, die Klangfarben hörbar werden zu lassen, während eine andere diesen Hörvorgang nicht ermöglicht. So ist alle mythische, einstimmige Musik Indiens, alle heterophone Musik Indonesiens, alle modale Musik Arabiens und des Mittelalters, aber auch die getrommelte rhythmische Musik Afrikas insofern Klangfarbenmusik, als sie das Hören der Obertonreihe ermöglicht. Und das Erlebnis des Klangfarbenhörens hatte immer schon und hat auch heute etwa in den Werken Bartóks die Aufgabe, inneres »seelisches« Mitschwingen hervorzurufen. Auch heute noch heißt es z.B. in Indien, das richtige innere Zuhören sei die Bedingung für die Inspiration des Spielers. Die Klangfarbe als solche bezeichnet aber nicht nur ein Reagieren des Hörers, sondern ist selbst ein wichtiges Stil- und Form-Element auch der abendländischen Musik. Die Klangfarbe hat eine Geschichte, die noch nicht geschrieben wurde. Seit einigen Jahren beschäftigt sich der Musik- und Kunsthistoriker Gerhard Nestler mit der Geschichte der Klangfarbe. Ihm verdanken wir den folgenden kurzgefaßten Überblick.

»Die Klangfarben-Epochen einer jahrtausendalten, einstimmigen Musik, der mehrstimmigen Musik und der Wiederentdek-

[23] Zitiert in Stege: *Musik, Magie, Mystik.*

kung der Klangfarbe in unserem Jahrhundert heben sich deutlich voneinander ab. Die eine ist ohne die vorausgehende andere nicht denkbar, und ihre Abfolge ist nicht umkehrbar.

Aber auch innerhalb der Großepochen selbst lassen sich durch den Anteil der Kulturen und Nationen Untergliederungen ablesen. So etwa, wenn die griechische Musik die Einheit von Ton, Tanz und Sprache aufgibt zugunsten einer rein virtuosen Musik; oder wenn die einstimmige Musik der frühen Christenheit durch die Klangfarben-Gliederung formbildend wird wie im Falle der Sequenz, der Lauda und Cantiga. Oder wenn in der frühen mehrstimmigen Musik gegenüber der Klangklarheit der Intervalle in Organum und Conductus durch verschiedene Texte, ja verschiedene Sprachen (motetus) Klangfarben-Schichten entstehen, um parallel zur gleichzeitigen irischen Dichtung (Hesperica Famina) und der ›Ästhetik des Verworrenen und Labyrinthischen‹ der irischen Miniaturisten reinen phonetischen Klang-Effekten Raum zu geben.

Noch bedeutender ist naturgemäß der Klangfarben-Wandel am Schnittpunkt der Hauptepochen. Wenn in der frühen Mehrstimmigkeit aus Klangfarben-Anreicherung ein neuer Raumklang im neuen architektonischen Klangraum entsteht, ist ein Klangfarben-Wunder geschehen.

In gleicher Weise ist nach einem romantischen Vorspiel die Wiederentdeckung der Klangfarbe in unserem Jahrhundert zu werten. Der Einbezug des Geräusches macht die Klangfarbe zum ersten Mal universal. Gleichzeitig öffnet sich der Klangraum des Seelischen in bisher ungeahntem Maße. Einstimmige Musik auf nicht festgelegter Tonhöhe mit ihrer breiten Skala von Zwischentönen hat eine breitere Ausdrucksbasis als mehrstimmige, tonhöhen- und intervallmäßig geordnete Musik.«[24]

Der Komponist und Pianist Ferruccio Busoni (1866–1924) ahnte bereits im Jahre 1906 in seinem *Entwurf einer neuen Ästhetik der Tonkunst* etwas von der neuen Klangfarbenmusik. Arnold Schönberg sehnte sich nach Klangfarbenmelodien; Maurice Ravel und Claude Debussy schrieben eine Musik, die ausschließlich die Klangfarbe hörbar macht, anstatt melodischer oder harmonischer Vorgänge. Die neue Musik in *Clustertechnik* orientiert sich in erster Linie an der Klangfarbe einer Instrumentation, und die Möglichkeit der elektronischen Klangherstellung bedeutet ohnehin eine Wiedergeburt der Klangfarbe.

[24] Von G. Nestler freundlich zur Verfügung gestellte Einführung.

Die Tatsache, daß sich avantgardistische und experimentelle Vertreter zeitgenössischer Musik mit der Kultur außereuropäischer Traditionen auseinandersetzen, geht darauf zurück, daß in diesen Musikkulturen die Klangfarbe im Vordergrund steht.

Die Versuche der Verbindung europäischer und asiatischer Musik, mit der Absicht *musikalischer Meditation,* die amerikanische *periodic* und *minimal music* eines Terry Riley oder Steve Reich sowie meine eigenen Kompositionen, die einen integralen Hörzustand anstreben, sind allesamt nur möglich durch die Wiederentdeckung der Klangfarbe als Träger des Seelischen. Die Klangfarbe nämlich ermöglicht spezifische *Wirkungen* auf den Hörer. Wenn sie richtig eingesetzt ist, können Töne heilen, Angst nehmen und entspannen, indem die inneren Klangfarbenräume, also die Proportionen des »oberen Klingens« einer Naturtonreihe, sich mit den analogen Räumen des Körpers und des inneren Menschen verbinden.

Durch die Klangfarbe gelangt eine in der Gegenwart entstehende Musik wieder zu Fähigkeiten, die den außereuropäischen Kulturen immer schon vertraut waren: durch andauernde Gesänge, periodische Rhythmen und melodische Urformen eine Begegnung mit dem kollektiven Unbewußten auszulösen und spirituell zu wirken. Die suggestiven Kräfte der musikalischen Schwingungen sind immer der Klangfarbe zuzuordnen. Eine neue Klangfarbenmusik sollte aber nicht in die magischen und mythischen Bewußtseinszustände zurückfallen. Diese sollten vielmehr wachbewußt wahrgenommen, in ihrer psychosomatischen Wirkungsweise kennengelernt werden und durch Vereinigung mit dem eigenen mentalen Bewußtsein eine musikalische Integration herbeiführen.

»Diese neue Musik erfordert ein ›reines Hören‹, d.h. ein Hören, welches von allen bisher gewohnten verstandes- und gefühlsmäßigen Zutaten frei ist. In diesem reinen Hören des Tones und seiner Dimensionen an sich liegt das starke Erregungsmoment dieser Musik. Klangfarbenmusik ist die musikalischste Musik, weil sie Musik des elementaren Seins des Tones ist.«[25]

Indem wir die schamanistischen, magischen Kräfte der »Eintönigkeit« und des Rhythmus wahrnehmen und die Wirkungsweisen der modalen Skalen und obertonreichen Gesänge in ihrer Analogie zum menschlichen Inneren begreifen, könnten wir eine Musik schaffen, die auf einem tonalen Grundklang aufbaut,

[25] Nestler: *Die Form in der Musik,* Zürich 1954, Schlußwort.

im 12tönigen Denken dennoch die harmonischen Verhältnisse beachtet, die sich wiederum aus vertikalen Reihen ergeben haben.

Die modale Harmonik eines Oliver Messiaen weist in diese Richtung, aber auch die intuitiven Improvisationen eines John Coltrane. Die periodischen Figurationen mit ihrem mythischen Anklang an modale Skalen gehen auf diesem Wege oder die *minimal music*, die ihre Inspiration teilweise dem magischen Afrika verdankt. Seit Ende der sechziger Jahre gibt es vielerorts Bestrebungen, die den inneren Kräften der Musik wieder den Vorrang gegenüber dem intellektuellen Aspekt zugestehen. Es entstand »meditative, intuitive, spirituelle, konzentrische, periodische oder integrale« Musik.

Alle diese Versuche, über die im folgenden die Rede sein wird, sind Bausteine auf dem Weg zur musikalischen Integration. Vorerst befinden sie sich allesamt »zwischen den Welten«, zwischen Orient und Okzident, zwischen mystischer Ahnung und intellektuellem Rationalismus, zwischen magischer Faszination und technischer Konstruktion, zwischen Intuition und Ratio.

## 1. Musikalische Meditation im Westen

Für einen indischen oder arabischen Sufi, einen Hindu-Mystiker oder einen buddhistischen Mönch ist es selbstverständlich, daß die Musik, wenn sie sich an Gott oder an das Göttliche wendet, die größte und tiefste Kraft menschlichen Ausdrucks darstellt.[1]

Auch die Nachfolger der Sufi-Schule des Inayat Khan, sein Sohn Pir Vilayat Khan und sein Enkel Fazhal Khan, legen großen Wert auf eine meditative Selbstverwirklichung durch eigenes Musizieren, vor allem durch das Singen. Die verschiedenen Gruppen haben es sich zur Aufgabe gestellt, alte mystische Instrumente Persiens und Indiens nach Aufzeichnungen und alten Funden neu bauen zu lassen und im Westen zu verbreiten. Allein das Stimmen der verschiedenen Saiteninstrumente kann zur geistigen Übung werden: Es zentriert den Geist des Menschen auf den richtigen Zusammenklang der Obertöne und damit auf die eigene harmonische Stimmung des Inneren.

In vielen Schulen, teils geheimen, teils mißverstandenen, existierte das Wissen von der meditativen Kraft der Musik schon immer, und es gibt genug kabbalistische, gnostische und Rosenkreuzerschulen, die eine ununterbrochene, meist geheime Tradition besitzen. Interessant ist zu beobachten, wann nun meditative Musik in den Vordergrund öffentlichen Musikinteresses trat und durch welche musikalische Gattung. Auf der Suche nach dem Ursprung neuer meditativer Spielweisen begegnet man den Vätern der Jazzmusik der sechziger Jahre.

### Spirituelle Jazzmusik

Es war nämlich der Jazz, der die rhythmischen Begrenzungen aufgebrochen hat bis hin zur totalen Improvisationscollage eines Charlie Mingus oder Ornette Coleman. Und auch die funktionalen Akkordwechsel, also eine primitive Form von Melodiebegleitung, wie sie dem Jazz oft vorgeworfen wird, sind

[1] Vgl. den Text von Hazrat Inayat Khan aus *The Sufi Message* im Anhang.

schon 1958/59 zugunsten einer modalen Spielweise, einer Improvisation über Skalen aufgehoben worden. Es waren in erster Linie Miles Davis und John Coltrane, die eine modale und skalenbezogene Musik kreierten, welche dann in *My Favorite Things* 1960 von John Coltrane weiterentwickelt wurde. Coltrane spielte sein Sopran-Saxophon mit dem orientalischen Klang der *Shenai* oder der *Sukra,* und der Jazzkenner Joachim E. Berendt weist darauf hin, daß diese Spielweise erst dann Weltgeltung fand, als zum musikalischen das weltanschauliche Element hinzutrat, Coltranes wachsende Hinwendung zur asiatischen Religiosität, die schon in den Titeln seiner folgenden Schallplatten deutlich zutage trat: *India, Om, Love Supreme, Meditation, Ascension.* Coltrane machte einen großen Teil der amerikanischen Jazz-Szene meditationsbewußt, viele seiner Mitspieler begannen selbst unter Coltranes Einfluß zu meditieren.

Zu *Love Supreme,* demjenigen von seinen Werken, das seine spirituelle Botschaft einem breiteren Publikum bekannt gemacht hat, schrieb Coltrane: »Gelobt sei der Name des Herrn. Gedankenwellen – Wärmewellen – alle Schwingungen führen zu Gott ... Gott atmet durch uns so vollständig – so zart, wir fühlen es kaum ... Er ist unser Alles ... Danke Dir, Gott.«

Über Don Cherry, den anderen wichtigen Jazzmusiker, der den Geist der Meditation in der musikalischen Szene mit durchgesetzt hat, schreibt Joachim E. Berendt: »Cherry, der am Anfang ganz und gar im Schatten Colemans stand ... hat sich zu einem Poeten des Freien Jazz, einem meditierenden Poeten entwickelt. Er hat die Klänge der Welt von den Gettos Amerikas und den Indianerreservationen des Mittelwestens, aus denen ein Teil seiner Familie stammt, bis nach Bali und China, nach Indien und Afrika in eine eigene, unverwechselbare Musik geschmolzen.«[2] Heute ist Don Cherry Schüler des tibetischen Lamas Kalu Rinpoche, des indischen Vinaspielers Zia Dagar und leitet in Schweden ein Kreativitätszentrum für Kinder. Einer der Sätze aus Cherrys Komposition *Humus* heißt *Siddharta* nach dem gleichnamigen Buch von Hermann Hesse, das in den Vereinigten Staaten in den letzten Jahren eine Millionenauflage erlebte. Cherry erläutert dazu: »Hermann Hesse war der erste, der uns auf all diese Dinge aufmerksam gemacht hat – in seinem *Siddharta* und seinen anderen Büchern. Er war uns allen um

---

[2] J. E. Berendt: *Musik durch Meditation,* in der Zeitschrift *Zeitwende,* März 1975.

vierzig Jahre voraus. Man kann das gar nicht oft genug sagen, wieviel wir alle Hermann Hesse verdanken.«[3]

Joachim E. Berendt versucht die Summe dessen zu ziehen, was Musik für Hesse war:

»Mozart und Jazz und göttliche Sphärenmusik, romantisches Lied und musikalisches Mantra, Musik als Meditationsinhalt und als Medium der Liebe, Mittelalterliches und Klassisches und Indisches ... Auch in der Musik hat Hermann Hesse das Lebensgefühl einer Generation vorausgenommen. Die Musik, die Hesse wirklich meint, existiert in seinem Werk nur als Ahnung. Sie wird umschrieben, aber nicht beschrieben ... Eine neue musikalische Kultur war insofern entstanden, als nun endlich die Kategorien, nach denen eben noch Musik ›abgelegt‹ und damit voneinander geschieden wurde – romantische und indische, Jazz und Blues und Rock, klassische, zeitgenössische und mittelalterliche Musik und die Folklore der Welt – zu einer neuen umfassenden Einheit zusammenfanden. Man wollte nicht mehr bloß Ausschnitte; man sprach von *ganzer* Musik, von totaler Musik, von ›Unity‹, von Einheit.«[4]

Das sind Bezeichnungen, die ganz mit Hermann Hesses intuitiven oder umschreibenden Aussagen über Musik übereinstimmen und auf die »Musik der großen Synthese« hinweisen.

In der Jazzmusik-Szene sonderten sich eine ganze Reihe von Musikern ab, um ihren eigenen spirituellen Weg zu gehen. Schon 1964 veröffentlichte der bekannte Jazz-Klarinettist Tony Scott die Schallplatte *Music for Zen-Meditation,* auf welcher er erstmals mit klassischen japanischen Musikern spielte, welche ihn mit Shakuhachi und Koto begleiteten. Für viele war diese Platte der erste wichtige Einstieg in eine westliche spirituelle Musik. Scott folgt auf seiner äußerst zart und sanft gespielten Klarinette den kargen, aber enorm entspannenden Mustern der japanischen Modi.

Aus der Zeit des »Indien-Trips« der Beatles 1966/67 blieben dann nur wenige Kompositionen meditativen Charakters. Nur einer von ihnen, George Harrison, entwickelte sich in dieser Richtung weiter. Eine andere wichtige Gruppe, *Third Ear Band,* veröffentlichte Ende der sechziger Jahre zwei Platten, die

[3] Covertext der LP *Humus*, Philips.
[4] Textbeilage der LP *Hesse Between Music*, Electrola.

148

indische Ragas und Skalen in ihre Musik integrierte *(Alchimie* und *4 Elements).* Neben dieser englischen Gruppe, die kaum bekannt wurde, aber für einen bestimmten Kreis von jungen Leuten in England, Holland usw. ein geradezu magisches, geheimnisumwobenes Leitbild wurde, sind es vor allem die Musiken des Saxophonisten und Flötisten Paul Horn gewesen, die den Charakter dieser neuen kategoriefreien meditativen Musik verkörperten. Paul Horn nahm *Inside,* seine schönste Platte, im weltberühmten nordindischen Taj Mahal auf. Er hatte dort einen islamischen Sänger gehört, der den Besuchern die einzigartige Akustik der dreißig Meter hohen Kuppel vorführte, und als er dort zu spielen begann, wurde ihm dies gestattet, da er dem Sänger vermitteln konnte, daß auch er für Gott musizierte. Paul Horn erzählt: »Ich traute meinen Ohren nicht. Jeder Ton hing etwa 28 Sekunden lang im Raum. Die Akustik ist so perfekt, daß du nicht mehr erkennen kannst, wann die Stimme aufhört und das Echo beginnt. Ich ließ die Noten einfach in der riesigen Kuppel hängen. Ich konnte ganze Akkorde spielen, sie kamen zu mir zurück wie die Chöre von Engeln.« (Aus dem Begleittext der LP.)

Die beiden erfolgreichsten und bekanntesten Jazz- und Popmusiker, die meditative Musik machen, sind der Gitarrist John McLaughlin und der Leiter der bekannten amerikanischen Gruppe *Santana,* Carlos Santana. Beide haben den gleichen Guru, Sri Chinmoy, den McLaughlin auf Platten seines Mahavishnu-Orchesters zitierte: »In der geistigen Welt vermittelt Musik, nächst der Meditation, am meisten den Atem des Kosmos. Meditation ist Schweigen ... Nach dem Schweigen ist das, was dem Ausdruck des Unausdrücklichen am nächsten kommt, Musik.« Carlos Santana zitiert auf seiner Platte *Caravanserei* Ausschnitte aus den bekannten *Meditationen zur Selbstverwirklichung* von Paramahansa Yogananda: »Der Körper löst sich im Universum auf. Das Universum zerschmilzt in der lautlosen Stimme. Der Laut zerschmilzt im alles erleuchtenden Licht. Und das Licht geht in den Schoß der unendlichen Freude ein.«[5] Über die *Caravanserei,* die »Karawanenreise ins Land des Selbst«, schreibt Berendt: »Solche musikalischen Reisen ins Land des un- und unterbewußten Seins gibt es so zahlreich in der zeitgenössischen Musik-Szene, daß wohl niemand in diesem Zusammenhang von Zufall sprechen wird: von Herbie Hancock bis Pink Floyd, von McCoy Tyner, dem ehemaligen Piani-

[5] *Meditationen zur Selbstverwirklichung,* 3. Aufl. Weilheim 1971, S. 43.

sten John Coltranes, bis Wayne Shorter reisen zeitgenössische Musiker über Meere und durch Wüsten, durch den Kosmos und durch arkadische Landschaften – mit Klängen, die keinen Zweifel daran lassen, daß Meere und Wüsten und Landschaften Symbole jener inneren Landschaft sind, die sich dem Meditierenden öffnen.«[6] Der farbige Pianist McCoy Tyner ist Mitglied der Ahmadiya-Sekte des Islam und heißt mit seinem Moslem-Namen Sulaimon Saud.

## Meditative Welle

Es soll nicht verschwiegen werden, wie schnell neben diesen ernst zu nehmenden Musikern die meditative Welle oft ins Oberflächlich-Modische umgeschlagen ist. In Deutschland wurde sie mit der »kosmischen Welle« verknüpft, die aus der kreativen Zeit der *Pink Floyd* hervorging. Nicht wenige sicherlich wohlmeinende Musiker und Produzenten witterten hier eine Chance. Sie kamen auf den durch halluzinogene Drogen herbeigeführten »messianischen Trip« und publizierten die neue Richtung der »kosmischen Musik« mit Zitaten des damals in der Schweiz lebenden Timothy Leary.

Bis zum heutigen Tag vermischt sich für viele Musikjournalisten die aufgeblähte kosmische Musik mit dem meditativen Ansatz, aber gerade auf den Unterschied kommt es an: »Die Gruppen, die ›Cosmic Rock‹ machen, liefern eine Art musikalisches Pendant zu einem Science-Fiction-Roman, und wenn sie das so gut können, wie es Pink Floyd leider nur in einem kurzen Abschnitt ihrer Karriere tat, dann ist das durchaus ein Pendant zu erstklassiger Science-Fiction-Literatur. Meditative Musik aber will etwas anderes. Sie sucht ihren ›Kosmos‹ nicht in den Weiten der Milchstraße, sondern im eigenen Bewußtsein, im ›Selbst‹.«[7]

Kollektive Klangproduktionen, die »tiefere Stadien des Bewußtseins widerspiegeln« wollen, wie es zum Beispiel die schon erwähnte Gesangsgruppe *prima materia* formuliert, erfordern vor allem eine Selbsterkenntnis innerhalb eines musikalischen Entwicklungsablaufs. Diese ist die Voraussetzung für eine akustische Tiefenreise. Wer nur unbewußt eine bestimmte stilistische Richtung reproduziert und sich rein mechanisch auf

---

[6] J. E. Berendt in: *Zeitwende*, März 1975.
[7] J. E. Berendt in: *Zeitwende*, März 1975.

Grund zufälliger Begegnungen und Beeinflussungen als Jazz-, Pop- oder klassischer Musiker versteht, der nur in seiner Richtung als der »einzigen« lebt, wird niemals eine wirklich tiefe, seiner selbst bewußte Musik machen können.

Darum beschäftigt sich seit einigen Jahren eben der free-Jazz-Spieler mit indischen Tonarten, der klassische Interpret mit mittelalterlichen Improvisationsmodellen, der Gitarrist lernt Sitar spielen, der elektronische Bastler bezieht Naturklänge mit ein, und der experimentelle Klangforscher lernt die Gesangstechniken der Tibeter und Mongolen kennen.

Um eine »Musik zwischen den Welten« spielen zu können, die diese Welten auch integral miteinander zu verknüpfen und zu vereinen vermag, müssen neben den uralten, wiederzuentdeckenden Methoden des Zusammenspielens auch ganz neue Musizier-Modelle entwickelt werden. Damit z. B. ein Jazzmusiker mit einem asiatischen Improvisator harmonieren kann, müssen beide die typischen Spielmanieren und Techniken des anderen kennenlernen. Durch die Konfrontation mit dem Fremden, Unbekannten und oft anfangs abwertend Belächelten ist der einzelne nämlich in der Lage, das Eigene, angeblich Selbstverständliche und »Einzige« als eine Methode von vielen, als eine Möglichkeit von vielen zu erkennen. Dann würde solch eine Begegnung »zwischen den Welten« einen Ausweg zeigen aus dem Dilemma des Kategorien- und Kästchendenkens und damit die Möglichkeit zu einer *Selbsterkenntnis durch Musik*. Beispiele solcher »Zwischenmusiken« sind Aufführungen meiner Kompositionen *Dharana* für solistische Improvisation, Orchester und Tonband, *Samma Samadhi* für einen farbigen Conga- und Marimbaphonspieler aus Trinidad, Chor und Orchester oder das 1978 in einem Konzert »Jazz und Neue Musik« im Bayerischen Rundfunk München vorgestellte Stück *Albatros* für Improvisationsgruppe und Orchester. Andere Versuche waren die Konzerte der Reihe »Jazz Meets the World« von Joachim E. Berendt oder zum Beispiel eine Begegnung, das Zusammenspiel des berühmten indischen Sarodspielers Ali Akbar Khan mit dem amerikanischen Altsaxophonisten John Handy. 1972 auf dem Berliner Jazzfestival erstmals von Joachim E. Berendt präsentiert, findet hier nicht nur Annäherung statt, sondern wirklich integrierendes Musizieren mit einem gemeinsamen spirituellen Hintergrund.

Auch in der sogenannten Avantgarde versuchen sich Komponisten und Interpreten um eine »Synthese des zeitgenössischen

Ausdrucks mit alter geistiger Übung« (prima materia) und studieren nicht-westliche musikalische und religiöse Traditionen. Die Resultate sind statische oder fließende Klangzustände, die der Musik Stockhausens (*Trans, Hymnen*) oder der Musik für präpariertes Klavier von Cage nicht unähnlich sind. Seit Jahren komponiert Morton Feldman, ein Amerikaner aus dem Kreis um Cage, statische Musik, die lediglich aus lang ausgehaltenen engen Akkorden besteht. In seinem Chorstück *Christian Wolff in Cambridge* läßt Feldman ein und denselben langsamen Ablauf beim zweiten Durchgang noch langsamer singen. Bei der Demonstration seiner Musik ist Feldman bei einer besonders ruhigen Passage seines Stückes *I Met Heine at the Rue Furstemberg* vor versammeltem Auditorium eingeschlafen.

Der in Frankfurt lebende Komponist und Stockhausen-Schüler Ernst-Albrecht Stiebler läßt in Stücken, die er »Intonationen« nennt, von einem im Raum verteilten Chor Klänge aufnehmen, die von der Orgel angespielt wurden. So entstehen wandernde Klangräume, in die man sich einhören und versenken kann. Eine ähnliche, freilich mehr in symphonischem Gestus angesiedelte Absicht verfolgt der dänische Komponist Per Noergaard (\*1932 in Kopenhagen), der etwa in seiner *3. Symphonie* vom ganzen Orchester Oktaven, Quinten und deren Obertöne in langen Fermaten übereinanderschichtet. Andere junge Komponisten beziehen traditionelle orientalische Instrumente mit ein, z. B. der 1937 geborene Schweizer Thomas Kessler, der in seinem Stück *Dialoge* neben der japanischen Shakuhachi-Flöte die arabischen Instrumente Nay und Quanun der Klarinette und dem Violoncello in elektronischer Modulation angenähert gegenüberstellt, oder Walter Zimmermann (\*1949) aus Erlangen, der in Köln das »Beginner«-Studio aufgebaut hat, wo er Konzerte und Workshops mit neuer und außereuropäischer Musik veranstaltet. Er verwendet in seinem Stück *Die spanische Reise des Oswald von Wolkenstein* die arabischen Zupfinstrumente Ud, Quanun und Rabab.

Im übrigen kann in der gesamten Musik der jüngsten Komponisten Deutschlands die Hin- (Rück-)wendung zu einer »neuen Tonalität« beobachtet werden. Vor allem Wolfgang Rihm (\*1952) in seinen bisher drei Symphonien oder seinem Orchesterwerk *Subkontur,* aber auch Manfred Trojahn (\*1949) in seiner *2. Symphonie* oder Ulrich Stranz (\*1946) in seiner Orchesterkomposition *Tachys* schreiben heute eine Musik, die an die Dichte und Ausdruckskraft eines Gustav Mahler, Alban Berg oder Karl Amadeus Hartmann heranreichen, von oft wuchtiger, aber auch klangsensibler Kraft und Tiefe.

Andere kreative Musiker der Bundesrepublik, die ihre Schöpfungen vornehmlich improvisatorisch realisieren und ihre eigenen Interpreten sind, betrachten das Musizieren vielfach als geistig-kontemplative Übung oder als »Entspannungs-Selbsttherapie«. Zu nennen wären hier Stephan Micus, Michael Vetter und Georg Deuter. Micus ist ein Multi-Instrumentalist ohne elektronische Hilfsmittel, der auf seinen Platten Gitarre, Flöte, Shakuhachi, bayerische Zither, Sitar, Rabab und thailändische Mundorgel spielt und sich in letzter Zeit auch dem klassisch indischen Gesang zuwendet. Seine Stücke sind zeitlose Stimmungszustände ohne greifbare Form, ein sich versenkendes Dahinfließen. Michael Vetter, der vor ein paar Jahren als virtuoser Blockflöten-Spieler auch in Karlheinz Stockhausens Ensemble für intuitives Improvisieren mitwirkte, hat sich inzwischen intensiv der zenbuddhistischen Kultur zugewandt und lernte mit seiner japanischen Frau zusammen in Zen-Klöstern, hat sich mit seiner Stimme der Hervorbringung mehrstimmiger Oberton-Gesänge gewidmet (mulitphones Singen) und kam über die kreative Arbeit mit Kindern zu einer völlig neuen Technik, die man als Selbsterfahrung durch kalligraphische Improvisation umschreiben könnte. Georg Deuter, durch eine Reihe recht einfacher, aber klangschöner Schallplatten in Deutschland unter Insidern bekannt, gehört inzwischen unter einem Sanskritnamen dem Schülerkreis eines indischen Meisters an, der eine sogenannte dynamische Meditation entwickelt hat. Deuter gehört zu einer Gruppe von Münchner Musikern, die alle intensiv verschiedene spirituelle Wege gehen und diese zu musikalisieren versuchen. Der Sitarspieler und Gitarrist Al Gromer, der Flötist Gerd Kraus, der auch Übungen kreativer Improvisation und Meditation in Gruppen durchführt, wären zu nennen, Klaus Wiese, der nicht nur die verschiedenen Tambura-Arten zur musikalischen Meditation aus Indien und Persien mitgebracht hat, sondern auch die Lehre des Sufis Hazrat Inayat Khan und seiner Schule, und nicht zuletzt der Komponist Florian Fricke, der mit seiner Gruppe *Popol Vuh* ein Pionier der deutschen »spiritual-music«-Szene ist. Fricke bringt vor allem wieder das Gedankengut der eigenen christlichen Gnosis ein, reflektiert Martin Bubers Chassidismus, zitiert Jakob Böhme und nennt seine Platten *Seligpreisungen, In den Gärten Salomons, Hosianna Mantra* usw. An Popol Vuh läßt sich auch die Entwicklung erkennen, die sich von der elektronischen Megalomanie bewußt absetzt. Die letzten Aufnahmen verwenden nur akustische Instrumente, während die »kosmische Musik« ja ohne einen Wald von elektronischen Apparaturen nicht auskommt. Allerdings werden die akustisch aufgenommenen Schallplatten mit dem Mehrspurverfahren (ein Instrument nach dem andern) produziert, das dem »technischen Dämon« immer noch genügend Platz läßt.

## Meditation und Elektronik

Es ist interessant, wie viele »kosmische Kuriere« das gesamte elektronische Handwerkszeug – Geräte im Wert von vielen Tausenden Mark – plötzlich nicht mehr verwenden, weil sie intuitiv empfunden haben, wie gefährlich, »unterphysisch« und dämonisch künstlich produzierte Töne wirken können. Und in der Tat ist eine Diskussion im Gange, ob eine elektronische Musik überhaupt jemals »geistig« sein könne oder ob sie nur einer durch chemische Drogen induzierten Täuschung vergleichbar sei.

Andererseits antwortete mir auf diese Frage der achtzigjährige indische Musikphilosoph Jaidev Thakur Singh, der elektronische Meditationsmusik hörte: Die Technik in der Hand des *bewußten* Menschen könne sehr wohl Geistiges produzieren, und er könne sich eine Synthesizer-Tambura gut vorstellen. Sie wäre dann ja auch viel besser gestimmt als das mechanische indische Instrument. Wenn man die ersten unbewußten Elektronikprodukte der Avantgarde allerdings hört, kalte Konstruktionen musikalischer Rationalität, so kann man Anthroposophen verstehen, die unter Berufung auf Rudolf Steiner das Urteil fällen, daß elektronische Produktionen ganz allgemein (auch das Fernsehen) »der unmenschlichen Ebene des Unterphysischen« entstammen.

Daß dem Interesse an exotischer und neuer meditativer und archetypischer Musik eine Revolution im Bereich der technischen Herstellung von Tönen gefolgt ist, darauf weist Walter Bachauer schon 1972 hin:

»Das Beispiel der Konzentration eines Kollektivs auf die Suggestionen asiatischer Solisten kann für die jüngsten Tendenzen der euroamerikanischen Musik von größerer Bedeutung sein, als sie es sich im Moment träumen läßt. Musik zu schreiben oder zu improvisieren, die größeren statistischen Gruppen unmittelbare, vielleicht musikalisch archetypische Botschaften vermittelt, wird nicht länger unters Tabu fallen dürfen ... Zumindest die primitivste Magie der Musik ist aus dem Schußwinkel der Verbote geraten: Magie durch Dauer.

Musik als Zustand des Bewußtseins, das nicht länger einer simplen Spannungs-Entspannungs-Dramaturgie untertan ist, wird man künftig ebenso ins Kalkül ziehen müssen wie die Ansätze einer kompositorischen Poetik, die sich bislang eher noch hilflos in die Obhut Asiens und Afrikas begibt, weil die vitalen Traditionen musikalischer Suggestion in Europa so gut wie vernichtet sind ...

Den Ansätzen zur Rückkehr ins Archetypische der Musik steht eine technische Revolution gegenüber, die sich in den siebziger Jahren zweigleisig vollziehen wird. Synthesizer, kompakte elektronische Miniaturstudios, haben die elektronische Musik portabel, der Konzertsituation zugänglich gemacht. Mehr: Die gewaltigen Stückzahlen der Produktion verschaffen den Zugang zu einst unerschwinglichen Geräten in einer Weise, die man bereits massenhaft nennen kann. Wenn eine englische Firma bislang an die 4000 Kleinsynthesizer in alle Welt lieferte (1972), so läßt sich mühelos imaginieren, daß die private Produktion elektronischer Musik nie gekannte Quantitäten – durch Auslese vielleicht auch Qualitäten – erreichen könnte.

Solcher Privatisierung der institutionellen Technologie vergleichbar ist der revolutionierende Aspekt, der durch Computerisierung über die gesamte Elektroakustik kommen wird. Es wurde möglich:

a) das Kontinuum der Klangfarbe, inklusive der vollkommenen Speicherbarkeit und Manipulierbarkeit aller natürlichen Geräusche als Programm,

b) also auch der Klang der existierenden Musikinstrumente in jeder beliebigen Besetzung,

c) also auch jeder künstliche Klang, der aus natürlichem abgeleitet werden kann oder nicht,

d) also auch die Mischbarkeit beliebiger Klänge in beliebiger Anzahl von Kanälen als reine Funktion von Speichermanipulationen,

e) die absolute Beherrschung aller konkreten und elektronischen Töne in illusionärem Raum ...«[8]

[8] W. Bachauer: Einführung zum Avantgarde-Festival, Berlin 1972.

Diese technischen Gerätschaften, von den Musikern erst allmählich kennengelernt und verwendet, sind hervorragend dazu geeignet, eine Musik zu schaffen, die bei primitivster Anwendung akustischen Materials machtvolle Wirkung hat. Schon die Musikgruppe *Pink Floyd* ist in ihrem besten Album *Ummagumma* (z. B. in *Set the Control for the Heart of the Sun*) mit den einfachsten Strukturen und Skalen ausgekommen, mit den übermäßigen »orientalischen« Schritten einer modalen Skala und viel Raumflug und Klangekstase der elektrisch verstärkten Instrumente.

Auch die »kosmischen« Produktionen eines Klaus Schulze oder die synthetischen Rauschfelder Eberhard Schoeners, die elektronischen Trips der *Tangerine-Dream*-Gruppe, die *Sonic Seasons* von Walter Carlos oder der *Magnetic Garden* von Alvin Curran haben selbst bei einigen üblichen Akkordabläufen, wenigen Motiven oder nur einem ausgehaltenen Akkord allergrößte Klangwirkung – eben durch die faszinierende Anwendung der neuen technischen Apparaturen, dem raffinierten Raumeffekt und den Mischungen nie gehörter Klangfarben. *Tangerine Dream* schwankt hierbei »zwischen puristischer Klangfarbendarstellung, Bruckner-Kantilene und Rock-Gestik. Currans *Songs and Views from the Magnetic Garden* vereinen konkrete Musik und quasi byzantinischen Sologesang, Live Elektronik, Kuhglocken und Synthesizermechanik.« (Aus einer Rundfunkkritik Wolfgang Burdes.)

Wirklich meditative Musik aber ist das alles nicht. Es sind größtenteils elektronische Bilder, akustische Imaginationen, Traumgeschehen, unbewußte Durchdringung des Unbewußten. Nur die wenigsten elektronischen Musiken können ein kontinuierliches Fließen aufrechterhalten, ein weiches Nach-innen-Fallen ermöglichen, eine akustische Keimzelle wie ein Mantra in die Unendlichkeit führen. Nur wenige Produktionen führen den Hörer nicht in die Besinnungslosigkeit, sondern haben das Format und die Kraft, eine kontemplative Versenkung hervorzurufen.

Hier sollen auch die musikalischen Stimmungen des Inders Sunil erwähnt werden, der als Laie von der »Mutter« des Sri Aurobindo Ashrams in Pondicherry inspiriert wurde, ihre Worte zu begleiten und mit Orgel und verschiedenen indischen Instrumenten eine Musik des neuen »supramentalen« Bewußtseins zu gestalten. Die Resultate entbehren nicht einer gewissen Süßlichkeit und Weltferne, wie sie dem Geschmack des spirituell engagierten Inders eigen sind.

Seit Meditation in Mode ist, hat der Begriff »meditative Musik« kaum noch Konturen, und wenn man die Zeitungsfeuilletons und Musikkritiken verfolgt, so wird fast jede langsame und ruhige Musik schon gleich »meditativ« genannt. Der Begriff wurde vor allem von all denen belächelt, die niemals meditiert haben und mit Meditation allerhand nebuloses Zeug verbinden: Rausch, Hasch, Kosmos, Ekstase, Trance. Elektronische Horrorklänge und buddhistische Mantra-Adaptionen – beides ist für viele das gleiche. Kein Wunder, daß es zu dieser Verwirrung kam: Die meisten Musiker sind sich ja selbst nicht ganz im klaren, was »meditative Musik« eigentlich ist. Gibt es sie überhaupt?

Wenn man meditieren kann, also die nötige Geduld aufbringt, bis in tiefe innere Bereiche vorzustoßen, so hört man ins Innere hinein, und äußere Schallquellen werden kaum wahrgenommen. Wer meditiert, hört keine Musik. Allerdings kann Musik zur meditativen Ausgangsposition werden, kann vor allem in Anfangsstadien die innere Ruhelosigkeit auflösen, das ununterbrochene Räsonieren und Nachdenken abschwächen. Musik kann einen Ritus schaffen, der anfangs benötigt wird, um nicht sich selbst davonzulaufen und wirklich still werden zu können. Musik kann also Hilfe und Mittel zur Entspannung sein, zur Konzentration und zum inneren Stillwerden.

Nun ist die meiste, heute als »meditativ« eingestufte Musik aber Bildersprache, die von den spirituellen Erlebnissen und Visionen der Musiker oder des Musikers erzählt, der das »universelle Bewußtsein, die kosmische Freude« beschreibt und dergleichen gerne zum Gegenstand subjektiver Musik macht – Musik, die dem Außenstehenden, der nicht »eingestiegen« ist, naiv, phrasenhaft, berauscht oder kitschig vorkommen kann. Und der Meditierende, derjenige, der *wirklich* sitzt und still ist und schweigt: er kann diese Musik bis auf wenige Ausnahmen nicht »brauchen«. Die Ausnahme wäre diejenige Musik, die nicht *über* Meditation und Selbst und Gott kontempliert oder improvisiert (und auf der Plattenhülle spirituelle Zitate nur gedruckt verkündet), sondern eine Musik, die selbst Träger, Energie und magische Kraft zu geistiger Versenkung sein kann, Musik, die kein geformtes, stilistisches Eigenleben führen muß, sondern endlos fließt und nicht so gehört werden will wie klassische Musik, ja, die gar nicht eigentlich vernommen werden soll, sondern kraft ihrer eigenen Gesetzmäßigkeit *wirkt*, wenn der Hörer sich ihr ganz und gar zu öffnen vermag. Sie trägt ihn hinweg – zu sich selbst.

Allerdings hat jeder seine eigene persönlich bevorzugte Musik, die für ihn selbst erfahrbar solche Kräfte besitzt: Mozart oder indische Ragas, Exotik oder Anton Bruckner. Hier soll jedoch von einer speziellen Art von meditativer Musik die Rede sein, die in besonderem Maße gerade den Aspekt im Vordergrund sieht, nicht autonomer Kunstgenuß zu sein, sondern selbst zum Träger der Energie wird, die zur Versenkung und Kontemplation verhilft, und damit auch Drogen überflüssig macht: die *periodic music* und ihr Vorläufer, die *minimal music* der neuen amerikanischen Komponisten.

## 2. »Periodic Music« und »Minimal Music«

> *Musik sollte der Ausdruck vornehmer, spiritueller Objekte sein: der Philosophie, des Wissens und der Wahrheit – der edelsten Eigenschaften des Menschen. Um diesen Objekten Ausdruck zu geben, muß Musik notwendig Ruhe und Ausgeglichenheit besitzen.*
>
> *Terry Riley*

Das Hauptcharakteristikum einer »minimal music« ist die Wiederholung kurzer Motive, die sich fast unmerklich verändern und nur geringfügig variiert werden. Musik wird in einen Zustand ständiger Regeneration versetzt, so daß ein »andauernder und irisierender Klang entsteht, der sich allmählich ändert, ohne daß sich seine Substanz wandelt« (Dieter Schnebel). Durch Überlagerung kleinster Figuren oder durch nichts weiter als das Aushalten eines Tones und die Hervorbringung seiner Obertöne löst sich der Unterschied von Bewegung und Statik auf, existiert in einer Art Gleichzeitigkeit. Alles geht so vor sich, als hätte das Prinzip der Wiederholungen kein anderes Ziel, als den Zuhörer zu hypnotisieren. Beim erstmaligen Hören klingt solche Musik »primitiv« und monoton, wenn man allerdings in sie hineinfallen kann, hat man die Möglichkeit zu tiefer Selbsterfahrung.

Vorbilder zu diesen unendlichen Repetitionen, periodischen Formeln und ausgehaltenen Klängen sind nicht zuletzt die indische Musik, afrikanische Rhythmusfiguren und die Gamelan-

Musik. Die Väter dieser neuen Musik waren Anfang der sechziger Jahre die Amerikaner Terry Riley, La Monte Young und Steve Reich, die auch heute die wichtigsten Vertreter dieser Richtung sind neben Phil Glass, Robert Moran und Frederik Rzewski. Am bekanntesten und befruchtendsten ist ohne Zweifel Terry Riley, der Musiker aller Richtungen beeinflußt hat.

## Terry Riley

Terry Riley wurde 1935 in Kalifornien geboren und finanzierte sein Musikstudium als Ragtime-Pianist im Gold-Street-Saloon in San Franzisko. 1960 begegnete er La Monte Young und interessiert sich seither für Zeit und Dauer in der Musik. Ab 1962 war Riley zwei Jahre in Frankreich mit einer Showtruppe unterwegs, spielte in Paris in einer Bar am Place Pigalle und inszenierte musikalische Happenings und Straßentheater in Skandinavien. Er organisierte Konzerte und Aktionen, die durch die ganze Nacht andauerten, sogenannte »all night concerts«, in denen er als Saxophonist und Keyboard-Spieler mit allerlei Tasteninstrumenten auftrat.

Hier dürfte er bereits seine erste bekanntgewordene Komposition *Dorian Reeds* aufgeführt haben. Er verwendet erstmals darin das Prinzip der Zeitverzögerung: Ein auf der Orgel oder dem Saxophon gespieltes Motiv wird mit einem Tonbandgerät aufgenommen. Es spielt den aufgenommenen Prozeß sofort wieder ab, was wegen der Position von Aufnahme- und Abspielkopf mit einer kurzen Zeitverzögerung geschieht, ein zweites Gerät ist im Abstand von einigen Metern aufgestellt, und dasselbe Magnetband läuft ebenfalls über diesen Apparat, kommt also erst nach einigen Sekunden dort an, so daß derselbe Ablauf der Motive nochmals verzögert erklingt.

In der ersten Hälfte der sechziger Jahre komponierte Terry Riley noch andere Stücke, die sehr bekannt geworden sind: *In C* für ein variables Ensemble und die *Keyboard Studies* (s. Abb. im Bildanhang), die auf dem Prinzip beliebig wiederholbarer Melodiemuster beruhten, wie sie später für die ganze Schule der »minimal music« in Amerika bedeutsam wurden. Obwohl diese Musik in herkömmliche Kategorien schwer einzuordnen ist, nennt sie Terry Riley selbst »modal« und »zyklisch« und legt das Hauptgewicht auf die wiederholten melodischen Muster und die sich überlagernden Strukturen, die laut Riley »dem

Hörer erlauben, eine tonale, melodische und harmonische Landschaft von mehreren Standpunkten wahrzunehmen.«[9] Riley schreibt weiter:

»In den letzten zehn Jahren habe ich die traditionelle Rolle des Komponisten aufgegeben zugunsten selbstinterpretierender Improvisation. Weil meine Ideen weder der östlichen noch der westlichen Tradition direkt verpflichtet sind, habe ich viel Energie auf die Komposition formaler Elemente verwandt, auf denen die Improvisation basiert.

In einem gewissen Sinn bezieht sich meine Musik stark auf die Techniken der klassischen indischen Musik, deren Interpreten endlose Folgen aus demselben Thema, einem fixierten Modus oder einer rhythmischen Periode (10/12/16 Schläge usw.) entwickeln können. Bei diesem Konzept bleiben die komponierten Teile unverändert, aber der Musiker ist frei genug, sie in den Grenzen seiner Imagination fortzuspinnen. Der verwendete Modus (Tonleiter) und begleitende Melodiefiguren etablieren die Stimmung und Atmosphäre, in der sich die Improvisation manifestiert. Wenn man diese Bedingungen gegenwärtig hat, steht es einem frei, über die allmähliche Auffächerung eines musikalischen Universums zu meditieren. Ich spiele die Orgel, weil sie eine große Zahl von Möglichkeiten bereithält. Sie ist polyphon, erlaubt die simultane Entwicklung verschiedener und integrierter Teile und den Wechsel von Haupt- und Nebenstimmen aus demselben Material. Es ist eine Art der Integration, die ich als die Quelle meiner musikalischen Gedanken bezeichne.«[10]

1968 begann Terry Riley mit der allmählichen improvisatorischen Entfaltung seines auch auf Schallplatte veröffentlichten Stückes *A Rainbow in Curved Air*, das aus zu wiederholenden Sätzen im Zyklus von 14 Schlägen (3–3–4–4) besteht und auf der Orgel und anderen Tasteninstrumenten gespielt wird. Die Perioden der linken Hand bestehen zu Anfang aus zwei Phrasen (s. Notenbeispiel 5).

Die erste Periode (3–3) ist sehr ähnlich aufgebaut wie die zweite (4–4), um kein Gefühl für Anfang und Ende aufkommen zu lassen.

Die beiden Perioden sind in sich verschiedenartig kombinier-

[9] Riley: Aus dem Programmheft des Meta-Musik-Festivals, Berlin 1974.
[10] Riley, a.a.O.

bar. Jeder Ton kann der Anfang sein, die Hand spielt unendlich oft diese Figur und läßt Betonungen von selbst entstehen. Die Reihenfolge der Töne muß allerdings die gleiche bleiben, und ein Zyklus wird stets durchgehalten. Die Geschwindigkeit verändert sich lediglich in einfachen Proportionen, das heißt, es wird doppelt so schnell oder halb so langsam gespielt.

Aus den beiden Keimzellen oder Grundperioden entwickelte Riley schließlich die Umkehrung der Reihenfolge, die dann entweder kontrapunktisch oder linear mit der Originalserie kombiniert wird. Es existieren nun eine ganze Anzahl von Variationen dieser Reihenmuster, die zum Teil während des Spielens von selbst durch die Hände entdeckt werden. Die beiden Grundskalen für *Rainbow* sind beide auf dem Grundton A aufgebaut, erhalten jedoch ab und zu ein Gewicht zur D-Tonalität: A–H–Cis–D–E–Fis–G–A und A–B–C–E–F–G–A.

Ein anderes wichtiges Stück Terry Rileys ist *The Persian Surgery Dervishes,* das die Grundperiode der *Keyboard Studies* zum Ausgangspunkt der improvisatorischen Entwicklung nimmt: As–G–B–F. Dieses Muster *(pattern)* begann Riley 1964 unter dem Titel *Autumn Leaves* zu spielen und später in *The Untitled Organ:* »Die ersten Aufführungen bestanden aus endlosen Wiederholungen dieses Musters. Später fügte ich noch andere sich wiederholende Sätze von 4, 5, 6, 7 und 8 Noten hinzu. Dies erweckt den Eindruck, als ob sich Perioden verschiedener Länge gleichzeitig in ihrem Zyklus wiederholten. Bei dieser Art von Musik ist es wichtig, daß beide Hände alle Perioden spielen können, so daß Kombinationen spontan gemacht werden können. Diese kurzen Perioden erzeugen eine solche Energie, daß mit ihrer Hilfe große Improvisationsteile über dem bestehenden Muster in Gang gebracht werden. Bei jeder Aufführung versuche ich zufriedenstellende Kombinationen und eine neue Entwicklung für diese Sätze zu finden.«[11]

Der Modus dieses Stückes oder besser der verschiedenen Versionen ist auf dem Grundton C aufgebaut: C–D–Es–F–G–As–B–C (natürliches Moll). Die Weiterführung dieser Improvisationsperioden, in denen Terry Riley die A-Tonalität und die C-Tonalität miteinander verbindet, heißt *Descending Moonshine Dervishes.* Hier benützt er auch die schon beschriebene Zeitverzögerung mit Hilfe eines Tonbandgerätes, allerdings wiederholt sich das Gespielte hierbei schon nach Sekun-

[11] Riley, Programmheft des Klangzentrums zur Ausstellung *Weltkulturen und moderne Kunst,* München 1972.

denbruchteilen dadurch, daß er die schnellste Geschwindigkeit des Apparates benützt und die Zeit von Aufnahme- zu Wiedergabekopf verkürzt ist. Daraus ergibt sich eine faszinierende Iteration, sozusagen ein vibrierender Klang, denn Terry Riley verwendet das »time delay« so geschickt, daß es manchmal klingt, als spielten vier Hände.

Die Musik Terry Rileys befruchtete und inspirierte eine ganze Anzahl amerikanischer und europäischer Musiker der Avantgarde, Pop- und Jazzmusik. Bereits Anfang der sechziger Jahre war Terry Riley mit David Allen, dem Mitbegründer der Rockgruppe *Soft Machine*, befreundet. Und das Stück *Moon in June* auf der dritten Schallplatte von *Soft Machine* zeigt deutlich den Einfluß Terry Rileys. Die englische Gruppe *Third Ear Band* verwendet ebenfalls modale Muster im Prinzip der periodischen Progression. Die Pop-Formation *Curved Air* nannte sich gar nach Terry Rileys oben erwähntem Stück. John Cale von der ehemaligen berühmten Gruppe *Velvet Underground* spielte mit Riley die Platte *Church of Anthrax* ein, und vor allem der große Jazzmusiker Don Cherry zitierte immer wieder Terry Riley als ein Vorbild dieser neuen Richtung und spielte schließlich 1975 erstmals mit ihm *Descending Moonshine Dervishes* im WDR Köln.

In der neuen Musik dürfte auch Terry Riley es gewesen sein, der die anderen bekannten Musiker der »minimal music« inspiriert hat, eben Steve Reich, Phil Glass, Rzewski und Moran, von denen noch die Rede sein wird. Und auch in der deutschen Szene war man von Terry Riley fasziniert und versuchte die speziellen Klangformationen einzubringen. Die Berliner Rockband *Agitation Free* spielte *In C*, und der ehemalige Synthesizerspieler dieser Gruppe, Michael Hoenig, entwickelte eine ganze Reihe vitaler und doch feinsinniger Muster im Rileyschen Sinne. Nicht zuletzt wurden auch meine Stücke *Aura, Dorian Dervishes, Beyond the Wall of Sleep* und andere durch Terry Rileys Musik angeregt, obwohl ich meine ersten »minimal«-Muster am Klavier oder an der Orgel entwickelt habe, *bevor* ich Rileys Musik kennenlernte!


*Amerikanische »minimal music«*

Seit einigen Jahren kommt ein hervorragender indischer Sänger regelmäßig nach Amerika, um westliche Musiker im klassischen

indischen Gesang auszubilden: Pandit Pran Nath, der letzte
große Vertreter der Kirana-Schule Nordindiens. Seine Haupt-
schüler sind La Monte Young und Terry Riley, die ihn auch auf
seinen Tourneen begleiten. Beide trennen aber ihr indisches
Musikstudium strikt von den eigenen Kompositionen. Während Riley in erster Linie die »patterns« als Material verwendet,
die dann von Steve Reich und Phil Glass aufgegriffen wurden,
ist für La Monte Young das Ausgangsmaterial noch einfacher,
ursprünglicher und minimaler: ein einziger Ton mit seinem
Obertonspektrum. La Monte verwendet oft nur wenige Sinus-
wellen, wobei deren Frequenzen, wie er erläutert, »sich integral
zueinander verhalten und so gemischte Klangwellen periodischer Struktur ergeben«.

La Monte, wie Riley 1935 in Kalifornien geboren, lernte bereits in der Kindheit von seinem Vater das Saxophonspielen.
Später widmete er sich neben seinen Musikstudien dem Jazz
und lernte auch Don Cherry kennen. 1964 gründete er das
*Theatre of Eternal Music* zusammen mit seiner Frau Marian
Zazeela, mit Tony Conrad, dem bekannten Schöpfer von »minimal«-Filmen, und mit John Cale von *Velvet Underground.* Es
ist in diesem Zusammenhang wichtig zu wissen, daß Auftritte
periodischer Musik in der sogenannten »Fluxuszeit« als Thea-
teraufführung in Galerien stattfanden, in Köln zum Beispiel in
der Galerie Friedrich oder bei der Malerin Mary Bauermeister.

Das Stück *The Tortoise, His Dreams and Journeys* (Die
Schildkröte, ihre Träume und Reisen), mit dem Young und
seine Gruppe *Theatre of Eternal Music* 1964 begannen, findet
im eigens dafür konzipierten »Dream House« statt. Bei anderen
Stücken entfachte La Monte ein offenes Feuer, ließ Schmetter-
linge in den Zuhörerraum flattern oder verteilte kleine Brief-
chen, in denen nur eine Quinte mit Fermate notiert war oder zu
lesen stand: »Ziehe eine gerade Linie und folge ihr.«

Der erste Klang, der bei Young einen tiefen Eindruck hinter-
ließ, war das anhaltende, leicht variierende Säuseln des Windes,
das Summen von Insekten, der Widerhall aus Tälern, Seen und
Ebenen. In einer Einführung schreibt er: ». . . und im Leben der
›Schildkröte‹ ist Dröhnen der erste Klang. Das Dröhnen dauert
immer an, ohne begonnen zu haben, aber es wird von Zeit zu
Zeit aufgenommen, bis es als kontinuierlicher Klang im ›Dream
House‹ klingt, so viele Musiker und Studenten leben und das
musikalische Werk fortsetzen. Diese Häuser werden uns eine
Musik ermöglichen, die nach einem Jahr, zehn Jahren, hundert

oder mehr Jahren ununterbrochenen Klingens nicht nur ein lebendiger Organismus mit eigener Existenz und Tradition sein würde, sondern sogar die Fähigkeit besäße, durch eigene Kraft vorwärtszutreiben. Diese Musik könnte Tausende Jahre ohne Unterbrechung spielen ...«.

Die Stücke von La Monte Young bestehen immer aus lang ausgehaltenen Intervall- und Akkordklängen. Die einzelnen Töne entstammen dem natürlichen Obertonspektrum, und La Monte bezeichnet sie als das »Integralvielfache« eines gemeinsamen Grundtons. Die einzelnen Mitspieler und Sänger legen vorher fest, welche der ausgewählten Tonhöhen verwendet werden und welche Kombinationen möglich sind. »Durch Verstärkung der integralen Frequenzverhältnisse erhält man ein reiches Gefüge aus Obertönen, Bordunklängen, Differenzen und anderen kombinierten Tönen, was dem Vorführenden die Möglichkeit gibt, eine äußerst genaue Intonation zu erzielen.«[12]

La Monte Young, der in den sechziger Jahren eine völlig neue Art des Saxophonspielens entwickelt hatte, brachte gerade die Praxis des sorgfältigen Stimmens dazu, sich ernsthaft mit dem Singen zu befassen. Seit der Zeit gab er das Saxophonspiel auf – wie übrigens auch Terry Riley –, um sich ganz dem Gesang der unendlich langen Töne zu widmen. Öffentliche Aufführungen dieser Gesänge mit Begleitung der Grundklänge durch Instrumente oder elektronische Töne bestehen meist aus zwei Teilen, von denen jeder etwa zwei Stunden dauert und in einem dunklen, nur durch kalligraphische Lichtprojektionen seiner Frau Marian Zazeela erhellten Raum abgehalten werden.

Hier muß wieder der amerikanische Perkussionsspieler Ranta erwähnt werden, der einige Male sein magisch-meditatives Multimedia-Theater aufführte, bevor er mehrere Jahre lang vor allem auf Taiwan chinesische Musik und Taoismus studierte. Er verwendete Dias, Naturfotos (Felsen, Wasser und Blumen), der Raum wurde mit Bastmatten und japanischen Vorhängen ausgestattet, eine typische Lampe aus Kioto verbreitete mattes Licht, und man konnte auf runden Zen-Kissen sitzen, die zum Meditieren einluden. Eine subtil konzipierte Anlage war (im Gegensatz zu sonstigen Avantgardeaufführungen!) überhaupt nicht zu sehen: Ranta hatte mehrere Bandgeräte mit verschiedenen statischen und periodischen Klangmaterialien zur Verfügung. Einiges war elektronisch, einiges selbst mit Vibraphon

[12] Zitate von La Monte Young aus dem Programm des Klangzentrums zur Ausstellung *Weltkulturen und moderne Kunst*, München 1972.

und Reibegongs usw. aufgenommen, und einiges war nach der Methode der konkreten Musik zusammengeklebt und gebastelt.

Nun ließ Ranta ganz langsam und unmerklich die periodischen Klänge des einen Bandes in das andere übergehen, und durch Überblendung veränderte sich das Klangbild unmerklich wie das Fließen eines großen Stromes. Manchmal spielte er auf meterlangen Bambusflöten, entzündete Räucherstäbchen und begrüßte auf der avantgardistischen Mammut-Show von Josef A. Riedl während der Olympiade die hektischen Besucher in der Form eines japanischen Mönchs. Michael Ranta schuf in seinem damaligen Kölner Studio vor allem mit dem ausgezeichneten Gitarristen Karlheinz Böttner psychedelisch-intuitive Improvisationen, und dort lief auch erstmals in Deutschland, vielleicht sogar in Europa, ein Tonband mit der typischen »minimal music« von Steve Reich. Frederik Rzewski hatte es einige Wochen nach der Uraufführung aus New York mitgebracht.

Die Stücke, die Rzewski auch in Deutschland publik machte, zusammen mit seinen eigenen ähnlichen Klaviermusiken, hießen *Four Organs* und *Piano Phase*. Beim ersten Hören war man wie gelähmt, und strikte Ablehnung und Faszination hielten sich bei den hörenden Komponistenkollegen die Waage. Damals fanden in Köln unter Leitung von Mauricio Kagel die Kurse für Neue Musik statt, bei denen Rzewski und auch der Franzose Luc Ferrari Dozenten waren. In dieser Zeit dürften viele Komponisten Zugang zur »minimal music« gefunden haben.

Das berühmteste Stück, *Drumming,* machte Steve Reich dann ein paar Jahre später zum prominentesten Vertreter dieser Richtung. Dieses Trommelstück hat vier Teile von fast gleicher Dauer. Die Abschnitte werden nacheinander von acht kleinen gestimmten Trommeln und männlichen Stimmen vorgeführt, dann von drei Marimbaphonen und weiblichen Stimmen, drei Glockenspielen, die mit Pfeif- und Piccolo-Flöten-Akzenten kombiniert sind, und schließlich werden alle instrumentalen und vokalen Farben miteinander verbunden. In einer Vortragsreihe in Berlin analysierte Prof. Wolfgang Burde Steve Reichs *Drumming:*

»Es beginnt mit einem Zyklus von 12 Trommelschlägen bei 11 Pausen. Allmählich werden dann zusätzliche Trommelschläge – jeweils einer nach dem anderen – anstelle der Pausen eingesetzt, bis das Modell vollständig aufgebaut ist. Und nichts anderes als dieses Modell ist in diesem eineinhalb Stunden dauernden Stück hörbar. Reich verändert in den vier Phasen seines kompositorischen Prozesses lediglich die Klangfarben. Und der Reiz des Werkes besteht vor allem einerseits in der Einfachheit, der unbedingten Durchhörbarkeit der musikalischen Vorgänge, andererseits aber auch darin, daß die Musik ... eigentümlich schillert.«[13]

Darauf macht auch Reich in einem Kommentar zu seinem Stück aufmerksam: »Von einer Verwendung versteckter struktureller Prozeduren in der Musik habe ich nie viel gehalten. Selbst wenn alle Karten offen auf dem Tisch liegen und jeder hört, was sich in einem musikalischen Prozeß nach und nach abspielt, gibt es immer noch genügend Geheimnisse aufzuspüren. Solche Geheimnisse sind die unpersönlichen und unbeabsichtigten psycho-akustischen Nebenerscheinungen des absichtsvoll konzipierten Prozesses: etwa Nebenmelodien, die man bei repetierten Modellen wahrnehmen kann, oder bestimmte Raumeffekte, die von der Plazierung des Hörers im Auditorium abhängen, oder geringfügige Unregelmäßigkeiten der Aufführung oder Obertöne, Differenztöne usw.«[14]

Die spannendsten Stellen des Stückes sind ohne Zweifel die Überlappungen der verschiedenen Instrumentalgruppen. Wenn die Periodik der Bongotrommeln schrittweise in den Marimbaphonteil übergeht und dieser später von den Glockenspielen abgelöst wird, so kommt es zu faszinierenden Klangfarbenüberlagerungen, die noch von der eigenartigen Gesangstechnik unterstützt werden, welche gewissermaßen instrumental die rhythmischen und melodischen Wendungen hervorhebt. Hauptvorbild für diese ostinaten Wendungen ist eindeutig die Musik Mittelafrikas, die Steve Reich eineinhalb Jahre in Ghana bei einem Trommelmeister studierte.

»Das Stück des Amerikaners Steve Reich lebt vor allem vom Mittel des Ostinato, der permanenten Wiederholung eines Grundmusters, das in sich differenziert wird. Es käme aber einem Mißverständnis gleich, wenn man die ostinaten Modelle Reichs und Carl Orffs etwa miteinander in geistigen Kontakt bringen wollte. Reich trägt Spurlinien vergangener Rituale in unser Bewußtsein, überstülpt uns mit einem Zeitgefühl jenseits von Zeitdruck und Leistungsdruck und konvergiert so mit unseren geheimen Sehnsüchten.«[15]

[13] W. Burde, Lessinghochschule Berlin, Juni 1975.
[14] Zitiert in obigem Vortrag.
[15] W. Burde: *Minimal Music und meditative Musik*, Vortragsreihe der Lessinghochschule Berlin, Juni 1975.

Außer *Drumming*, das, wie gesagt, eineinhalb Stunden dauert, schrieb Reich auch kürzere Stücke, in denen er die Technik der Phasenverschiebung mit derjenigen der Erweiterung, der Vergrößerung der zunächst ausgespielten Notenwerte ergänzte. Interessant ist die Beobachtung, daß kürzere Stücke für den Hörer eher problematisch sind, da er nicht genügend Zeit hat, sich in den ihm ungewohnten Zustand des losgelassenen Hörens hineinfallen zu lassen. Befindet man sich nicht *in* der Musik, sondern steht ihr distanziert gegenüber, so mag es einem wie vor einem Gemälde in einer Galerie ergehen, das lediglich ein einziges Muster zeigt: sogenannte »Minimal art«. Auf die Beziehung zwischen seiner Musik und der »Minimal Art« des Malers Sol LeWitt beispielsweise macht Steve Reich selbst aufmerksam. Beide konzentrieren sich auf eine möglichst direkte und vollständige Ausarbeitung eines bestimmten Konzepts. Auch die Bezeichnung »Minimal music« ist ja aus dem gleichlautenden Begriff in der bildenden Kunst abgeleitet. Die jüngsten Kompositionen von Steve Reich, *Music for 18 Musicians*, *Music for a Large Ensemble* oder *Octet*, zeigen allerdings, daß sich die minimalen Entwicklungen im Material zu faszinierenden, fast bombastischen Klangschichtungen vergrößern können und die verschiedenen harmonischen Bezüge auch in wirkungsvoller Instrumentation hörbar werden.

Neben Steve Reich ist es vor allem Phil Glass, der innerhalb dieser Richtung die Technik der permanenten Wiederholung mit den Tasteninstrumenten in eigener Form weiterentwickelt hat. Glass wurde bekannt durch die Zusammenarbeit mit dem amerikanischen Theatermann Robert Wilson *(Einstein on the Beach)*. Die vollständige Aufführung seines Kompositionszyklus *Music in 12 Parts* für elektrische Orgeln, Flöten und Saxophone würde normalerweise drei Abende andauern. Einzelne Teile des Zyklus stellen jeweils einen oder mehrere Aspekte eines an sich üblichen musikalischen Ablaufs in den Vordergrund, jedoch geht die Entwicklung ungewöhnliche Wege: Sie vollzieht sich sozusagen in Zeitlupe. Eine kurze melodisch-motivische Wendung kehrt permanent wieder und produziert durch Überlappung mit ähnlichen Melodiefiguren neue daraus resultierende Muster. Glass schrieb anläßlich seiner Aufführung in West-Berlin: »Wenn feststeht, daß nichts im üblichen Sinn ›passiert‹ und daß statt dessen die graduelle ›Vermessung‹ musikalischen Materials die Aufmerksamkeit des Hörers herausfordern kann, mag er vielleicht eine neue Art Aufmerksamkeit entdecken, eine, in der weder Gedächtnis noch Vorwegnahme (die psychologischen Maximen der barocken, klassischen, romantischen und modernen Musik) eine Rolle in der Qualität musikalischer Wahrnehmungen spielen. Es wäre zu hoffen, daß dann Musik frei von dramatischen Strukturen, als ein pures Klangmedium, als ›Gegenwart‹ wahrgenommen wird.«[16]

Der andere Amerikaner, der 1974 in Berlin seine 90minütige *Eternal Hour* für sechs vokal-instrumentale Gruppen aufführte, ist Robert Moran. Das Stück hat als Material nur die C-Dur-Tonreihe, die durch vielschichtige statische Ausschnitte einen zuständlichen Klangraum bildet. Dazu schrieb Wolfgang Burde: »Die ›Minimal Music‹ hat, paradox ausgedrückt, das Abenteuer der Makrozeit entdeckt. Und zwar konkret als Abenteuer der Rezeption, der gelassener, hingebungsvoller und emotionaler wird, je länger der Prozeß dauert.«[17] Moran, der sich auch mit den Möglichkeiten des präparierten Klaviers beschäftigt, ist ein wirklicher »minimal-art«-Künstler: In Berlin lebte er als lebendiges Kunstobjekt hinter dem Schaufenster eines großen Kaufhauses und lud Gäste zum Tee mit der einen Auflage, nicht hinauszusehen und sich zwanglos zu geben.

Zuletzt soll hier nochmals der Komponist und Pianist Frederik Rzewski erwähnt werden, der die periodischen Figuren und modalen Modelle einerseits mit Texten seines politischen Engagements verband, zum Beispiel in den Stücken *Attica Is in front of Me* oder *Coming Together,* andererseits im neuen amerikanischen Jazz den Vibraphonspieler Karl Berger und dessen Gruppe zur »periodic music« inspirierte. Eine wichtige Anregung zur gemeinsamen Improvisation gibt seine Komposition *Les Moutons de Panurge:* Der erste Ton der gesamten komponierten Linie wird erst allein gespielt, dann wiederholt und mit dem zweiten verbunden, dann werden Ton 1 und 2 wiederholt und nehmen den dritten mit, also: 1, 1–2, 1–2–3, 1–2–3–4 usw. Sind alle Töne angeschlossen, so daß die Linie ganz durchgespielt ist, so wird vom Anfang ein Ton nach dem anderen abgeschnitten, bis wieder nur die letzten Töne übrig bleiben, 5–4–3–2–1, 4–3–2–1, 3–2–1, 2–1, 1. Diesen Prozeß, der von einem Soloinstrument, aber auch von einem ganzen Orchester im Ostinato gespielt werden kann, begleitet ein einfaches Rhythmusinstrument, etwa Maracas oder mehrere Trommeln, die den Grundwert, die Achtelbewegung, in ziemlich schnellem

---

[16] Programmheft, Meta-Musik-Festival, Berlin 1974.
[17] W. Burde, Rundfunkmanuskript, Sender Freies Berlin, 1974.

Tempo durch das ganze Stück hindurch signalisieren (s. Noten-beispiel 6).

Die »periodic music« der amerikanischen Avantgarde wird gemeinhin als improvisierte Musik bezeichnet: Das ist nicht ganz richtig. Obwohl Terry Riley oftmals keine einzige Note aufschreibt, kann man deutlich wahrnehmen, daß sich be-stimmte Abläufe desselben Stückes wie in der indischen Musik exakt wiederholen. Und wenn Steve Reich mit seinen Musikern, den Schlagzeugern an den Marimbaphonen und Trommeln und den Sängern probiert, so merkt man, wie exakt seine Vorstel-lungen sind, wie genau ein Stück nach exakter Partitur einstu-diert wird.

Der konventionelle Musiker europäischer Orchestertradition ist erfahrungsgemäß nicht in der Lage, solche Musik improvisa-torisch zu realisieren, er benötigt exakte Notenaufzeichnungen. Der bei Radio Bremen als Musikabteilungsleiter wirkende Komponist Hans Otte (*1926), welcher übrigens in seinen *Pro Musica Nova*-Konzerten viele amerikanische Minimalisten erstmals in Europa präsentierte, schrieb in seinem Stück *Ter-rain* als einer der ersten repetitive Musik für eine herkömmliche Orchesterbesetzung.

Inzwischen verwenden Komponisten in ganz Europa mini-malistische Prinzipien in ihrer Musik und haben sich vom tradi-tionellen eurozentrischen Avantgardeethos gelöst: So der 1923 in Antwerpen geborene Belgier Karel Goeyvaert, der zu seinem Stück *Golgatha* für Harfe, Orgel und Perkussion schreibt: »Du kannst das Stück passiv miterleben, es ist entspannend, voller Reize wie eine reife Frucht an dem Baum, du verlierst jedes Zeitgefühl, die Zeit drängt nicht mehr, du läßt dich wiegen in der Zeit.« Oder der Ungar István Mártha (* 1952) in seinen Kompositionen *Christmas Day* für die Budapester Gruppe 180 und *Hearts* für Chor, Orchester und Synthesizer. Zu nennen wären hier auch der Holländer Louis Andriessen (»Hocetus«), der Elemente des Rock integrierende Engländer Michael Ny-man, die Italiener Roberto Laneri (* 1945) mit Stücken für obertöniges Singen und Instrumente (z. B. *Memories of the Rainforest* und *Two Views of the Amazon*) und Piero Milesi (* 1953) in seinen *Modi* für 11 Instrumente, der Exilrusse Arvo Pärt mit Werken wie *Tabula rasa*, die ich als klingende Ikonen bezeichnen würde, der in Holland lebende Deutsche Michael Fahres *(Glasharfe)*, der in Utrecht das ›European Minimal Mu-sic Project‹ aufgebaut hat und last not least der eigenwillige

Hans-Karsten Raecke aus der DDR mit seinem selbstgebauten Instrumentarium.

Meditative Musik im Konzertsaal oder in der Pop-Veranstaltung kann keine große Chance haben. Die übliche Erwartungshaltung ist zu andersartig und konzentriert sich auf die »Spannungs-Entspannungsdramaturgie, das Denken in Höhepunkten und Tiefpunkten, in fortissimo-Ausbrüchen und in pianissimo-Säuseln« (Wolfgang Burde). Auch die »action« einer Rockgruppe, die »notwendigen« Exzesse des Schlagzeugers und all die eingeübten Gewohnheiten eines Jazzkonzerts verhindern in den meisten Fällen wirkliche meditative Versenkung. So kam es in Konzerten des Gitarristen McLaughlin oder der Gruppe *Santana* vor, daß die Stars sich auf den Plattenhüllen mit ihrem Guru weißgekleidet fotografieren ließen und die heiligen Worte über universelles Bewußtsein und göttliche Gnade zitierten, aber auf der Bühne einen Höllenlärm und unbewußte Magie produzierten, weil die Hörer ungeduldig waren und eine Atmosphäre schufen, die alles andere war als spirituell.

Es gab allerdings einige Konzerte, in denen plötzlich ein anderes Zeit- und Hörbewußtsein eintrat. In den mehrstündigen Orgelmeditationen Terry Rileys zum Beispiel wurde »nicht strukturelles Mitdenken, nicht Reflexion von Formzusammenhängen eingeübt, sondern eine Haltung des Sich-Überlassens. Dem Strom der Musik sollte man sich anvertrauen, Einschwingen war gefragt, eine neue Bereitschaft der musikalischen Hingabe, Sensibilisierung eines neuen, extensiven Zeitgefühls« (Wolfgang Burde).

## 1. Die heilende Wirkung von Musik

> *Jede Krankheit ist ein musikalisches Problem ...*
> Novalis

Die Heilung psychischer Krankheiten durch musikalische Klänge hat eine jahrhundertelange und durch alle Kulturen gehende Geschichte. Die Aufgabe des Medizinmannes und Schamanen bestand darin, dem Kranken Heilgesänge statt Arzneien zu geben und ihn dadurch zur verlorenen Seele zurückzuführen. Mit Rasseln und Geräuschinstrumenten wurden die bösen Geister der Krankheit ausgetrieben, und ein Trommelschlag begleitete das heilmagnetische Händeauflegen. Diese Kräfte sind heute in verschiedenen außereuropäischen Kulturen in ihrer unmittelbaren Wirksamkeit vorhanden.

Freilich entspringt diese musiktherapeutische Fähigkeit einer anderen Bewußtseinsebene als der heutigen mentalen. Wenn wir uns nämlich mit den magischen Kulturen aus therapeutischer oder medizinischer Sicht befassen, so stellen wir fest, daß z. B. der Schamane oder Medizinmann die Welt nicht nur anders sieht, sondern auch zu Einwirkungen auf die physische Welt imstande ist, die uns nicht einmal suggestiv möglich sind.[1] Wir mental orientierten Europäer können uns nicht mehr vorstellen, wie es möglich ist, Krankheiten mit Tönen zu heilen. So kommt es uns vielleicht wie ein Aberglauben vor, daß die alten Griechen annahmen, Ischiasleidende dadurch heilen zu können, daß an die bestimmten leidenden Stellen Töne der phrygischen Tonleiter geblasen wurden. Und von Pythagoras wird berichtet, er habe Lieder gegen körperliche Leiden, zum Vergessen der Trauer, zur Stillung des Zornes und zur Austilgung von Leidenschaft verwendet.

Im Mittelalter waren es dann die »Zauberweisen zur Vibrationsmassage des Trommelfells«, die Luftlöcher öffneten, wodurch die »bösen Geister« ausziehen konnten. Im letzten Jahrhundert wurden schließlich Beobachtungen darüber angestellt, welche Wirkung Musik auf den Patienten hat. So berichtete der

[1] Vgl. G. R. Heyer: *Der Organismus der Seele*, München 1958, S. 175.

Wiener Arzt Hofgartner, daß bei schneller und angenehmer Musik die Augen des Patienten glänzten, der Pulsschlag sich beschleunigte und Wangen sich röteten, daß die Folge von düsterer, langsamer Musik ein Trübwerden der Augen sei, das Gesicht erbleiche und der Herzschlag sich verlangsame. In seinem bedeutenden Buch über Musikheilung berichtet Aleks Pontvik von der Verwendung eines Orchesters am Ende des 19. Jahrhunderts zur Behandlung von Nervenkranken und der Gründung einer Irrenanstalt bei Neapel, in der Musiker zu Heilzwecken beschäftigt wurden.[2]

Es stellte sich auch heraus, daß Musikstücke keine Medikamente sind, die man einfach verschreiben kann, denn ob gegen Hysterie Harfen, gegen Verfolgungswahn Trompeten, bei Herzschwäche eine Stunde Händel, bei Rheumatismus Mozart und bei Schlaflosigkeit Schubert »nützen«, wie an einer amerikanischen Universität praktiziert wird, das ist mehr als fraglich. Vor allem in den USA hat sich in den letzten zwanzig Jahren eine auf verschiedensten Methoden aufbauende *Musiktherapie* entwickelt, und erst seit wenigen Jahren setzt auch in Deutschland ein reges Interesse für dieses Gebiet ein.

In erster Linie muß man zwei Hauptrichtungen der Musiktherapie unterscheiden: diejenige, die durch Musik*hören* wirken will, und diejenige, die beim Patienten durch eigene Tätigkeit im kommunikativen Spiel Hilfe bringen möchte. Dahinter stehen zwei verschiedene Grundanschauungen. Die Vertreter der einen verlassen sich ausschließlich auf die geistigen Kräfte der Musik, die anderen behaupten, der »anthroposophische Mystizismus« zahlloser Musiktherapeuten sei schuld daran, daß dem rational ausgerichteten Psychotherapeuten die Musiktherapie undurchsichtig und suspekt sei. Letztere gehen davon aus, daß die »magische Verwendung« der Musik ein Irrglaube sei und die Musik einen Patienten durch ein einziges musikalisches Aha-Erlebnis weder von einer seelischen noch von einer geistigen Krankheit heilen könne.

Wie der sowjetische Wissenschaftler U. Berdyjew von der Medizinischen Hochschule von Samarkand allerdings feststellte, haben Töne von verschiedener Höhe, Stärke und Klangfarbe eine unterschiedliche Wirkung auf das Herz-Kreislauf-System. »Unser Organismus ist Biorhythmen unterworfen. Bildlich gesprochen hat der Mensch auf Musik eine ›Resonanz‹

[2] A. Pontvik: *Heilen durch Musik*, Zürich 1955.

wie eine Saite. Solch eine ›Saite‹ ist vor allem das Nervensystem. Deshalb kann man, wenn die Musik als Reizerreger benutzt wird, die rhythmischen Prozesse des Organismus verstärken.«[3]

Es ist eine bewiesene Tatsache, daß schnelle Musik auch den Pulsschlag beschleunigt, daß Blutdruck, Herzrhythmus und auch eine EKG-Veränderung durch Musik beeinflußt werden können. Prof. Alfred Schmölz, der Leiter eines Wiener Instituts für Musiktherapie, erwartet dagegen ein positives Resultat nicht so sehr von der »rezeptiven Therapie«, also dem Anhören von Musik, sondern mehr von der Aktivierung des Kranken zum spontanen Musizieren. Der Siegburger Verhaltensforscher Johannes Kneutgen berichtet in dem Sammelband *Neue Wege der Musiktherapie* (Düsseldorf 1974), daß debile und idiotische Jugendliche durch vom Tonband laufende Wiegenlieder ihre Nacht ruhig verbringen, daß die Fälle von Bettnässen um fast zwei Drittel zurückgehen und die verschiedenen Schlafmittel abgesetzt werden konnten. Der Bonner Therapeut Georges Hengesch ließ schizophrene Psychotiker, die oft mit Elektroschocks behandelt wurden, in einer Gruppe auf den Instrumenten des Orffschen Schulwerks spielen und erzielte eine stark auflockernde Wirkung, die zu einer schon lange vergeblich angestrebten Gesprächstherapie führen konnte.

Der Göttinger Psychotherapeut Prof. Hanscarl Leuner, der schon im Zusammenhang mit der psychedelischen Therapie erwähnt wurde, hat schließlich eine Technik entwickelt, bei welcher der Patient innere Bildvorstellungen entwickeln soll, die durch Musikhören intensiviert werden. Dieses sogenannte »katathyme Bild-Erleben« unter Musikeinfluß hat sich bereits in vielen Therapiegruppen, auch in der Arbeit mit »gesunden Patienten«, als sehr wirkungsvoll erwiesen. Diese Tagträume unter Musikeinwirkung vermindern, so Leuner, spürbar den Symptom-Druck, im Fall einer Stotterneurose z.B. den Zwang zum Stottern. Die Kasseler Theologin und Psychologin Dr. Ingrid Riedel hat diese Technik zur »Imagination mit Musik« weiterentwickelt, wobei mehrere Personen ihre inneren Bilder, die sie durch die Musik gestützt oder intensiviert fanden, im Gruppenkreis austauschen und psychologisch vergleichen. Auch Leuner geht davon aus, daß sein Verfahren des tagträumenden Bild-Erlebens unter Musikeinwirkung auch in Gruppen praktiziert werden könne und sogar gesunden Menschen helfen könne,

[3] Aus: *Medizin, Forschung, Gesundheit*, Rostock, August 1975.

»um zu einer vertieften Selbstfindung und zur Klärung der eigenen Identität zu gelangen« (Leuner).

Ein anderer wichtiger Einsatz des Musikhörens findet in der therapeutischen Hypnose statt. Musik kann hier zu Erlebnisveränderungen führen, zu Farbsynästhesien, die auch bei angeblich unmusikalischen Patienten eintreten, weil sich das Erlebnis der Klänge unbewußt mit den sinnbildlichen Entsprechungen von Licht und Farbe verbunden hat. Interessant sind Beobachtungen, ob sich das hypnotische Traumerlebnis im Moment des Musikeinsatzes verändert hat. Man stellte fest, daß die Hypnotisierten im Ablaufe der Hypnose vor der Einblendung der Musik eher negative Erlebnisse hatten, während nach dem Einsetzen von Musik diese düsteren Bilder von glücklicheren inneren Traumbildern abgelöst worden seien. Dabei spielt natürlich die Wahl der Musik eine große Rolle.

Eine andere wichtige Erfahrung ist, daß Versuchspersonen oder Patienten die in der Hypnose gehörten Musikfragmente noch Jahre in Erinnerung behalten konnten und daß sich beim Wiederhören das einmal erlebte Glücksempfinden manchmal wieder einstellte. Der gleiche Ablauf ist beim Hören von Musik unter Drogeneinfluß bekanntgeworden: Die in ekstatischen Momenten gehörte Musik löst noch Jahre später beim Wiederhören die gleichen potenzierten Gefühle aus. Ein anderer Test wurde mit kunstbegabten oder -ausübenden Versuchspersonen angestellt: Ohne Musik zeichneten sie nach dem Erwachen ihre bildhaften Erlebnisse in Schwarzweiß; wurde Musik während der Hypnose eingeschaltet, so wechselten die Bildvorstellungen während der Hypnose in Farbe über. Die Versuchspersonen konnten aber auch ein unbewußt ästhetisches Gefühl von dem persönlichen Stil des Komponisten oder der Stimmung des gehörten Stückes in ihren Skizzen oder Bildern entwickeln.

## Musik gegen Drogenabhängigkeit

Der Würzburger Klarinettist und Psychotherapeut Ernst Flakkus hat den therapeutischen Aspekt des Musikhörens mit Methoden des autogenen Trainings in Verbindung gebracht. Selbst mit den höheren Stufen dieser Entspannungsmethode vertraut, betreibt er eine »Tiefenentspannung durch Musikhören«. Während der Schwereübung und der Muskelentspannung, die mit einem suggestiven Ansprechen des Patienten beginnen

(»Der Arm ist ganz schwer ... Ich bin ganz ruhig ... Tief
atmen«), läßt er im Hintergrund, wie von ferne, verschiedene
Schallplatten und Tonbänder ablaufen, die einen meditativen
Charakter haben. Nach zwanzig Minuten wird durch einen
oder mehrere Gongschläge der Beginn des »Zurücknehmens«
angekündigt, man kehrt wieder voll ins Wachbewußtsein
zurück.

In seinem Aufsatz *Musik gegen Drogen* berichtete Flackus
von seinen Entspannungs- und Meditationsgruppen und seiner
Arbeit mit Drogenabhängigen. Nach den Übungen gibt jeder
Teilnehmer einen Erlebnisbericht über die Wirkung der Musik
und über die von ihr evozierten inneren Bilder. Über den
Ablauf seiner Kurse berichtet Flackus: »Während des Übens
ließ ich ganz leise über eine Raumklanganlage Zen-Meditations-
musik laufen, machte zuvor jedoch klar, daß man nicht auf die
Musik hören, sondern sich allein auf das Körpergewicht der
Schwere und Wärme konzentrieren solle ... Diese Vorübung
verlief erfolgreich und veranlaßte mich, ab der zehnten Runde
gezielt elektronische Musik einzusetzen. Geeignet waren Bän-
der, auf denen Naturerlebnisse, wie das Plätschern des Regens
mit Durchbruch der Sonne ... elektronisch nachgezeichnet
waren.«[4]

In einer seiner Gruppen brachte ein Teilnehmer seine Beat-
Lieblingsplatten mit, berichtet Prof. Flackus, und die Gruppe
hatte darüber abgestimmt, daß er sie spielen lassen dürfe. Schon
nach kurzer Zeit wurde jedoch klar, daß diese Musik die ange-
strebte Entspannung nicht förderte, sondern behinderte. »Das
lag nicht nur am harten Rhythmus; für diese Hörer mit ihrer
Erfahrung von Drogen, Alkohol, ekstatischen Bewegungen und
Tänzen stand das seelisch Aufwühlende im Vordergrund und
im natürlichen Gegensatz zum Arbeitsziel, der eigenen Erarbeitung tiefer Entspannung und Versenkung.«[5]

Im weiteren erklärt Flackus, warum klassische Musik oder
westliche geistliche Musik in seiner Arbeit keinen so großen
Erfolg hatte und sich kaum als geeignet erwiesen habe. Den
meisten sei es schwergefallen, nicht auf diese Musik zu hören,
sondern die eigenen Körpervorgänge im Mittelpunkt des konzentrierten Beobachtens zu behalten. Dem einen seien bei diesen bekannten Musiken frühere, schlecht verarbeitete Erinnerungen an Klavier- und Geigenunterricht gekommen, dem an-

[4] Aus: *Trug der Drogen*, Siebenstern Sammelband 1974, S. 119ff.
[5] Ibd.

deren die Zwänge der Klosterschule beim Hören von Gregorianischen Chorälen. Viele »aufgeklärte« Europäer haben es
schwer, geistliche Musik und ihre Kraft positiv zu erleben, ohne
daß die Kindheitserinnerungen an Zwänge von Kirche und
strengem Ritual sich störend einmischen. Wie viele haben das
Christuskind mit dem Bade kirchlich-menschlichen Unvermö-
gens ausgeschüttet und ertragen nicht einmal den Klang der
Orgel!

Neben seiner eigenen Musik und der Schallplatte *Music for
Zen-Meditation* sind für die Versenkungs- und Meditations-
übungen von Ernst Flackus klassische Zen-Musiken und eine
Fülle elektronischer Werke am brauchbarsten. Sie werden als
»fast abstrakte Klänge empfunden« und erleichtern so dem
Übenden, »nicht auf sie zu hören, sondern sie nur ganz im
Hintergrund mitzuempfinden und sie auf diese Weise gleichsam
ins Innere fließen zu lassen ... Die Musik schwebte im Raum als
Schwingung, als ›Ton-Farbe‹. Für den Jugendlichen ist dieses
Mitschwingen so wohltuend, aber auch Verzerrungen und
Übersteigerungen ablösend; ist er doch an andere ›Geräuschku-
lissen‹ daheim, in den Heimen, Beatschuppen, Cafés und Dis-
kotheken gewöhnt. Freilich mußten die Teilnehmer erst lernen,
wie anders man Klänge aufnehmen kann und muß, sollen sie
einen echten Kraftzuwachs bedeuten. Ihnen ging auch auf, daß
man ein Konzert aus der Entspannung heraus anders und tiefer
›empfindet‹ und aufnimmt als in irgendeiner aktivierten oder
agitierten Form des Mitmachens.«[6]

Der bekannte argentinische Avantgardist Mauricio Kagel griff
das Thema Musiktherapie sogar in einem seiner jährlich stattfindenden Kölner Kurse für Neue Musik auf: Im Landeskranken-
haus Bonn wurden experimentelle Versuche gemacht, um mit
psychisch gestörten Menschen ins musikalische Gespräch zu
kommen. Hier wurden jedoch nicht nur die herkömmlichen,
leicht spielbaren Instrumente verwendet, sondern man entwik-
kelte Klangkörper, mit denen der einzelne zum Patienten Kontakt finden konnte. Mancher Verhaltensgestörte oder Schizophrene, der manchmal jahrzehntelang keinerlei kommunikati-
ves Zeichen von sich gegeben hatte, ist innerhalb der mehrwö-
chigen Arbeit zusehends auf das akustische Angebot einge-
gangen.[7]

Wenn die praktische Musiktherapie, die vom aktiven Patien-

6 Flackus: Beitrag in *Trug der Drogen*, S. 121.
7 M. Geck: *Musiktherapie als Problem der Gesellschaft*, Stuttgart 1973.

ten selbst ausgeführt wird, alle Arten von Geräusch, schrille Zeichen der entstellten Psyche, Signale der Angst oder Hilflosigkeit hervorbringen kann und muß, so sollte ein musikalischer Heilungsversuch, der den hörenden Patienten anspricht, *bewußt* Kenntnis nehmen von den inneren Kräften der musikalischen Gegebenheit. Wer selbst nicht *wach* ist, auf konkret-wissende und zugleich intuitiv-ahnende Weise, kann auch nicht heilen. Eine den harmonischen Gesetzmäßigkeiten musikalischer Kräfte entsprechende »harmonikale Therapie« würde nicht bloß sensitive Ärzte und zu sensibilisierende Patienten voraussetzen, sondern auch Musikwerke, die *reine* Akkorde und Melodien, als Spiegelbilder des urtümlichen Soseins jedes Individuums, in vollkommener akustischer Wiedergabe zum Tönen bringen. In seinem *Lehrbuch der Harmonik* spricht Hans Kayser von einem heilenden »Akkordbad«, das natürlich in einen vernünftigen, den heutigen psychotherapeutischen Methoden angepaßten Zusammenhang gebracht werden müßte:

»Daß außer dem Hunger und der Liebe kaum etwas so tief das Seelenleben affiziert wie die Musik, ist bekannt genug. Und der Gedanke, mittels des Tones – diesen Begriff im weitesten Sinn genommen – auf die menschliche Psyche einzuwirken, liegt doch mindestens außerordentlich nahe. Für eine vernünftige Psychotherapie liegt da zweifellos noch ein weites Feld voll ungeahnter Möglichkeiten. Da es sich hierbei, vom harmonikalen Standpunkt aus, um Resonanzbeeinflussungen bestimmter psychischer Formen handeln muß, wäre das tonale Moment zunächst auf seine einfachsten Expressionen zu reduzieren: auf reintonale Akkorde vor allem – und einfachste, in regelmäßigen Intervallen sich wiederholende melodische Folgen, welche ein musikalischer Arzt dem Patienten zuerst zur Auswahl stellt. Eine Stunde täglichen ›Akkordbades‹ würde gewiß manchen psychischen Kollaps schneller heilen als sonstige Mittel, und ein ebenso tägliches Eintauchen in den beruhigenden Wohllaut einer geliebten Melodie mag auf ein zerrüttetes Nervensystem Wunder wirken.«[8]

## Musik zur Entspannung

Mit Musiken, teils vom Band, teils *live* gespielt, die der Idee eines »Akkordbades« nahekommen, habe ich etwa zwei Jahre

[8] H. Kayser: *Lehrbuch der Harmonik*, Stuttgart 1963.

lang Versuche einer musikalischen Entspannungstherapie in Berliner Lehrlingsheimen und Freizeitstätten für Berliner Arbeiter durchgeführt. Angeregt durch eine politische Organisation, die nicht *nur* das materielle Wohl der Unterprivilegierten im Sinne hatte, wurden Vortrags- und Kommunikationsabende während der Jahre 1971 und 1972 in Berlin-Moabit veranstaltet.

Die Abende fanden wöchentlich oder vierzehntägig in einem Keller statt, der unbestuhlt, aber dafür mit Matratzen und Decken ausgelegt war. Die ersten Abende hatten zumeist einen regen Andrang, der im folgenden abnahm, was allerdings sehr förderlich war, denn die wesentlichen Situationen entstanden immer bei einer Gruppe unter zehn Personen. Für die Musikdarbietung standen eine Tondband-Verstärkeranlage und eine transportable zweimanualige Orgel zur Verfügung. Nach kurzer Erklärung wurde mit einer musikalischen Improvisation begonnen, die entweder dem jungen Lehrling oder dem älteren Arbeiter eine ihm einigermaßen vertraute Klangkulisse vorstellte. So wurden Themen von Songs der Beatles oder andere bekannte Melodien verwendet. Auch war eine halbe Stunde vor Beginn Schallplattenmusik gelaufen, die den Teilnehmern schon bekannt war. Diese erste selbstgespielte Improvisation zeigte bereits, ob die zufällig entstandene Hörergruppe zu konzentriertem Hören bereit war. War dies der Fall, so wurde ein Musikstück gespielt, das als »Relax«-Musik angekündigt wurde. Überhaupt war dies der Titel der Entspannungsabende. Es handelte sich bei diesen Stücken meist um *A Rainbow in Curved Air* von Terry Riley und die früheren Stücke von Steve Reich *(Four Organs, Piano-Phase)*. Je nach Aufnahmebereitschaft liefen diese Stücke kürzere Zeit oder ganz zu Ende, immer etwa zwanzig Minuten. Da die meisten jungen Arbeiter und Lehrlinge (eine Altersgruppe von 16–24 Jahren), die der Plakatankündigung zufolge keine Drogen zu sich genommen haben sollten, oft dafür »'ne Pulle Bier« unterm Arm hatten, wurde diskutiert, ob diese Musik zum Alkohol passe. Es kam dann die Rede auf die persönlichen Konflikte, die Probleme am Arbeitsplatz und darauf, daß man »eigentlich nie mal so richtig ausspannen« könne. Bald war jedem klar, daß dies nicht *nur* am Chef, an der Ausbeutung liegen müsse, sondern daß sehr wohl Zeit dafür da wäre, daß man aber immer »auf action« sei.

Die nächste Stufe war meist eine Improvisation auf der Orgel, die ziemlich chaotisch und nervös, manchmal geradezu schrill und schmerzhaft begann, die dann aber fast unmerklich in einen periodischen Klang, ein immer wiederkehrendes Motiv oder in einen liegenden Grundton mündete. Die erste Erfahrung war nun, daß diejenigen, die sich auf diesen Entwicklungsprozeß eingelassen hatten, nach gewisser Zeit weggesunken waren. Das plötzliche »Einpennen« war ein rätselhaftes Phänomen: Man sei ja gar nicht müde gewesen, aber auch irgendwie gar nicht wirklich eingeschlafen. So nahmen alle es wahr, wenn das Orgelspiel aufgehört hatte. Mit den älteren Arbeitnehmern, die anfangs der Sache äußerst zurückhaltend gegenüberstanden, da hier keine Verständigung auf der Ebene von Gesprächen über Pop-Musik oder andere Themen möglich war, sondern eine Haltung von »Na, jetzt woll'n wa mal sehn« den Beginn erschwerte, ergaben sich nach den jeweiligen Musikvorführungen erregte Diskussionen darüber, daß der einzelne zu Musik gar keine Beziehung hatte, obwohl er angeblich Musik gerne hatte. Das Hören, einfach das Hinhörenkönnen ist ein Prozeß, der in frühester Zeit *gelernt* werden muß, anderenfalls gibt es auch keine Möglichkeit, sich durch Musik entspannen zu lassen.

Dennoch war in den zwei Jahren zu beobachten, wie schnell manche Menschen auf Musik als Entspannungshilfe reagieren.

Allerdings kam mancher Arbeiter auch nur deshalb, weil überhaupt einmal irgend etwas außerhalb der üblichen Berliner Sozialveranstaltungen für ihn gemacht wurde. Im großen und ganzen betrachtet der Verfasser diese Versuche als gelungen, obwohl er von keiner Seite ideelle, geschweige denn materielle Unterstützung erhielt. Immer noch fällt der Bewußtwerdungs- und Selbstverwirklichungsprozeß inmitten der Zwangsmechanismen auslösenden Milieus von Fabrik, Büro, Kleinstadt, Hochhaussiedlung oder Altersheim in den Tabubereich der Gesellschaft.

Dieser knappe Bericht kann nur eine Anmerkung zu der sehr diffizilen und wesentlichen Aufgabe einer sozial engagierten Entspannungsmusik sein. Als wichtigstes stellte sich bei diesen Versuchen, Musik zur inneren Entspannung einzusetzen, heraus, daß Musik *allein* gar nichts tun kann, um eine wirklich offene, wache Entspannung im Menschen zu bewirken und als Zustand zu erhalten. Vor allem das *Selbertun* spielt gerade bei jungen Leuten eine große Rolle. Insofern hat die Musiktherapie bei verhaltensgestörten und umweltgeschädigten Menschen eine bedeutende Rolle im Bereich des aktiven Improvisierens, so dilettantisch es auch sein mag. Das Beispiel eines Berliner Arbeiterkindes spricht für sich:

Mit vierzehn Jahren fast vom »Pattex-Schnüffeln«, dem Einatmen chemischer Substanzen, gesundheitlich zerstört, mit sechzehn im Jugendgefängnis wegen Autodiebstahls, mit achtzehn arbeitslos, ist dieser Junge dennoch nicht so kaputt wie viele seiner Schicksalsgenossen, denn er hat seine Gitarre. Als Hilfsarbeiter mit Gelegenheitsjobs schlägt er sich durch und wurde weder Fixer noch Alkoholiker, was selten ist. Er lernte in vielen Stunden ohne jede Hilfe, ohne jede Anregung von außen auf seiner Gitarre ein bißchen Blues und einige Titel der Rolling Stones spielen. Er hat sich seine eigene Musiktherapie geschaffen, die er täglich einige Zeit anwenden muß, um sein Leben annehmen zu können. Da drängen sich manche Fragen auf. Könnten Anregungen gegeben werden für die vielen anderen, die solch ein Schicksal teilen? Oder aber: Ist dieses Musizieren nicht ein Fluchtmechanismus, eine »Musik der Verdrängung«?

Musikkritiker mokieren sich schließlich gerne über die harmonische Musik eines Terry Riley und degradieren sie zur »Funktionsmusik«: »Je mehr Sorgen zu vergessen und verdrängen sind, desto lieber und länger mag sich einer auf den Rücken legen und sich vom Wohlklang einlullen lassen.«[9]
Wer sich einem Klang nicht hingeben kann, wer sich nicht losläßt in einen musikalischen Zustand, der nur in diesem Sinne gelöst zu erleben ist, der steht draußen und beneidet vielleicht insgeheim diejenigen, die zu dieser inneren Erfahrung fähig sind. Denn in der Tat steht eine heilende Musik in engem Zusammenhang mit einer erlebten Kenntnis der Abläufe innerer Entspannung und mit der Fähigkeit des Loslassens in den eigenen Atem, der das Leben, ob bewußt wahrgenommen oder nicht, erhält und überhaupt erst ermöglicht. Auf die Frage des Berliner Arbeiters: »Wat soll'n ich nu machen, wenn du da spielst?«, hatte die einfache Antwort, er solle sich um seinen eigenen Atem kümmern und ihn beobachten, eine sofortige erste Entspannung zur Folge.

Musik und Atem als Einheit stehen mit der heilenden Wirkung von Tönen in engster Verbindung. Gerade meditative Musik, langandauernde Klänge, langsame Bewegungen oder ein einziger Ton können zum erstenmal empfunden und auch vom intellektuellsten oder fixiertesten »Krampfheini« akzeptiert werden, wenn man ihm nur zur Aufgabe stellt, den eigenen Atem zu beachten: wann dieser kommt, wann er geht, ob er regelmäßig ist oder gehemmt. Das Körpererlebnis ist freilich

[9] *Süddeutsche Zeitung*, Feuilleton, 15. 10. 74.

eine Fähigkeit oder besser ein Geschenk, das diametral entgegengesetzt zu unserer Leistungserziehung steht. Wir dürfen ja »keine Zeit« haben, müssen immer »in action« sein, denn der erste Schritt zur Besinnung wäre ja der Schock, daß alle Hetze eigentlich unsinnig ist und nur zu weiterer Besinnungslosigkeit führt. Wie oft ist die Beobachtung gemacht worden, daß gerade einfache Menschen ohne sogenannte Bildung eine erstaunliche, spontane Sensibilität besitzen, auf die sie von niemandem aufmerksam gemacht werden und die in ihrer Umwelt durch keinerlei Gespräch oder Anregung Förderung findet. Durch die Fernsehdroge wird das Empfindungsvermögen für zu erspürende Vorgänge im eigenen Organismus ohnehin abgestumpft, wenn nicht abgetötet. Es beschäftigen sich die Menschen immer weniger mit sich selbst und sind eher peinlich berührt, wenn jemand sich um ihr Inneres kümmert.

Trotzdem müssen Wege gefunden werden, um die inneren Räume wieder zu entdecken, um den eigenen Atem bewußt wahrzunehmen, um den Umgang mit der eigenen Stimme anzuregen, das Singen zu ermöglichen, um die natürliche Atembewegung zu fördern, die den Menschen seine eigene Schwingung, seinen Eigenton wiederfinden läßt.

## 2. Die Kraft des Atems und der Stimme

Seit Urzeiten kennt der Asiate die existentielle Bedeutung des Atems im Menschen. Wenn wir uns vorstellen, daß wir wochenlang ohne Essen, tagelang ohne Trinken noch am Leben bleiben können, jedoch ohne Atem in wenigen Minuten sterben würden, so liegt die Bedeutung des Atmens auf der Hand. Der Mensch atmet immer, im Schlaf und im Wachsein, und der Atem arbeitet jeweils so, daß er uns meist nur dann bewußt wird, wenn wir Probleme mit ihm haben: Atemnot bei großen Anstrengungen, Atembeschwerden bei Krankheiten, Atemlosigkeit im Schock, aber auch Atemholen in frischer Luft, im Wald.

Es ist ein guter Test, sich zu fragen, wann man sich seines Atmens bewußt ist. Im ersten Moment denkt man sofort an das Luftholen und atmet gewollt stärker ein, indem man die Brust wölbt und sich denkt: »Ich atme ja.«

Der zweite Schritt des Testes wäre es, den Unterschied zu beobachten, wie man atmet, wenn man unbewußt dem Atem seinen Lauf läßt, und wie er sich im Moment des Darandenkens verändert. Nach einer gewissen Zeit wird einem klar, daß in dem Moment, in welchem man an den Atem denkt, man auch gleichzeitig den Atemvorgang »macht«, d.h., man atmet gewollt ein und deutlich hörbar aus. Aber auch wenn man nicht atmen »will«, atmet *es* trotzdem. Wie wäre es denn, bewußt zu erleben, wie der Atem sowieso atmet ... also dem Atemprozeß, wie er auch im Schlaf vor sich geht, zuzuschauen, ohne etwas »zu machen«, ihn so, wie er kommt und geht, zu beobachten? Wer diesen Test gleich jetzt probiert, wird merken, daß es gar nicht so einfach ist, *es* bewußt atmen zu lassen. An diesem Punkt setzt nicht nur die uralte Lehre von *Pranayama* an, der indischen Atemsteuerung, und nicht nur das Wissen des Zen-Buddhisten vom So-Sein des Atems, hier beginnt auch die Arbeit einer ganzen Anzahl von abendländischen Atemschulen, deren Hilfe heute immer mehr gesucht wird.

Die dominierende Rolle des Atmens in indischen Yogaschulen zeigt sich darin, daß eine überwiegende Anzahl von Yoga-Übungen sich direkt oder indirekt auf das Atmen bezieht. Innerhalb eines Übungsablaufes ist die Kontrolle des Atems mit verschiedenen Körperpositionen und mentalen Konzentrationsmethoden verbunden. Bei fortgeschrittenen Übungen – der Reinigung des Körpers und Geistes *(Yama* und *Niyama)* über die Körperhaltungen *(Asanas)* zum *Pranayama* – treten die zahlreichen Variationen des Atems ganz in den Vordergrund. Vorsichtig werden mit verschiedenen Verfahren nun die Atmungsorgane, die Nasenlöcher, die Luftröhre und die Lunge »gereinigt«. Verschiedene rhythmische Variationen des Atmens werden geübt. Zum Beispiel hält man bei einer bekannten Übung das eine Nasenloch zu, während eine bestimmte Zähleinheit lang durch das andere eingeatmet wird, dann hält man den Atem eine gewisse Zeit an *(Kumbhaka)* und läßt die Luft aus dem vorher zugehaltenen Nasenloch wieder eine bestimmte Zähleinheit lang ausströmen.[10]

Der Atem wird nun durch eine Art vorgestelltes inneres Pressen und mit Hilfe der entsprechenden Vokalsilben in die verschiedenen Körperteile geführt, wobei beispielsweise die Kehle oder der Anus zusammengezogen oder verschiedene Asanas

[10] Vgl. dazu André van Lysebeth: *Die große Kraft des Atems. Die Atemschule des Pranayama,* 2. Aufl. München 1975.

ausgeführt werden. Dann folgt die Regulierung des Atemrhythmus, die Technik, den Atem langsamer werden zu lassen und schließlich anzuhalten. Der Atem hat also im Prozeß der Vereinigung oder Anjochung (»Yoga«) des Menschen an seine höhere Natur, die zugleich das Göttliche ist, eine primäre Stellung. Der Atem wird nicht nur gereinigt, sondern »er übernimmt die Rolle des wichtigsten Verbündeten in dem Bestreben, die inneren Empfindungen nach außen zu verlegen. So wird der Atem zu den Organen – wie sie wirklich sind oder wie man sie sich vorstellt – hingelenkt und durch sie hindurchgeleitet.«[11]

Schon die ersten Erfahrungen mit Yoga und Pranayama zeigen, daß das Wahrnehmen und Anregen von Empfindungen der inneren Zentren dadurch ermöglicht wird, daß der Atemstrom zu einem bestimmten Teil des Körpers hingelenkt wird. Die Kraft des Atems besteht hierbei in erster Linie im *Prana,* der feinstofflichen Energie, die durch unsichtbare, aber fühlbare Kanäle den Körper durchläuft. Prana kann empfunden werden, wenn es einem bei einer Adrenalinausschüttung, durch einen Schreck hervorgerufen, »kalt den Rücken herunterläuft«, oder wenn bei zartem Streicheln ein Körperteil »erschauert«. Auch in der Akupunktur kennt man diese feinen Kanäle, die zum Teil direkt unter der Hautoberfläche entlanglaufen, aber auch im Körperinneren, die Wirbelsäule entlang, die Chakras miteinander verbinden. Durch diese Kanäle, die man auch *Nadis* nennt, wandert das Prana, und in einer bestimmten Yogatechnik wird auch der Klang der Nadis hörbar. Durch einen dieser Kanäle, *Susumna,* steigt auch die im Zusammenhang mit den Mantras kurz erwähnte Schlangenkraft *Kundalini,* die im untersten Zentrum schläft, im Körper hoch.

Uns aber interessiert hier die Beziehung zwischen Atem und Bewußtsein. Es ist eine Tatsache, von der die Yogis immer schon Kenntnis hatten, daß der Geist, das Denkzentrum, unstet ist, wenn der Atem unruhig ist, und umgekehrt. Pulsiert der Atem frei und regelmäßig oder steht er gar still – wie es der Yogi erlernt –, so beruhigt sich auch der Gedankenfluß, und das immerwährende Räsonieren kommt zum Stillstand. Der Atem wird zum einzigen Inhalt des Bewußtseins. Das Ziel des Yogi aber muß sein, reines Bewußtsein zu erlangen ohne Inhalt.

Während der Atem in der Yoga-Technik bewußt gehandhabt wird – entweder rhythmisch gesteuert oder verlangsamt und zurückgehalten –, hat der Zen-Buddhismus eine ganz andere

[11] W. Haas: *Östliches und Westliches Denken,* Reinbek 1967, S. 188.

Beziehung zum Atem. Weil im Zen kein Dualismus zwischen dem, der kontrolliert, und dem, was kontrolliert werden soll, existiert, aber auch kein Dualismus zwischen Geist und Körper, Geistigem und Materiellem, gibt es im Zen keine »gemachte«, auszuführende Technik, sondern lediglich ein waches, gewissermaßen psychologisches Beobachten. Dennoch wird der Atemweise aber große Bedeutung beigemessen. Denn Atmen ist nicht nur ein lebenswichtiger rhythmischer Prozeß, sondern auch ein Vorgang, in dem »Kontrolle und Spontaneität, gewollte und ungewollte Handlung am deutlichsten miteinander gleichgesetzt werden« (Alan Watts).

In seinem Buch *Zen-Buddhismus* erläutert Watts die Bedeutung des Atems in den zen-buddhistischen Lehren und Schulen:

»Lange vor den Anfängen der Zen-Schulen pflegten sowohl indischer Yoga als auch chinesischer Taoismus ›das Atmen zu beobachten‹, wobei darauf geachtet wurde, den Atem zwanglos, so leise wie möglich, *gehen* zu lassen. Psychologisch und physiologisch betrachtet ist die Beziehung zwischen Atmen und Erkenntnis noch nicht vollkommen geklärt. Betrachten wir jedoch den Menschen als Prozeß anstatt als Wesenheit, als Rhythmus anstatt als Struktur, so ist es augenfällig, daß Atmen etwas ist, was er beständig tut und was daher beständig ist. Daher geht das Erfassen der Luft durch die Lungen Hand in Hand mit dem Erfassen des Lebens ... Die Technik beginnt damit, eine volle Ausatmung zu erreichen – wobei die Ausatmung so geschieht, als würde der Körper mit Hilfe einer bleiernen Kugel, die durch Brust und Unterleib bis hinunter auf den Boden fällt, von der Luft geleert. Die folgende Einatmung kann dann als einfache Reflexhandlung geschehen. Die Luft wird nicht aktiv eingeatmet; man läßt sie einfach einströmen – und dann, wenn die Lungen angenehm gefüllt sind, gibt man sie wieder ab; das Bild der Bleikugel ermöglicht die Vorstellung, daß sie, anstatt hinausgestoßen zu werden, heraus›fällt‹.«[12]

Gerade hier setzt ein Hauptproblem für uns Abendländer ein: Wir sind gewohnt, alles zu betreiben, zu bewerkstelligen, zu machen, Zwang auszuüben. Und gerade unser Atem soll nun von »selbst« entstehen, absichtslos, aber dennoch bewußt erlebt und beobachtet. Um seinen Atem einfach »kommen zu lassen«, benötigen wir Sammlung und Hingabe, aber auch Achtsamkeit,

[12] A. Watts: *Zen-Buddhismus*, Rowohlt Taschenbuch.

um ihn überhaupt erst einmal wahrzunehmen, ohne ihn zu stören. Das wichtigste ist nach der Atemlehrerin Prof. Ilse Middendorf die »Sammlung zu sich selbst«, die Anwesenheit in den Körperräumen, in welchen die Atembewegung erfahren werden soll. Wenn man diese Atembewegung spüren lernt und damit in seinem Körper anwesend ist, so hat man die Möglichkeit, »die urrhythmische Atembewegung wahrzunehmen, ohne sie zu verändern. Die an sich unbewußte Atemfunktion tritt ins Bewußtsein ... Wir schaffen uns durch das erwähnte Vorgehen einen Atemzustand, der unserer Kontrolle unterliegt, ohne daß der Wille dessen Rhythmus stört ... Daraus erwächst Abstand von bisher unbewußten eingefahrenen Gleisen, sowohl körperlicher als auch seelischer Art, deren Energien nun wandlungsfähig werden.«[13]

Dieses »Üben am Atem« (Graf Dürckheim) ist also keine Yoga-Technik, die den Atem beeinflußt oder manipuliert, sondern die Hinwendung zum Atemvorgang, wie er von Natur aus vor sich geht. Auch hier ist aber ein Lehrer notwendig, der an den Übenden »Hand anlegt«. Die Hand des Behandelnden muß den Patienten oder Übenden, der sich auf ein flaches, festes Bett oder eine Couch gelegt hat, zu den Atemräumen führen und »begreifen«, wo der Rhythmus des anderen gestört, wo und wann dessen Atem etwa flach oder schwach, hart oder hastig ist. Die Hand soll dem Übenden helfen, loszulassen und sich zu öffnen, indem sie gelernt hat, bestimmte Druckpunkte und Stellen am ganzen Körper zu berühren und zu aktivieren, die mit verschiedenen Atemräumen korrespondieren. Diese Punkte, die für die Schultergegend zum Beispiel in den Füßen, für den Kopf in der großen Zehe liegen, haben eine Verbindung zu den eingangs erwähnten inneren Kanälen und lassen sich in einigen Atemschulen erlernen, da sie unmittelbar erfahrbar, somit nachweisbar sind.

In der Naturheilkunde und in der Akupunktur ist bekannt, daß im Fuß alle menschlichen Organe und Körperteile »vorhanden« sind, d. h. daß bestimmte Zonen oder Punkte des Fußes jeweils einem bestimmten Körperteil entsprechen. Das bereits erwähnte mantrische Üben, das die Keimsilben und Buchstaben in die Füße legt, beruht auf derselben Erkenntnis. Auch die Hände haben solch eine Entsprechung mit den Atemräumen des Körpers. Als Beispiel sei folgende kurze Übung erwähnt. Man setzt sich entspannt hin und läßt den Atem von selber

[13] I. Middendorf in der Zeitschrift *Atem*, Heft 3, Bad Homburg 1969.

arbeiten. Man stellt die beiden Kuppen der kleinen Finger längs
aneinander und drückt sie etwas zusammen, während die anderen Finger locker weggestreckt sind. Nun versucht man zu spüren, wohin der Atem fließt: mehr nach unten oder mehr nach
oben? Dann verändert man die Handstellung, drückt die Zeige-
finger aneinander und streckt alle anderen Finger weg: Wohin
wandert der Atem nun? Jeder kann die Antwort für sich selber
herausfinden. Man spürt allmählich, daß jeder »Stromkreis«,
der durch zwei gleiche Finger geschlossen wird, einen bestimmten Körperraum für den Atem öffnet.

Die Selbstbeobachtung zeigt außerdem, daß diejenigen Körperräume, die durch eine der verschiedenen Fingerkonstellatio-
nen stärker beatmet worden sind, sich noch intensiver öffnen,
wenn der entsprechende Vokal gedacht wird. In der Wechsel-
wirkung und Verbundenheit mit dem Atem entstehen schon im
Denken oder gedachten Singen eines Vokals Schwingungen in
den ihm entsprechenden Körperräumen. Diese Arbeit ist sehr
fein und zart, hat aber dennoch immer eine Wirkung auf Leib
und Seele. Der durchatmete Körper scheint ein schwingendes
Instrument für jeden Laut, jeden Ton, jedes Wort, in dem sich
der Mensch ebenso erleben, aber auch erkennen kann wie in
seinen Bewegungen (nach Prof. Middendorf).

Die verschiedenen Atemräume lassen sich jeweils einem Vokal zuordnen, wobei feine Abweichungen und fließende Grenz-
linien zugunsten einer schematischen Darstellung nicht berücksichtigt zu werden brauchen. Diese Entsprechungen sind in der
folgenden Abbildung der Leser-Lasario-Schule durch erfühlte
Stimmungs- und Farbenentsprechungen noch ergänzt, die ein-
gestandenermaßen subjektiv sind.

| | | | |
|---|---|---|---|
| I | Kopf, Rachen | freudig | hellgelb |
| E | Hals, Kehlkopf | heiter | gold, orange |
| Ä | Schlund, Lungenspitzen | | |
| A | obere Brust | neutral | blaugrün |
| OA | mittlere Lunge | | |
| O | Herz | ernst | purpurrot |
| Ö | Zwerchfell, Leber, Magen | | |
| U | Unterleib | tiefernst | dunkelblau |
| UI | Nieren, Mastdarm | | |

Wenn wir uns an die enge Verbindung zwischen Obertönen
und Vokalen erinnern, so finden wir hier einen deutlichen Zusammenhang zwischen Atem, Ton, musikalischer Proportion

und innerem Körper. In der Tat beginnen die indischen Sänger und Yogis, die Mandra-Sadhana oder Nada-Yoga betreiben, mit dem Singen der einfachsten Vokale, denen ein langes, ausgesummtes »mmmh« folgt. Diese sind ja die mantrischen Keimsilben: Hoooommm, Haaaammm, Heeeeg, Huuuummm, Hchriiiimmm.

Auch die Stimmbildung, eine Voraussetzung des Gesangs- und Schauspielunterrichts, aber auch des Sprechunterrichts für »Volksredner«, hat immer schon die ursprünglichen Konsonanten und Vokale zum richtigen Klingen und Tönen gebracht. Die Haltung des Körpers und die sogenannte Vollatmung waren auch Ausgangspunkte der Heilung von Sprachstörungen.

Ein wichtiges Moment für den kräftigen und klaren Klang der Stimme ist die richtige Spannung. Es war bisher so viel von *Ent*spannung die Rede, doch hier ist eine richtige Spannung nötig. Allerdings muß zwischen Druck und Spannung unterschieden werden. Druck belastet und hemmt, führt zur Starrheit; Spannung aber gleicht aus, gibt federnd nach und ist eine aktive Kraft, die niemals zum Druck, zum Pressen führen darf. Wenn wir beim Erheben der Stimme nicht richtig spannen, dann pressen wir die Kehle zusammen und setzen den Luftstrom unter Druck, so daß der Klang zerstört wird und die Kehle zu schmerzen beginnt. Wenn wir nicht pressen, dann verlieren wir zuviel Luft und können den Ton, wenn überhaupt einer da ist, nicht halten.

Die Tonbildung hängt eng mit der Spannung und der Konzentration aller inneren und äußeren Kräfte zusammen. Bei der Begegnung mit einem fremden Menschen ist es sofort möglich, Persönlichkeit und Bewußtheit am Klang der Stimme zu erspüren. Jeder Krampf, jede Hast, aber auch Güte und innere Ruhe sind genau herauszuhören. Wie viele Menschen erschrecken, wenn sie das erste Mal ihre Stimme vom Tonband hören; hier begegnen sie nicht selten den Charaktereigenschaften und Wesenszügen, die sie an sich selbst niemals gesehen haben.

Interessant ist auch die Erfahrung, daß die Entfaltung des Atems und eine geeignete Stimmbildung den Menschen um vieles mehr musikalisch empfinden läßt und selbst ein schlechtes Gehör sich verfeinert. Im folgenden sollen nun Übungen aus der Gruppenarbeit des Instituts für Atemtherapie und Atemunterricht Berlin (Leitung Prof. Ilse Middendorf) zitiert werden, die den Weg vom bewußten Erleben des Atems über die innere Vokalbildung zum Singen beschreiten.

1. Spontan, ursprünglich, kreatürlich dehnen: a) im Sitzen und b) im Stehen. Gähnen dabei ist positiv.

2. *Gut sitzen* auf den Sitzknochen (möglichst auf einer Holzfläche), und zwar so, daß man den Sitzdruck am stärksten spürt. Lendenwirbelsäule ist auf diese Weise aufgerichtet. Rücken wächst nach oben, Scheitelpunkt des Körpers strebt in die Höhe. Schultern hängen rein seitlich, Hände ruhen auf den Oberschenkeln in der Nähe des Leibes. Oberschenkel in Beckenbreite, Knie in Beziehung zu den Füßen. 2. und 3. Zehe und Knie bilden ein Linie. Füße breit aufgesetzt, tragen lassen.
   Beide Handflächen auf die Leibdecke legen, sich spürend dahinsammeln. Es ist Atembewegung unter den Händen zu spüren, die an Umfang zunimmt. Den Atem *kommen lassen,* nicht ihn holen, gehen lassen, warten, bis er *von selbst* wieder kommt. Auf diese Weise alle Rumpfgegenden *mit den Händen* ansprechen und Atembewegung entstehen lassen. Fördert die Empfindungsfähigkeit und die Sammlung und erweitert die Atembewegung.

3. *Gut stehen:* Das gesamte Körpergewicht liegt auf den Großzehballen. Alle Gelenke (namentlich die Kniegelenke) sind federnd locker. Übungsweise wie unter 2. Nur veränderte Ausgangslage der Hände. Beide Hände liegen auf der Leibdecke – schweben während des Einatmens in den Raum – kehren mit dem Ausatmen zurück auf die Leibdecke. Diese Übungsweise bringt zahlreiche, individuelle Gestaltungsmöglichkeiten und fördert insbesondere die Qualität des Atmens.

4. Am Morgen oder tagsüber zur Lösung nach kräftiger Arbeit zu üben: *schütteln.* Stehen mit leicht gespreizten Beinen, das Gewicht wird von links nach rechts verlagert. Immer im Wechsel, so daß keine Spannungen im Unterschenkel entstehen. Mit lockerem Fußgelenk, aber vom Fußgelenk aus in die Höhe federn. Beim Niederkommen berührt die Ferse den Boden. Die Federung muß alle Gelenke, die Wirbelsäule und alle Körpergegenden durchschwingen können. Empfindend hingesammelt sein. Großwellig oder kleinwellig federn (schütteln).

[14] Veröffentlichung des Instituts für Atemtherapie und -unterricht, West-Berlin 1973. Mit freundlicher Genehmigung von Frau Prof. Middendorf.

5. Rumpfkreisen: Stehen (Füße im Abstand von etwa 20–30 cm). Seitlich völlig locker in eine Rumpfbeuge gleiten, frontal durchgleiten, seitlich wieder aufrichten – wenig rückwärts beugend weitergleiten, um denselben Kreis neu zu durchlaufen – zweimal rechts herum, zweimal links herum. Dasselbe nur mit dem Schultergürtel – später zusammengesetzt als gleitende Spiraldrehung. Die Atmung kommt und geht ohne jegliche Führung. Erst wenn Sie ruhen und nachschwingen lassen, spüren Sie, wie sich Ihre Atmung durchbewegt. Eine gute Übung am Morgen. Wichtig für die gesamte Übung: Die Arme und den Schultergürtel *völlig gelöst* gleiten lassen.

13. Vokal E: E schweigend in sich singen oder kontemplieren = anspüren, wo sich die Atembewegung befindet. E bewegt die Flanken seitlich und bildet einen bestimmten Raum. Später kann auf Ton ausgeatmet werden. Aber auch schweigend im Ein- und Ausatmen wird die Atembewegung stark und deutlich. E meint die Bewegung in den Außenraum.

14. Vokal O: Dasselbe wie unter 13. – O hat eine Atembewegung, die nach vorn und rückwärts geht in derselben Höhe wie E – also befindet sich der O-Raum etwa Mitte Brustbein bis in die Nähe des Nabels. Im Rücken entsprechend. O bildet einen anderen Atemraum als E. O meint die Bewegung in den Innenraum.

15. Vokal U und I: Dasselbe wie unter 13. Das U befindet sich im unteren Raum (Beckenraum). In Verbindung mit I (Kopf- und Schultergürtel) richtet es die Wirbelsäule und den ganzen Rumpf auf.

»Einen Vokal in sich singen, sprechen, denken oder kontemplieren und seinen Atemraum erfahren heißt also, den Atem *wirklich kommen lassen.* Trägt der Ausatem den Vokal *tönend,* so breitet sich die Resonanz weit über den im Einatmen entstandenen Vokalraum und seinen Konturen hinaus aus ...

Da unsere Atembewegung auf sämtliche Lebensäußerungen *ganzheitlich* reagiert, ist es nicht erstaunlich, daß sich bei gleichen Voraussetzungen gleiche Atembewegungsräume bilden. Es ergeben sich also übereinstimmende Formen des Vokalatemraumes. Die Voraussetzungen sind wie gesagt: in gesammelter Anwesenheit das schweigende Schwingen eines Vokals und das Erspüren der Atembewegung.«[15]

[15] Aus einem Vortrag v. Frau Prof. Middendorf (Arbeitsgemeinschaft für Atempflege).

Frau Prof. Middendorf betont in ihren Vorträgen, aber auch im persönlichen Gespräch, immer wieder den Unterschied, ob ein schweigend gedachter Vokal die Öffnung eines bestimmten Raumes veranlaßt oder ob der Resonanzraum eines tönenden Vokals sich öffnet. Die Atemräume von innerlich gesprochenem und gesungenem Vokal sind nämlich verschieden. Die Vokalraumform des inneren Sprechens erfährt nach Frau Prof. Middendorf das U im Becken, das E in den Flanken beiderseits bis in die Achselhöhlen, der I-Raum ist im oberen Schultergürtel-Hals-Kopf, der O-Raum hat einen geschlossenen und umschlossenen Charakter, das A schließlich umfaßt sämtliche anderen Vokal- und Konsonantenräume, als den gesamten Körperraum.

Die in Vokalimprovisationen *gesungenen* Vokale oder Silben haben ihre Körper-Räume dagegen in der bereits vereinfacht dargestellten Form.

## *Tönender Atem – Vokalimprovisation*

Seit kurzer Zeit beschäftigen sich verschiedene Komponisten, Ensembles und Musikgruppen mit den Gesangstechniken Asiens und Arabiens, mit der psycho-physischen Wirkung des Singens und den gruppendynamischen Prozessen der Vokalimprovisation. Die amerikanische Komponistin Pauline Oliveros, die schon vor Jahren den Chorklang und seine Modulation mittels Elektronik zum Ausgangspunkt ihrer Arbeit genommen hat, z. B. in ihrer Komposition *Extended Voices*, entwickelte *sonic meditations*, klingende Meditationsmodelle, die sie teilweise aus den Übungen des »Living-Theatre« aus New York und anderen Sensitivity-Übungen weiterbildete.

Die schon erwähnte Gruppe *prima materia* des italienischen Komponisten Roberto Laneri erlernte das *multiphone* Singen, die Technik der Mongolen und Tibeter, wenigstens im Ansatz, und praktiziert gruppenimprovisatorische Gesangsmeditationen, in denen auch das Publikum aktiv mit einbezogen wird. In Deutschland entwickelte sich an verschiedenen Orten, in spontan entstehenden Gruppen, ein gemeinschaftliches Singen und Musizieren mit Glocken, Zimbeln und Gongs.

Eine solche Gruppe mit verschieden großer Besetzung nennt sich *Singing-Pool* und wird innerhalb des Freien Musikzentrums in München von dem Sinologen und Musiker Peter Müller geleitet oder besser: »animiert«, der in verschiedenen Ländern Außereuropas Instrumente und Gesangstechniken studierte. Er sagt über die Praxis des gemeinsamen Singens: »Wir sind eigentlich alle in der gleichen Situation. In der Schule und von unseren Eltern wurde uns erzählt, daß wir auf *eine* bestimmte Art singen müßten, daß wir alle ›falschen‹ Zwischentöne nicht singen dürften, und auf diese Art und Weise hat man uns meist allen Spaß am Singen genommen. Dabei ist die Stimme ein Medium, das immer lebendiger und interessanter wird, je mehr wir es benutzen und je mehr wir uns von der brutalen Einzwängung befreien, daß wir ›falsch‹ singen könnten.«[16]

Die Teilnehmer einer im *Singing-Pool* vereinten Selbsterfahrungsgruppe legen oder setzen sich entspannt in einen Kreis und beginnen ihre Stimmen mit dem Ausatmen erklingen zu lassen. Es ist möglich, daß hierbei noch gar kein richtig gesungener Ton herauskommt, sondern erst mal eine Art Brummen. Um zu erfahren, wie der Klang durch den Körper wandert, hält sich jeder die Ohren zu. Wenn man dabei jedes Ohr abwechselnd auf- und wieder zumacht, kann man hören, wie der Klang im Kopf hin- und herwandert. Es werden beim Singen auch die Hände auf Herz und Bauch gelegt und die Vibration, die durch die Stimme auf den Körper übertragen wird, erfühlt. In kleineren Gruppen setzt man sich Brust an Brust oder Rücken an Rücken mit einem Partner und fühlt die Stimme und das Wesen des anderen, was dem Körper erlaubt, auf den Körper des anderen zu antworten (nach Peter Müller).

Die wichtigsten Grundübungen des tönenden Atems finden sich zusammengefaßt in dem berühmten Werk von J. L. Schmitt, *Das Hohe Lied vom Atem*. Zwei dieser Übungen sollen hier vorgestellt werden:

Seufzend einatmen und den Atem anhalten. Während des Anhaltens wird der Mundraum weit geöffnet, in der Stellung des zu singenden Vokals. Zunächst: A – Mund ganz groß, rund, geöffnet, weit. Die Weitung soll bis über das Kiefergelenk in die hintere Rachenhöhle hinab fühlbar sein.

Aus dem angehaltenen Atem heraus wird der Vokal A ausgestoßen und klingt in den vorbereiteten Höhlungen und Wölbungen, bis er völlig verklungen ist. Man wartet eine Weile,

[16] P. Müller: *AUM. Einige Tips für Leute, die gerne singen*, Vorabdruck aus dem *Erdenlogbuch* (Connexions) in *Middle Earth*, Nr. 6.

atmet tief ein und wiederholt den Vokal siebenmal hintereinander. Den gesamten Vorgang übt man mit E, I, Ü, Ö, O, U und M.[17]

Eine Weiterentwicklung dieser Übung besteht darin, den Vokal im Laufe des Aussingens stärker werden zu lassen und ihn vielleicht zuletzt im gesummten Ausklang enden zu lassen. Also Maaaaaaaaaaaahmmmmmmm, Cheeeeeeeeeeehmmmmmmm, Hiiiiiiiiih (hier ist ein gesummter Abschluß unnötig), Wooooooh, Luuuuuuh und Kuuuuuuuh. Zum Ende eines solchen Übungsablaufes kann sich der einzelne oder die Gruppe in den orientalischen Sitz begeben und die Hände auf die Knie oder in den Schoß legen. Wenn der Atem ruhig und absichtslos arbeitet, atmet man einmal besonders stark ein, hält den Atem kurz an, betrachtet bzw. konzentriert sich auf sein Herz und singt langsam und halbleise ausatmend OM. Diese Übungen können allesamt alleine oder in einer Gruppe ausgeführt werden. Das wichtigste ist dabei eine vielleicht anfangs nicht vorhandene Gelöstheit, die sich aber nach längerer Übungszeit von selber einstellt. Das Märchen, daß wir nicht singen können, weil wir in der Grundschule oder in der Chorstunde den Musiklehrern nicht nacheiferten, erweist sich schnell als Irrtum. Vielleicht können wir keine Volkslieder oder Arien singen, aber unsere Stimme können wir schöpferisch losgelassen zum Klingen bringen. Vielleicht gelingt es uns auch mit der Zeit, unseren *Eigenton,* jenen Klang in unserem Inneren zu entdecken, der am engsten mit unserem Körper und unserer Seele in Verbindung steht.

### 3. Das Finden des Eigentons

Das Finden des »Eigentons« ist ein Prozeß, der eine ganze Zeit andauern kann und vor allem Geduld erfordert, denn die Übung muß, obwohl sie selbst nur einige Minuten in Anspruch nimmt, regelmäßig über einige Wochen ausgeführt werden. Wer sie nur einmal kurz probiert, wird gar kein Resultat spüren. Man benötigt für diese Übung nichts weiter als eine Stimmgabel oder irgendein Musikinstrument und einen Teppichboden oder eine nicht zu weiche Couch. Die beste Zeit zum Üben ist

[17] Übungen nach Schmitt, vgl. *Das Hohe Lied vom Atem,* Den Haag o. J., S. 273 ff.

der Morgen und der Abend, man soll nicht gehetzt sein und sich allein in einem Zimmer befinden.

Sie legen sich also auf die nicht zu weiche Couch, können eine Kerze entzünden oder ein Räucherstäbchen abbrennen, um dem ganzen einen kleinen rituellen Akzent zu geben, und beginnen mit dem bewußten Atmen. Der Atem soll beobachtet, aber nicht beeinflußt werden. Allmählich stellen Sie sich denjenigen Vokal vor, der Ihnen innerlich von selbst am nächsten ist. Mit der Zeit bekommen Sie heraus, welcher Vokal der »Ihre« ist. Für Menschen, die mehr aus ihrer Leibesmitte heraus leben, wird sich im Lauf der Zeit fast automatisch ein dunkler Vokal als der »eigene« herausstellen; für Menschen, die mehr im mentalen Bereich leben, der der Hals- und Kopfregion entspricht, könnte es ein heller Vokal sein, z.B. E oder I.

Mit diesem gefundenen Vokal auf den Lippen konzentrieren wir uns auf den angesprochenen Körperraum, und wenn wir soweit sind, daß der Atem ganz von selber kommt und geht, formen wir – zuerst ganz behutsam – den innerlich gesprochenen Vokal und lassen ihn beim Ausatmen unverkrampft mitschwingen.

Es ist möglich, daß zu Anfang gar keine gesungenen Töne entstehen, sondern eher gehauchte, manchmal auch unschöne Laute. Diese soll man nicht absichtlich zum schön gesungenen und »gemachten« Ton verändern, sondern wir versuchen allmählich, den ausgehauchten Vokal in einen gesungenen Ton einpendeln zu lassen. Wichtig ist, daß wir nicht künstlich auf die Stimmbänder drücken, um zu singen, sondern daß sich langsam von selbst ein Ton mit dem ausgeatmeten Vokal formt. Wir bringen also den ausatmenden Luftstrom zum Klingen, ohne absichtlich einen Ton erzeugen zu wollen.

Zur Hilfe singen wir vor jedem gewählten Vokal ein angehauchtes H, als Haaaaa oder Hooooo usw., und wenn es sich ergibt, lassen wir den Vokal aussummen, also z.B. Huuuuummm. Wenn in den ersten Übungsläufen kein wirklich gesungener Ton entsteht, so lassen wir uns davon nicht beirren. Nach einer gewissen Zeit fängt man plötzlich auf einer bestimmten Tonhöhe zu singen an, d.h., der Atem sucht sich mit dem gewählten Vokal von selbst eine natürliche Schwingung.

Es handelt sich bei dem zu suchenden »Eigenton« um eine ganze Reihe von Tonhöhen, d.h., man kann den Eigenton auch in der nächstoberen Oktave als Oberton singen. Wichtig ist, den im Spektrum der individuellen Stimme tiefsten Ton zu finden. Außerdem ist darauf zu achten, daß man sich beim Einatmen ebenfalls auf denselben Vokal konzentriert. Wenn man das Gefühl hat, daß *der Ton zu einem paßt,* wenn der Ton hörbar an Resonanz gewinnt, so kann man noch eine Weile fortfahren, atmend zu singen, sollte die Tonhöhe jedoch nicht willentlich variieren. Freilich ist es möglich, daß eine Tonhöhe sich noch verändern will, aber das geschieht meistens nicht mehr, wenn man ein und denselben Ton schon öfters gesungen hat.

Haben wir also einen festeren Ton am Ende der Übung, so versuchen wir, dessen Ton*höhe* festzustellen. Für Musiker ist das kein Problem, aber auch dem Laien ist es möglich, zum Beispiel eine Gitarrensaite auf den gesungenen Ton zu stimmen oder mit Hilfe einer Stimmgabel die absolute Tonhöhe festzustellen. Noch leichter ist es, die letzten Töne der Übung in Erinnerung zu behalten, summend ein Tonbandgerät einzuschalten und damit den Ton zu bestimmen.

Am nächsten Tag beginnt man ohne Kenntnis bzw. ohne sich des Tones vom letzten Male zu vergewissern in gleicher Weise mit der Übung. Am Ende hat man wieder einen Ton. Man nimmt ihn wieder auf, vielleicht ist er vom ersten erst völlig verschieden. Aber allein das Gefühl sagt einem, welcher der verschiedenen Töne angenehmer, gleichsam verwandter gewirkt hat. Mit der Zeit kann es möglich sein, daß wir schon während der täglichen Arbeit oder in ruhigen Augenblicken zu singen bzw. zu summen beginnen und uns, vielleicht noch völlig unbewußt, mit dem eigenen Ton beschäftigen.

Wir suchen und tasten und summen aber auch in kleinsten Schwankungen, d.h., es können verschiedene Töne auf dem Tonband aufgenommen sein, die eine ganz ähnliche oder fast die gleiche Höhe haben. Auch ist es möglich, daß die Oktave oder Quinte eines vorher fixierten Tones gefunden wurde. Das verwundert uns nicht, wenn wir uns an die Obertonreihe erinnern. Es ist deshalb im folgenden wichtig, daß wir uns für den tieferen Ton entscheiden, wenn die Stimme während des Einpendelns solch eine Alternative zuläßt.

Der Musikausübende hat inzwischen eine lange Aneinanderreihung von Tönen verschiedener Höhe gefunden, und es mag einige Zeit Geduld notwendig sein, bis man von *einem* Ton mit Sicherheit als dem Eigenton sprechen kann. Es ist hier sehr wichtig zu wissen, daß die Begegnung mit diesem Eigenton eine archetypische Erfahrung sein kann: Wir nehmen *sofort* wahr, wenn wir den »eigenen« Ton singen! Es ist – gerade nach wo-

chenlangem, sensibilisierendem Üben – in manchen Fällen wie
ein Lichtblitz oder ein inneres Beben und Zittern, wenn man
plötzlich dem eigenen Ton begegnet. Aber es ist nichts Schreck-
liches, sondern eher ein erhebendes, beglückendes und stärken-
des Gefühl. Da der Eigenton, der ohne Pressen, natürlich auszusingen ist, in verschiedenen Tonlagen existiert, müßten wir
eigentlich von der *eigenen Naturtonreihe* sprechen.

Der Eigen-Grund-Ton hat nun einen bestimmten Namen,
z. B. B oder D usw. Auch hier muß darauf aufmerksam gemacht
werden, daß es immer von der Stimmung eines Instrumentes
abhängt, wie der Ton benannt ist: Ein altes, verstimmtes Klavier
spielt auf der Taste C manchmal ein anderthalb Töne tiefer
liegendes As. Von einem Geiger mit dem heutigen hochge-
stimmten Kammerton wird andererseits ein altes C als zu tief
angesehen. So sollte man sich beim Finden des eigenen Grundtones nicht auf die absolute Benennung des häuslichen Klaviers
verlassen.

Es ist auch nicht so wichtig, wie der eigene Ton heißt. Wenn
Joh. Seb. Bach von der Bedeutung des C-Dur sprach, so müßte
das heute schon auf den praktizierten Klang von H-Dur übertragen werden. Und die h-Moll-Messe wäre für Bachs Ohr
längst schon eine c-Moll-Messe geworden. Am besten orientie-
ren wir uns immer wieder am spontanen Hervorbringen des
Eigentons, egal, ob er stets gleich benannt wird. Es ist eine
interessante Beobachtung, daß wir diesen Ton nie mehr verlieren, wenn wir uns selber nicht »verlieren«, also weder nervös
noch aggressiv oder sonst »verstimmt« sind.

Ein Sinusgenerator kann uns behilflich sein, den Eigenton zu
fixieren. Wir bringen den gesungenen Ton in Übereinstimmung
mit der variablen Tonhöhe des elektronischen Tongenerators
und finden dann eine bestimmte Frequenzzahl, nach der zum
Beispiel der Kammerton A = 440 Hertz (Hz) hat. Längst wird
allerdings in Orchestern mit 443 Hz musiziert, während sich die
indische Stimmung noch heute nach dem englischen Kammerton von 1894 orientiert: 432 Hz. Die Frequenzzahl (Hz) ist eine
physikalische Gegebenheit des Tones und daher das einzig Objektive.

In gleicher Weise hat unser eigener Grundton, in dem wir uns
wohl fühlen, seine Obertöne, also seine Oktave, Quinte, Doppeloktave usw. Es ist eine Erfahrung, die noch nicht erforscht
wurde, daß der erste *Nada*-Ton, von dem im folgenden Abschnitt über Nada-Yoga die Rede sein wird, die Doppeloktave

bzw. eine noch höhere Oktave des eigenen Grundtons ist und daß der zweite und dritte Nada-Ton jeweils im Quint- oder Quart-Verhältnis steht, also in der persönlichen Naturtonreihe enthalten ist. Eine andere Hypothese bezüglich des Eigentons besteht darin, daß man annimmt, der Mantra-Ton des *inneren Selbst* sei eine Oktave tiefer als der tiefste sangbare Ton der Eigentonreihe: Dieser Mantra-Ton *ist* die klangliche Manifestation des Selbst, *tat twam asi*. Wer seinen Eigenton, ob höher oder tiefer gesungen, gefunden hat, wird allmählich fähig, unverkrampft in natürlicher Weise zu sprechen, ohne Anstrengung, aber deutlich und klar und – überzeugend. Ein anderer Punkt ist die Erfahrung, daß es vom Eigenton aus auch dem westlichen Menschen möglich ist, die Gesangstechniken der Tibeter und Mongolen, also das multiphone Singen zu lernen. Zustände von Angst und Schmerzen werden durch das leise oder laute Singen des Eigentons gelindert. Aber das wichtigste Resultat dieser Übungen besteht darin, in der eigenen Selbstverwirklichung einen Schritt weitergekommen zu sein.


*Mandra-Sadhana*

> *Wenn auch die lauten Töne noch klingen,*
> *so soll man sich doch schon auf den feinen*
> *Klang im Herzen konzentrieren.*
>
> *Upanishad*


Es folgen Auszüge aus der Lehre vom *Mandra-Sadhana*, dem altbewährten System indischer Stimm- und Gesangsschulung, die von dem berühmten nordindischen Sänger Omkarnath Thakur aufgezeichnet wurden. Diese klassische Methode zur Kultivierung der Gesangsstimme wird sowohl im Bereich des nordindischen *Hindustani*-Stils als auch in der südindischen *karnatischen* Musik befolgt. Das indische Ideal musikalischen Übens ist die Loslösung vom Körper und der Versuch, die physiologische Methode der Gesangspraxis zu transzendieren, wozu eine Kenntnis der inneren Muskulatur der Organe, des Nervensystems und der geistigen Zentren notwendig ist.

»Der beste Zeitpunkt für die Mandra-Sadhana-Übung, die übersetzt etwa ›geistiges Üben des zu singenden Tones MA (Fa)‹ bedeutet, ist der frühe Morgen vor Sonnenaufgang. Zuerst soll der individuelle Grundton festgelegt werden: Das SA (oder Do, die Tonika – nennen wir es einmal C, unabhängig von der absoluten Tonhöhe) soll so hoch liegen, daß die Stimme bequem zum eine Quinte tiefer liegenden MA hinuntersteigen kann, welcher dann, als angenommener Ton F, der tiefste sangbare Ton ist. Ebenfalls soll der Grundton das Aufsteigen zur Quinte PA (Sol bzw. G) gestatten, was meistens einfach ist. Mit der Festlegung des individuellen Grundtons soll man sehr sorgfältig sein. Ein falscher, für die jeweilige Stimme unnatürlicher Grundton, der zu tief oder zu hoch liegt, macht das Mandra-Sadhana unmöglich.

Ist das SA (Do bzw. C) festgelegt, so stimmt man seine Tambura (in unserem Fall ist auch ein Harmonium oder eine elektronische Klangquelle möglich, etwa eine Orgel, ein Sinusgenerator, oder ein anderes stimmbares Instrument) entsprechend und beginnt langsam zum tiefsten Ton hinunterzusteigen, also eine Quinte nach unten zum MA (F). Es ist klar, daß dieser tiefstmögliche Ton musikalisch einwandfrei erklingen soll, also nicht seine Qualität der Resonanz und Natürlichkeit verlieren darf.

Ist man unten angelangt, so wiederholt man diesen tiefsten Ton mit dem längstmöglichen Atem für mindestens 15–30 Minuten. Der Ton soll mit allen Vokalen ausgesungen werden, wobei I und E fast unmöglich, A, O und U jedoch gut möglich sind. Die Artikulation der einzelnen Vokale in immer länger ausgehaltenen Tönen führt zu bestimmten physiologischen Veränderungen und Phänomenen im Magen, Bauch und dem Atmungsvorgang usw. Jemand, der keine große Stimme besitzt, soll mit »Ooooo« üben, was die Stimme stärkt, vergrößert und ihr die Steifheit nimmt.

Mandra-Sadhana wird immer zur Begleitung eines Grundtones ausgeführt, entweder Tambura, Streichinstrument oder elektronischer Bordun. Die vielen Obertöne, die eine Tambura produziert, sind wichtig für die Konzentration des Sängers und die Klangfarbe seiner Stimme. Ja, es können diese Obertöne von der einzelnen Stimme sogar angesungen werden.

Wenn der Sänger, der seine vierte Tamburasaite, welche nicht auf SA (C) gestimmt ist, auf F (MA) gestimmt hat, so wird er hören, daß der Klang seines tiefsten Tones MA (F) auch dieses SA in sich trägt. Manche Yogis erleben im Gesang des MA die mütterliche Kraft der Mitte und wiederholen ihren tiefsten Ton mehrere Stunden. Wenn der Übende nur ca. 30 Minuten im tiefsten Ton verharrte, so beginnt er allmählich, Ton für Ton die Skala der *Raga Bhairaw* (Lord Shiva gewidmeter Morgenraga) emporzusteigen. Jeder Ton wird dann 10 Minuten lang wiederholt, und je höher man in der Skala steigt, desto kürzer wird die Zeit des Singens für den einzelnen Ton (s. Notenbeispiel 8).

Das regelmäßige Üben von Mandra-Sadhana wirkt positiv auf Lunge, Bauch, Herz und den Blutkreislauf, verlängert den Atem und fördert die Konzentration. Schwimmen und die Methode der Yoga-Übung *Surya-Namaskaram* (Begrüßung der Sonne) folgen, wenn möglich, der frühmorgens stattfindenden Übung.«[18]

## Nada-Yoga

> *Wer das Geheimnis der Töne kennt, kennt das Mysterium des ganzen Weltalls.*
> *Hazrat Inayat Khan*

Für Menschen, denen die Tonwelt leichter zugänglich ist als die sichtbare oder die begriffliche Welt, also für Musiker, Harmoniker oder Blinde, ist Nada-Yoga ein idealer Weg zur Selbstverwirklichung. Das Wort *Nada* bezeichnet den kosmischen Laut, der im Inneren vernommen wird, einen gedehnten, ziehenden, im Kopf wahrnehmbaren Klang. Hörbar wird er am ehesten in der Stille eines Waldes, in der hörbaren Nähe des rauschenden Meeres oder auch nach reichlichem Alkoholgenuß. Bei letzterem ist der ziehende innere Klang ein unangenehmes Signal der nahenden Bewußtlosigkeit, des allmählichen Verlustes der inneren Kontrolle.

Das erste Studium des Nada-Tones beginnt mit dem aufmerksamen, nach innen konzentrierten Hören. Im Nada-Yoga verbinden sich innerlich gehörte Töne mit Symbolen von Bewußtseins- und Gemütsinhalten; es erklingen Schwingungen des eigenen Seins, also akustische Spiegelbilder. Ströme des Gehirns lassen sich mit dem Elektroenzephalographen auf sinusähnliche Schwingungen mit einer Frequenz zwischen 1 und 30 Hz reduzieren. Das ist zwar fast nicht mehr hörbar (das menschliche Ohr nimmt höchstens eine Spanne von 16 bis

---

[18] Frei wiedergegeben nach der englischen Übersetzung von Prem Lata Sharma (Veröffentlichung der Hindu-University, Benares).

20 000 Hz wahr), Gesetzmäßigkeit und Wirkung dieser »Unter-
töne« reichen jedoch in das Unbewußte.

Man muß einmal erleben, wenn ein Sinusgenerator allmählich in
die unteren Frequenzbereiche geschaltet wird und dieser Prozeß über gute Lautsprecher oder Kopfhörer abgestrahlt wird.
Erst vernimmt man noch einen fast schmerzenden Ton, der
immer tiefer gleitet, bis er in ein brabbelndes Geräusch um-
schlägt. Schließlich hört man je nach Verstärkerqualität früher
oder später gar keinen Ton mehr, nimmt aber eine ziemlich
unangenehme Luftbewegung wahr, die einem physisch zuset-
zen kann. Genauso ist es umgekehrt mit den höchsten Frequenzen. Plötzlich sind die nadelhaft-spitzen Töne in der Höhe weg,
man spürt sie aber noch, auf die Dauer verursachen sie Kopf-
schmerzen.

Der für Menschen nicht mehr wahrnehmbare Ultraschall
wird mit Hilfe der sogenannten Hundepfeifen als Signal bei
Hunden eingesetzt. Angeblich bereitet dieser hohe Ton den
Hunden keine Schmerzen, sondern löst im Gegenteil eine sexu-
ell stimulierende, lustvolle Erregung aus. Leider ist die Wirkung
des Ultraschalls auch von der Kriegsindustrie auf seine militäri-
sche Verwendbarkeit geprüft worden. Schallkanonen sind heute
in den Bereich realer, erforschter Schrecken gerückt.

In der esoterischen Lehre der Chakras existieren die unhörbaren Klänge der Herzregion. In diesem Zentrum der »Stimme
der Stille« kann die Sonnen- und Sphärenharmonie erlebt werden, wie alte Yoga-Texte verkünden. Diesen Klang nennen die
Sufis *Saute Surmad,* abstrakten Ton. Der Prophet Mohammed
hat ihn in der Höhle von Gare-Hira gehört, als er in sein göttli-
ches Ideal einging. Moses hörte denselben Ton auf dem Berg
Sinai, als er mit Gott Zwiesprache hielt, und das gleiche Wort
wurde Jesus Christus offenbart, als er mit seinem himmlischen
Vater in der Wildnis vereint war. Shiva hörte den gleichen *Ana-
had-Nada* während seines Samadhi in der Höhle des Himalaya.
Die Flöte des Krishna ist das Zeichen dieses Tons, sinnbildlich
dargestellt, des Nada-Tons, der sich nach den alten vedischen
Lehren mit Hilfe von Brahma, dem Schöpfer der Welt, durch
den Klang seiner Zimbeln manifestierte. Das Göttliche offenbart sich im *inneren Wort,* im christlichen Logos genauso wie
im *Nada Brahman,* dem Klang, der das Göttliche selbst ist.

Die Vorbereitung besteht in einer zweiminütigen unbeweglichen Yogahaltung, je nach dem, welchen Sitz man bevorzugt. Dann wird der Schließmuskel des Afters 5omal kontraktiert, so fest man kann. Danach folgt *Pranayama,* am besten fünf volle Wechselatmungen (linkes Nasenloch ein – rechtes Nasenloch aus – rechtes Nasenloch ein – linkes Nasenloch aus usw.) und siebenmal *Brahmari* (nach tiefem Einatmen, bei geschlossenen Augen und mit den Fingern verschlossenen Ohren »aussummen«) mit Konzentration auf den Punkt zwischen den Augenbrauen. Dann beginnt die eigentliche Übung:[19]

Setzen Sie sich in Bhadrasana (eine Stellung, bei der die Beine in bestimmter Weise untergeschlagen werden) auf ein rundes Polster, wobei Sie die Beine noch ausstrecken können. Danach schließen Sie die Ohren mit den Zeigefingern, wobei die Ellenbogen entweder auf den aufgestellten Knien oder auf einem Tischchen aufgestützt werden. Bei geschlossenen Augen konzentrieren Sie sich auf den *Bindu* (zwischen den Augenbrauen) und versuchen, irgend etwas zu hören.

Der auftauchende Ton kann alles mögliche sein: eine vorüberziehende Wolke, ein Strom, eine stürmische See, eine Glocke, zwitschernde Vögel oder vielleicht die Vision eines Sternenfirmaments, der Ozean oder ein Donner. Am Beginn ist es sehr schwierig, irgend etwas zu hören, weil man nicht weiß, wie man das hören sollte. Wenn Ihnen das Hören am Bindu schwerfällt, wandern Sie ruhig im Kopf umher, in die Ohrmuscheln, Stirn, ins Zentrum des Gehirns oder vielleicht sogar ins Herz. Es ist aber für den Fortschritt der Meditation unbedingt notwendig, den Ton in den Hinterkopf zu ziehen, auch wenn es verführerisch ist, ihm an anderen Stellen zuzuhorchen.

Wenn Sie einen Ton im Bindu hören, lassen Sie ihn klarer und deutlicher werden. Bald wird im Hintergrund, im Dunkel ein zweiter, anderer Ton auftauchen, parallel zum ersten. Lassen Sie vom ersten ab und versuchen Sie, den nächsten zu entwikkeln, bis dieser klar wird und der erste verschwindet. Dann nehmen Sie einen dritten und verfahren so wie mit dem zweiten. Dieser Vorgang kann sehr lange dauern und gelingt vielleicht erst nach Monaten täglicher Praxis. Oft kommt dann nach dem

---

[19] Die Darstellung folgt der Aufzeichnung von Jyotirmayananda (M. Zaunschirm), *Praxis der Meditation,* Wien 1970, S. 86 ff.

dritten wieder der erste Ton, das macht nichts, nehmen Sie ihn an wie einen neuen.

Warnung: Wenn Sie nach einiger Praxis auch tagsüber Töne hören sollten, beenden Sie diese Technik. Es handelt sich zwar nicht um Halluzinationen, aber mit einem normalen Berufsleben sind diese zweifelhaften Erfolge nicht zu vereinbaren. Ein Nada-Yogi ist zwar fähig, während des Wachzustandes Stimmen zu hören, wenn er sehr fortgeschritten ist. Dazu gehören aber andere, hier nicht erwähnte Vorbereitungen; ohne einen Guru sollte man nicht weitergehen.

Die Stimme des Unbekannten zu hören, gehört zu den *Siddhis* (übernatürliche Kräfte).

Übungszeit: Anfänglich am besten vor Sonnenaufgang und nach Sonnenuntergang. Intensiver Nada-Yoga am günstigsten zwischen 24 und 2 Uhr.

## 4. Experimentelles Theater und Selbsterfahrung im Kollektiv

Während der Olympiade 1972 in München fand ein bedeutendes Ereignis nur zwiespältige Aufnahme und kaum gebührende Anerkennung: die »Spielstraße«. Diese Multimedia-Großveranstaltung vereinigte mehr als ein Dutzend international anerkannter Theatergruppen und Straßentheater, Pantomimen und Clowns, Kindertheater und Artisten. Sie waren neben den mehr als hundert Musikensembles und bildenden Künstlern die Hauptattraktion des Unternehmens: Auf der Spielstraße gestalteten die Theatergruppen auf kleinen Bühnen rund um den Olympia-See Szenen aus der Geschichte der Olympischen Spiele von der Antike bis zur Gegenwart und Zukunft.

Das »City Street Theatre« aus New York, die Gruppe »E.T.E.B.A.« aus Buenos Aires, der »Grand Magic Circus« aus Paris, das Marionettentheater aus Stockholm waren ebenso eingeladen wie die italienische Politgruppe um Mario Ricci, die »Mixed Media Company« aus Berlin und »Tenjo Sajiki« von Terayama aus Tokio, die ein pantomimisches Rockmusical aufführten. Ein Straßentheater muß bekanntlich zu anderen Mitteln greifen als ein klassisches Drama: Es muß dynamischer, drastischer vor sich gehen, was im Theater mit subtiler Sprache vermittelt wird; es benötigt auf der lärmenden Straße den sichtbaren Dialog, eine *Körpersprache,* die »nonverbale Kommunikation«.

Da die meisten der Gruppen aus aller Welt während der Olympiade in einer großen Schule untergebracht waren, kam es ganz ungezwungen zur Begegnung untereinander. Da jede Gruppe täglich ein- oder zweimal zu spielen hatte, manchmal aber auch mit einem Tag Unterbrechung, blieben manche Ensembles tagsüber in der Schule und führten dort auf dem Rasen und im Turnsaal ihr Gruppentraining durch. Nach kurzer Zeit arbeitete und spielte man zusammen. Es ergaben sich getanzte, gesungene, getrommelte Bewegungsimprovisationen, die einem Außenstehenden wie perfekt einstudierte Programme erscheinen mußten. Dies war möglich, da erstaunlicherweise sämtliche Gruppen, ob aus Japan, Frankreich, USA oder Deutschland, ähnliche, ja fast die gleichen Gruppenübungen, Trainingsabläufe und Kommunikationsspiele durchführten. Überall waren es die gleichen Atemübungen, das gleiche Körpertraining, die gleiche Art rhythmischer, tänzerischer und musikalischer Kollektivimprovisation. Es scheint, daß all diese experimentellen Theatergruppen auf die gleichen Lehrer und Übungssysteme zurückgreifen, in erster Linie auf die Schauspielübungen des bahnbrechenden russischen Regisseurs Konstantin Stanislawski zu Anfang des Jahrhunderts, die anthroposophische Eurhythmie, die Bewegungsschule der Mary Wigman und später auf Antonin Artauds »Theater der Grausamkeit« und auf die Modelle des pantomimischen Theaters, das der Pole Jerzy Grotowski entwickelte. Er bezog bereits Körper- und Yogaübungen mit ein und hatte sich intensiv mit dem Theater Indiens und Indonesiens beschäftigt.

Aus all diesen Quellen schöpften in den fünfziger Jahren dann Julian Beck und seine Frau Judith Malina, die das weltberühmte »Living Theatre« gründeten. Diese Gruppe war wiederum Inspiration und Vorbild für die meisten engagierten und experimentellen Theatergruppen, die sich mit der Zeit bildeten. Man benützte mythologische Stoffe und Motive, im Falle von Peter Schumanns »Bread and Puppet Theatre« setzte man riesige Puppen ein und spielte Szenen nach dem biblischen Weihnachtsevangelium. Man gab ihnen jedoch einen gesellschaftspolitischen Bezug.

Das »Living Theatre« schuf im Lauf der Jahre eine große Anzahl von Übungsmodellen, die auch von verschiedensten amerikanischen Sensitivity-Gruppen aufgegriffen wurden. Nach Deutschland gelangten sie durch einzelne Mitglieder, die wiederum kleinere Gruppen aufzogen. Auch veranstaltete das »Living Theatre« in Berlin und der Bundesrepublik öffentliche Proben, an denen jeder teilnehmen konnte. Es ist vor allem dem Regisseur und Autor Frank Burckner und seinem Berliner Forum-Theater zu danken, daß diese anregenden und aufregenden Gastspiele in Deutschland stattfinden konnten. Eine ganze Reihe teils politisch, teils esoterisch engagierter Gruppen zehrt noch heute von der Begegnung mit den Leuten des »Living Theatre«.

Frank Burckner war es auch, der seit 1970 den Versuch unternahm, eine solche Gruppe nach dem Modell des »Living« ins Leben zu rufen. Es stand ihm eine großräumige Fabriketage im Berliner Bezirk Kreuzberg zur Verfügung, in der eine mobile Multi-Media-Anlage installiert war, mit 4kanaliger Tonverstärkung, Dia- und Filmprojektoren, Leinwänden und einem Musikübungsraum mit allerlei Instrumenten, die auch von Laien gespielt werden konnten. In den verschiedenen Schauspielschulen, den engagierten Kindertheatern, in der »Politszene«, aber auch im damals noch existierenden, schon etwas etablierten »Underground« und der Subkultur wurde alsbald bekannt, daß eine solche Gruppe im Entstehen war und daß man da einfach hingehen konnte.

Jeden Nachmittag wurde ein mehrstündiges Training abgehalten, mit Körper- und Atemübungen, Modellen des »Living«, Gesprächen, Diskussionen über den politisch-gesellschaftlichen Anspruch und den geistigen Hintergrund des Unternehmens. In einigen Monaten festigte sich eine Gruppe von etwa fünfzehn bis zwanzig jungen Leuten, Schauspielern, Studenten, Sozialarbeitern, Musikern, Puppenspielern und Tänzern. Es war ein gruppendynamisches Abenteuer und für alle Mitglieder ein Bewußtseinsprozeß, der sich tief auf die Sphäre der Persönlichkeit und der Weltanschauung ausgewirkt hat.

Die Gruppe besaß einen Dramaturgen und Theaterschriftsteller (Rainer Taëni, Autor der Bücher *Latente Angst* und *Fühlen als Therapie*, Association Verlag), einen Regisseur, einige gute Rockmusiker und Spezialisten für alles, was ein funktionierender Theaterbetrieb benötigt. Hätte die Gruppe nicht zu früh unter dem Leistungsdruck einer Marathonproduktion für die Olympiade gestanden und wäre sie finanziell unterstützt worden, so bestünde sie wohl heute noch als eine der stärksten experimentellen, engagierten Theatergruppen. Die fruchtbarste Zeit dieser Mixed-Media-Company war die Zeit der Selbst-erfahrungsübungen, des sich Begegnens, um sich selbst im anderen kennenzulernen.

Die folgende Beschreibung eines Übungsablaufes ist nun keine Dokumentation der Berliner Gruppenarbeit, aber auch keine exakte Darstellung von den Übungen des »Living Theatre«. Es ist vielmehr das praktische Resultat, wie ich es in die verschiedensten Theater- und Selbsterfahrungsgruppen weitergetragen habe. Bei jedem Mitglied unserer ehemaligen Mixed-Media-Company sähe ein solcher Ablauf ähnlich aus, aber es wäre niemals derselbe Prozeß, denn es entscheidet jeweils die Zusammensetzung der Gruppe darüber, welche Übungen im Vordergrund stehen und was der Konstellation der Gemeinschaft am zuträglichsten ist. Die Frage, wer die Übungen erfunden hat, läßt sich kaum beantworten. Sie entwickelten sich im gruppendynamischen Prozeß und im Sensitivity-Training aus Yogaübungen und neuen Kommunikationsformen. Heute werden sie in Selbsterfahrungsgruppen und Atemschulen in der Bundesrepublik und anderswo praktiziert.

## Selbsterfahrung und Gruppenarbeit

Folgende Übungen können in mehrstündiger Gruppenarbeit ausgeführt werden:

Je nach Größe der Gruppe ist der Raum zu wählen. Jeder Teilnehmer soll liegend so viel Platz haben, daß er bequem Arme und Beine vom Körper weg ausstrecken kann. Der Boden soll nicht kalt sein, als Unterlage kann ein Teppichboden oder ein großes Tuch dienen, das nicht verrutscht. Jeder Teilnehmer soll eine Decke haben und leicht gekleidet sein und die Schuhe ausziehen. Ein Trainingsanzug eignet sich gut zum Üben. Zu Beginn der Übungszeit, also mit dem Eintreffen des einzelnen, soll geschwiegen werden. Eine Begrüßung der Teilnehmer erübrigt sich. Vielleicht macht der einzelne die Erfahrung, daß man sich wortlos sogar aufrichtiger begrüßen und sich gegenseitig näher sein kann.

A. Gemeinsam auszuführende Einzelübungen

a) Entspannung

Auf dem Rücken liegend versucht jeder, alle Muskeln zu entspannen, indem er sie der Reihe nach bewußt wahrnimmt: erst die äußeren Glieder, Beine, Füße, Hände, Arme, dann den Kopf und den Hals, die Schultern und den Rücken, das Kreuz bis an die Wurzel des Rückgrats und das Hinterteil. Kopf und Hals weden locker hin und her bewegt, die Schultern kreisen leicht.

Ist man einigermaßen locker, so konzentriert man sich auf den rechten Fuß und spannt die Muskeln des rechten Beines und Fußes an, streckt und hebt das rechte Bein in dieser Spannung etwa 20 cm hoch und läßt es ruckartig nach wenigen Augenblicken wieder auf den Boden fallen.

Das wird dann ebenfalls mit dem linken Bein, den Armen, mit dem Hinterteil, dem Rücken, den Schultern und dem Kopf (deshalb ein Kopfkissen!) durchgeführt.

Zu Anfang nützt es der Gruppe und der Konzentration des einzelnen, wenn ein einzelner das Kommando mit einer Erklärung gibt, die alles zu Beachtende in Erinnerung ruft. Er sagt etwa: »Linkes Bein senken, Muskeln strecken und hoch – runter ...«

b) »Gummiwirbel«-Abrollen

Nach einer kurzen Pause, in der man gleichmäßig und unverkrampft atmet, stülpt jeder für sich von der Rückenlage aus die Beine zurück über den Kopf. Zuerst kann eine Kerze entstehen, die gerade, aber ohne Muskelanstrengungen auszuführen ist. Dann läßt man die Beine immer weiter nach hinten und spreizt sie, so daß die Knie schließlich neben den Ohren den Boden berühren. Jetzt liegt das Körpergewicht und die Balance auf den Schultern. Man soll aber nicht gewaltsam die Beine bzw. Knie nach unten drücken, sondern nur so weit nach hinten gehen, bis eine anfängliche Schmerzgrenze erreicht ist.

Allmählich kommt man mit ruhigem, ungepreßtem Atmen dazu, daß kein Wirbel mehr den Boden berührt. In diesem Zustand verharrt man und läßt den Atem in all die bisher selten beatmeten Räume eindringen, was den Körper erhitzen kann. Es soll aber eine unverkrampfte Haltung sein!

Nach einiger Zeit beginnt man ganz behutsam und so langsam wie möglich, die Wirbelsäule abzurollen. Man setzt jeden einzelnen Wirbel bewußt wieder auf den Boden und wiegt sich ein wenig auf ihm. Wenn der Rücken nach geraumer Zeit bis zur Mitte abgerollt ist, muß man achtgeben, daß der Teil der Wirbelsäule, der schon auf dem Boden liegt, sich nicht wieder vom Boden abhebt, sondern ohne Zwischenraum sozusagen klebenbleibt. Alle Wirbel sollen fest auf dem Boden liegenbleiben. Die

Übung vollzieht sich sehr langsam. Auch die Wirbel des unteren Rückens sollen auf dem Boden haftenbleiben, was zu Anfang für manchen nicht möglich sein wird. Das macht dann
nichts! Er soll die Übung bewußt diesseits der Schmerzgrenze
halten und unverkrampft, ohne den Atem anzuhalten, natürlich
durchatmen. Der Atem soll am besten geführt werden, wo der
Druck am stärksten ist, also auf dem aufliegenden Wirbel.
Durch den bewußten Atem können die Schmerzen an dieser
Stelle beseitigt werden.

Eventuell wird das Gesäß nun mit den Händen abgestützt,
damit es nicht das Gleichgewicht verliert und absackt. Ist es
soweit, dann stellt man die Fersen der noch eingeknickten Beine
als erstes auf den Boden und rutscht mit ihnen langsam nach
hinten, bis die Beine gestreckt sind, ohne den Rücken vom
Boden hochzuheben – bis man schließlich ganz flach und platt
liegt. Als Test kann man sich mit der Hand unter den Rücken
fassen, ob auch wirklich kein Zwischenraum zwischen Rücken
und Boden ist.

Entspannen. Tief atmen.

B. Partnerübungen
a) »Spiegel«
Jeweils zwei Teilnehmer sitzen oder stehen sich gegenüber und
beobachten gegenseitig den Atem des anderen. Allmählich und
sanft versucht jeder den eigenen Atem mit dem des anderen zu
synchronisieren, sich beim Ein- und Ausatmen anzugleichen.
Gleichzeitig betrachtet man die Körperhaltung und die Bewegungen des Partners sehr genau und versucht, sie bis ins letzte
zu imitieren. Am besten bemüht man sich, nur Bewegungen in
Zeitlupe auszuführen, damit die Imitation gegenseitig ermöglicht wird.

Man kann dabei sitzen oder stehen, als stünde ein Spiegel
zwischen beiden und der Partner wäre das eigene Spiegelbild
und umgekehrt. Allmählich kann man charakteristische Hand-
oder Körperbewegungen ausführen, die der andere im selben
Augenblick mitvollziehen muß. Oder man hat spontan auf die
begonnene Aktivität des anderen zu reagieren. Anfangs führt
der eine, später der andere. Behutsame Bewegungen! Auch der
Gesichtsausdruck soll genau beobachtet und übernommen
werden!

Das Ziel dieser Übung ist, daß keiner der beiden mehr an-
führt, daß sich die Bewegungen *von selbst* synchron vollziehen,

daß das Aktiv-Passiv-Prinzip aufgelöst wird. Diese Übung eignet sich hervorragend, um persönliche Aggressionen und gegenseitige Unterdrückungswünsche abzubauen. Der Kampf vollzieht sich gewissermaßen lautlos und mündet durch die Spielregel der gegenseitigen Anpassung in Harmonie. Schwierige persönliche Auseinandersetzungen müssen hier sehr stark von der ganzen Gruppe getragen werden. Es ergeben sich dabei auch tiefe Begegnungen.

b) »Leichter Kopf«
Der eine Partner legt sich auf den Rücken, der andere kniet sich am Kopfende (etwa im japanischen Fersensitz) bequem hin und beugt sich etwas über den Liegenden, der die Augen geschlossen hält. Er nimmt mit beiden Händen den Kopf unter ihm, der vielleicht auf einer Decke liegt, unten am Halsansatz und hebt ihn sanft, so daß der Liegende für einen Moment seine Kopfmuskeln loslassen, seinen Kopf »preisgeben« kann. Der Kopf wird etwas hochgehoben und mit den Händen in kreisende Bewegung versetzt – sehr behutsam. Schließlich zieht man den Kopf, falls man den Atem des Liegenden beobachtet, beim Einatmen ein wenig vom Körper weg, als würde man ihn aus den Wirbeln heben. Beim Ausatmen wird der Kopf wieder zart zurückgelegt. Eine Übung des gegenseitigen Vertrauens.

c) »Räume öffnen«
Der Kopf liegt wieder entspannt auf der Decke oder auf dem Kissen. Der Partner geht ans andere Ende des Liegenden und beobachtet dessen Atem. Während des sichtbaren Einatmens zieht er parallel an beiden Füßen, die hinter den Fersen am Ende der Unterschenkel angefaßt werden. Beim Ausatmen läßt man los. Dann zieht der aktive Partner (immer synchron mit dem Atemholen) zwei- oder dreimal an den kleinen Zehen, dann an den vierten, dritten und zweiten Zehen, schließlich an den beiden großen Zehen. Immer beim Einatmen des Liegenden ziehen, beim Ausatmen loslassen. Nach einiger Zeit dreht sich der Liegende um, auf den Bauch, und der aktive Partner stellt sich breitbeinig über ihn und hebt ihn bei dessen Ausatmen vorsichtig an den Lenden ca. 30 cm hoch und zieht den Unterleib etwas nach hinten weg. Dann wird der Körper langsam auf den Boden zurückgelegt. Das wird zwei- oder dreimal hintereinander gemacht. Dann tauschen die beiden, und die Partnerübungen werden umgekehrt ausgeführt.

## C. Die ganze Gruppe im Kreis
### a) »Nachmachen«
Alle Mitglieder der Gruppe laufen im Kreis hintereinander her.
Der erste geht oder rennt in einer charakteristischen Gangart
oder einer Figur, die er sich spontan ausdenkt und ausführt: Er
humpelt, stampft rhythmisch und gibt dabei stoßweise Töne
von sich, schleicht, kreist stolzierend mit den Armen usw. Alle
anderen müssen nun im Kreis hintereinander her den jeweiligen
Vordermann *exakt* imitieren. Der erste kann manchmal seine
Figur verändern, die der zweite hinter ihm wiederum nach-
macht, dann der dritte, vierte usw., ganz exakt, wobei der letzte
sich stets nur nach dem vorletzten zu richten hat. Jeder richtet
sich ausschließlich nach seinem Vordermann. Der erste gibt alsbald die Führung an den zweiten weiter, indem er der letzte
wird, also den Kreis hinten abschließt. Der zweite hat nun das
Kommando und hat seinerseits Figuren, Faxen und komplizierte oder originelle Gehweisen zu erfinden.

Wenn die Gruppe außer Atem kommt, was hierbei schnell
möglich ist, bleibt man im Kreis stehen und ruht sich ein wenig
aus, faßt sich dann an den Händen, bildet einen Kreis, soweit
das möglich ist, und alle schließen die Augen.

### b) »Schnell reagieren«
Alle haben sich an den Händen gefaßt, und einer, der vorher
bestimmt wird, gibt durch seinen Händedruck dem rechten Ne-
benmann einen Impuls, den dieser sofort und so schnell wie
möglich weitergibt. Sobald er links den Impuls spürt, muß er
ihn schon dem rechten Nachbarn weitergeben. Wenn sich alle
wirklich konzentrieren und keiner eine Unterbrechung verur-
sacht, steht die Gruppe quasi »unter Strom«, ohne sich zu elek-
trisieren.

Nach einigen Durchläufen stößt jeder, während er durch
Händedruck das Signal weitergibt, einen kurzen, prägnanten
Ton aus (Ho, Ha usw.). Auch diese kurzen Laute sollen ohne
Unterbrechung durchlaufen und sich so schnell wie möglich
aneinander anschließen. Die nächste Phase dieser Übung besteht darin, daß mit jedem Händedruck ein vorher bestimmter
Vokal angesungen wird, der jetzt jedoch während der Dauer
eines Ausatmens voll ausgesungen wird. Jeder singt also bei
seinem Händedruck den bestimmten Vokal entsprechend der
Länge seines Atems. Wenn das Signal die Runde durchlaufen
hat und beim ersten wieder angekommen ist, dann gibt dieser

mit dem Händedruck den nächsten verabredeten Vokal weiter. War der erste Vokal »Aaaa ...«, so kann jetzt »Eeee ...« kommen usw.

Der Reiz besteht darin, daß auch noch einige den ersten Vokal singen, während vom Gegenüber im Kreis schon der zweite, ja, bei schneller Durchführung schon der dritte Vokal, z.B. »Oooo ...« erklingt. Der Ton muß nicht bis zum nächsten Impuls ausgehalten werden, vielmehr wird der jeweilige Vokal ausgesungen, solange der natürliche Atem reicht, und dann konzentriert man sich auf den nächsten zu empfangenden Impuls, um ihn so schnell wie möglich weiterzugeben zu können. Natürlich ist im kleineren Kreis manchmal schon der nächste Impuls da, wenn man noch nicht ausgesungen hat. Dann reagiert man so schnell wie möglich und gibt den Impuls zusammen mit dem nächsten Vokal weiter. (Diese Übung kommt in ähnlicher Form auch in den *sonic meditations* von P. Oliveros vor.)

c) »Zusammenklang«
Alle Mitglieder der Gruppe fassen sich im Kreis nun um die Schultern, wobei die nebeneinander Stehenden in etwa gleich groß sein sollen, daß sich nicht ein Kleinerer zu sehr anstrengen muß, einen Größeren um die Schultern zu nehmen. Jeder soll die Arme locker halten können und Spielraum für Bewegung haben.

20 Sekunden Stille, gelassenes Atmen, bis der Atem absichtslos fließt, aber beobachtet wird. Die Augen sind geschlossen. Aus dem natürlichen Atem heraus beginnen alle behutsam, individuell einsetzend, mit den tiefsten Summtönen. Nicht alle auf einmal, im Einsatz abwechseln, damit kein Loch entsteht. Aus den tiefen Summklängen entstehen sehr langsame Töne auf der Silbe »Uuuum«, die sehr leise sind und lange ausgehalten werden, bis der Atem zu Ende ist. Der einmal angesungene Ton wird nicht variiert oder in der Tonhöhe verändert. Während der »Uuuum«-Laute konzentriert man sich auf den tiefsten Raum des Körpers.

Nach einiger Zeit wird der Klang Schritt für Schritt lauter, doch nicht plötzlich – man achtet immer auf den gemeinsamen Klang. Es entstehen »Oooom«-Klänge – man konzentriert sich dabei auf den Bauch. Allmählich steigert sich die Lautstärke, und die »Oooom«-Klänge werden bereits mit etwas höheren Tönen gesungen; bei den dann folgenden »Aaaam«-Klängen steigen die Tonhöhen noch weiter an (bei »Aaaam« auf die Brust konzentrieren).

Immer lauter wird gesungen, die »Aaaam« können sogar herausgerufen werden. Allerdings sollen keine »Solis« entstehen, die Steigerung soll sich vielmehr in der Gemeinschaft vollziehen. Es sollen keine Wellen gesungen werden, sondern der einmal gewählte Ton wird in der Höhe möglichst unverändert zu Ende gesungen. Der Klang, die Klangfarbe des Tones kann sich natürlich verändern. Glissandi und »Sirenen« sind zu vermeiden.

Der Höhepunkt soll gemeinsam entstehen, die Frauenstimmen gehen vielleicht noch in die »Eeee«- und »Iiii«-Klänge. Alle nehmen ihren bevorzugten und jeweils einfachsten Vokal, auch Zwischenvokale »Ääää« usw., und singen so laut wie nur möglich. Allmählich kehren sie langsam auf dem gleichen Weg rückwärts in die Stille zurück. Nicht plötzlich abbrechen, sondern Schritt für Schritt über »Oooo«- und »Uuuu«-Klänge zu den tiefen Summtönen hinuntersteigen. Langsames Abebben. Pause. Augen öffnen. Langsam die Arme von den Schultern lösen.

D. Gruppenübungen

a) »Langsame Bewegung«
Mit geschlossenen Augen halten sich auf einem abgegrenzten Feld eines Teppichs oder im Kreis der restlichen Gruppenmitglieder einige Personen auf. Sie bewegen alle Glieder und den Körper so langsam wie nur irgend möglich und lernen sich gegenseitig blind durch Berühren kennen. »Slow Motion« kann in einem Menschenknäuel begonnen werden: Alle liegen über und durcheinander und bewegen sich im Zeitlupen-Tempo voneinander weg, bilden kleine Gruppen, wandern ganz langsam umher, breiten die Arme aus, finden und berühren sich und kommen vielleicht alle immer näher zusammen. Für manche Teilnehmer kann diese Übung zur Bewußtwerdung persönlicher Konflikte und Krisen führen, die von der Gruppe getragen werden müssen, indem man nach der Übung darüber spricht.

b) »Lebendes Bild«
Durch einen Trommelschlag oder auf einem Tonband wird ein leicht hörbarer, einfacher und langsamer Rhythmus geschlagen oder gespielt. Die Übung ist in einem dunklen Raum mit einem Scheinwerfer auszuführen, der bequem an- und abzuschalten ist.

Man bespricht eine bestimmte rhythmische Ordnung, nach der das Licht an und aus geht, z.B. auf Schlag eins geht das Licht aus, und es bleibt während der nächsten drei Schläge dunkel. Exakt auf Schlag fünf wird das Licht plötzlich wieder angeschaltet und bleibt auf Schlag sechs, sieben und acht an. Bei der nächsten eins ist das Licht wieder zu löschen. Nun darf sich jeder Teilnehmer nur im Dunkeln bewegen, und sobald das Licht aufblitzt, muß er bewegungslos eine Position eingenommen haben, die erst wieder verändert werden darf, wenn das Licht wieder aus ist. Keine Bewegung im Licht! Der Zuschauer darf keinerlei Bewegung sehen. Es empfiehlt sich, diese Übung erst langsam auszuführen und darauf zu achten, daß schon im Moment, wo das Licht angeht und bevor es völlig verlischt, keine Bewegung des Körpers zu sehen ist.

Am besten bildet man zwei Gruppen, so daß jeweils die eine zuschauen und verbessern kann. Das empfiehlt sich überhaupt bei vielen Übungen.

Wenn das Prinzip beherrscht wird, kann das Tempo von Licht an und Licht aus bzw. der Rhythmus schneller werden, und es können phantastische lebendige Fotografien entstehen. Der Sinn dieser Übung ist eine Steigerung der Körperdisziplin, gepaart mit einem verstärkten rhythmischen Empfinden.

c) »Singender Teppich«
Für diese Übung zum Schluß muß ein großer Raum zur Verfügung stehen. Der erste Teilnehmer legt sich an die rechte obere Ecke so hin, daß der zweite mit seinem Kopf auf dem Bauch des ersten Platz hat, der dritte liegt mit seinem Kopf auf dem Bauch des zweiten, der vierte mit dem Kopf auf dem Bauch des dritten. ... usw. Man muß das so organisieren, daß die Gruppe quer von rechts oben nach links unten durch den Raum zu liegen kommt, wie eine Art Teppichmuster. Der erste, dritte, fünfte usw. liegen jeweils parallel, ebenso der zweite, vierte, sechste usw. Haben endlich alle ihren Platz gefunden, so richtet sich der Atem jeweils nach der Atmung desjenigen, auf dessen Bauch man liegt. Wichtig ist, daß der erste ruhig und regelmäßig atmet, damit sich die anderen allmählich einpendeln können.

Nach einiger Zeit beginnt der erste beim Ausatmen einen langen Ton auszusingen, ein »Oooom«, oder »Aaaam«. Wenn er das zweite Mal einsetzt, beginnt der zweite mitzusingen, entweder den gleichen Ton, die Quinte oder die Oktave, beim dritten Ton singt der erste nicht mehr, dafür der dritte mit dem zweiten usw. Die nächste Phase der Übung besteht darin, daß alle in dem Moment zu singen beginnen, wenn der jeweilige Vordermann, auf dem sie liegen, eingesetzt hat. Es soll sich eine Art wandernder, gleitender Klang ergeben. Wichtig ist hierbei eine gewisse Disziplin, denn die Lage der Gruppe bzw. das Muster ihrer Anordnung im Raum ist zunächst oft Anlaß zur Heiterkeit. Wenn z.B. einer zu husten oder zu lachen beginnt, geht das auf den nächsten direkt über. Spaß ist natürlich immer erlaubt.

Der Übungsablauf soll nicht stereotyp abschnurren, sondern im Gespräch sollen manche Übungen ausgewählt werden, die jeweils im Vordergrund stehen. Hier ist nicht der Platz für die große Anzahl von Übungen des Living Theatre, die von einer Gruppe erst nach langer Übungszeit durchgeführt werden können, wenn ein festes Ensemble zusammen ist: »Gastod«, »Militär«, der »Löwe«, »Lee's Piece« sind die Übungen, die sich gar nicht verbalisiert vermitteln lassen. Hier sollten ja auch nur andeutungsweise Übungen mit akustischer Äußerung dargestellt werden.

Am Ende eines Übungsablaufs, aber auch nach der jeweiligen Übung sind Gespräche sehr wichtig. Wie oft »flippt« jemand aus, wird nervös, bekommt Angst, oder es bricht schon latent Vorhandenes auf. Hier wird die Gruppe zum Träger der persönlichen Konflikte des einzelnen und mancher unausgesprochenen, nicht ausgetragenen Krise der ganzen Gemeinschaft. Harmonie und krampflose, meditative Stimmung können erst entstehen, wenn einige Auseinandersetzungen stattgefunden haben und so manches Gruppenmitglied die Gruppe wieder verlassen hat.

Allgemein gilt, daß in einem Selbsterfahrungsprozeß nicht von Anfang an Harmonie herrschen kann. Aber gerade die Anerkennung und das Aufsichnehmen von Phasen des Leidens und der Disharmonie sind notwendig, um in eine wirkliche innere Harmonie zu gelangen. Alle künstliche, »aufgesetzte« Schöngeistigkeit und maskenhafte Spiritualität verhindert sowohl in der persönlichen Entfaltung als auch in der Kommunikation wirkliche Begegnung und echte Integration.

Gerade die Musik könnte als Mittel zur Entspannung und inneren Hingabe beim Hören, als Symbol tiefster kosmischer Bezüge, aber auch als praktizierte Improvisation in der Gruppenarbeit, zu diesem großen Ziel verhelfen. Die letzte Frage ist die nach der konkreten Verwirklichung all dieser ideellen und praktischen Möglichkeiten.

Seit etwa 1970 beobachte ich in vielen großen und kleinen Städten, sogar auf dem Land, das Heranwachsen von Selbsterfahrungsgruppen, in denen auch die beschriebenen und ähnliche Übungen als Formen moderner Psychotherapie und Prophylaxe kennengelernt werden. Neben dem Autogenen Training, der Aktiven Imagination, dem chinesischen Tai Chi (Meditation in Bewegung), dem »Üben am Atem«, findet die Arbeit mit der Stimme (etwa in Animationsgruppen des Vokalensembles *prima materia* oder in Peter Müllers *Singing Pool*), die Arbeit mit dem Körper (bei den Bewegungsspielen des *Living Theatre*-Trainings), oder das freie Spiel und der Bau einfacher Instrumente einen immer größeren Teilnehmerkreis. Seit einigen Jahren haben wir nun das Freie Musikzentrum[20] in München, wo unter meiner Mitarbeit in Kursen und Intensiv-Workshops Formen außereuropäischer, aber auch experimenteller neuer Musik didaktisch-pädagogisch vermittelt werden, die darüber hinaus mit der Erforschung daraus resultierender therapeutischer und kreativer Möglichkeiten verbunden werden. Unsere Arbeit wendet sich vor allem an Menschen, die durch einseitige und leistungsorientierte Erziehung die Fähigkeit zu absichtslosem, gelöstem Spiel verloren haben.

In erster Linie sollen Laien und Nichtfachmusiker angesprochen werden. Der Schwerpunkt liegt auf den improvisatorischen und therapeutischen Aspekten. Ein bewußt erlebtes Atmen, Singen, Sich-Bewegen und Musizieren soll zur Wiederherstellung einer ausgeglichenen Lebenshaltung führen, soziales Wahrnehmen fördern und soziales Verhalten bewußt machen. Es geht darum, sich wieder »loslassen« zu lernen in das erlebte Atmen, in die rhythmische Urbewegung, in Klang und Resonanz des inneren, wie äußeren, individuellen wie sozialen Raums.

Die neuen Wege der Animation, des Musikmachens, Spielens, Singens und der körperlichen Bewegung werden auf dem Weg zur Herstellung einer psycho-physischen Einheit im Menschen beschritten und sollen auch Fach-Musikern, Musiklehrern, Musiktherapeuten und Erziehern aller Bereiche Anregungen bieten.

Ein weiterer Schwerpunkt des Freien Musikzentrums wird

[20] Kontaktadresse: Am Gänsbach 20, 8042 Oberschleißheim, Tel. 089/3154302 Jutta Wilhelm, Jan Dosch.

auf der Einbeziehung der außereuropäischen Musikkulturen liegen. Es soll ein internationales Forum geschaffen werden, auf dem die vielfältigen musikalischen Traditionen der Erde und die verschiedenen Zweige einer in der Entstehung begriffenen »Weltmusik« miteinander in Verbindung treten können.

Geplant sind:

– Praktische Inprovisations- und Instrumentenkurse (auch auf außereuropäischen, elektronischen und selbstgebauten Instrumenten),
– Seminare und Workshops für Bewegung, Rhythmus, Tanz sowie Atem, Stimme, Gesang,
– Instrumentenbaukurse,
– Konzerte mit neuer, improvisierter und traditioneller Musik.

In seiner ersten Planungsstufe führte das Freie Musikzentrum eine Reihe punktueller Veranstaltungen – vor allem Wochenendseminare – durch, etwa in München in Zusammenarbeit mit der Volkshochschule, bei »München-Kultur«, im Bonner Kulturforum, einer Reihe evangelischer Akademien, Berufsakademien, bei den »Musischen Wochen« des Berliner Schulsenats. Im Frühjahr 1979 wurde das Freie Musikzentrum vom Goethe-Institut nach Indien eingeladen, weitere Einladungen aus anderen asiatischen Ländern, Städten der Bundesrepublik und des europäischen Auslandes liegen uns vor.

Da jedoch für eine wirkliche pädagogische Wirkung eine kontinuierliche Arbeit unabdingbar ist, stellten wir einen Etat-Antrag an das Kulturreferat der Stadt München, der – unter finanzieller Verwaltung der Münchner Volkshochschule – in einem vergleichsweise bescheidenen Rahmen für das 2. Halbjahr 1979 bewilligt wurde. Dieser Etat ermöglichte es nun, als zweite Planungsstufe ab Herbst 1979 das Projekt »Musik-Werkstatt« zu verwirklichen, in dem in festen Räumen in der Kirchenstraße 15 für die Öffentlichkeit ein ständiges Kursprogramm angeboten wird. Dieses Kursprogramm umfaßt Instrumentenbau, elektronische Experimente, Unterricht auf traditionellen Instrumenten europäischer und außereuropäischer Herkunft, Tanz und Improvisationsformen.

Um die pädagogische Erarbeitung außereuropäischer Musik, an der es bisher in der gesamten Bundesrepublik mangelt, auf einen wirklich effektiven Stand zu bringen, müßte daraus als dritte Planungsstufe die Einrichtung eines »Internationalen Musikzentrums« folgen, das – unter Voraussetzung eines wesent-

lich umfassenderen Etats – folgende Aufgaben übernehmen könnte:
– Erarbeitung pädagogischer Modelle und Materialien für den Schulmusikunterricht,
– Lehr- und Forschungsaufträge für europäische und außereuropäische Musiker und Musikerzieher,
– Erarbeitung und Erforschung sich aus der Einbeziehung außereuropäischer Musik ergebender neuer Therapieformen und deren soziale Anwendung.

Wesentliche Anregungen auf diesen Gebieten verdanke ich meinen beiden Konzert- und Vortragsreisen durch Kalifornien. Allein in San Francisco und Umgebung existieren mehr als 400 Institute »for personal transformation«, davon über 60 spirituelle Vereinigungen »mit Guru«, aber auch offene Pschiatrie, medizinisch Seriöses und Ominöses, schließlich auf musikalischem Gebiet das »Ali-Akbar-Khan-Music-College« mit Unterricht in klassisch-indischer Musik und das dem Münchner Freien Musikzentrum vergleichbare »Center for World Music«. In Berkeley sendet eine freie Radioanstalt (listener's sponsored radio) über Satellit an über 40 andere US-Stationen sogenannte New Age Music, meist ruhig fließende, »meditative« Klänge.

Diese *Music from the Hearts of Space* benannte Radioabteilung veranstaltete auch ein Seminar, das mich mit dem 1895 in Paris geborenen Dane Rudhyar in Dialog brachte. Das Lebenswerk dieses seit 1920 in Kalifornien lebenden Komponisten, Schriftstellers und Astrologen machte mir deutlich, daß alles hier in diesem Buch Angesprochene von ihm schon seit Jahrzehnten zusammengedacht und zusammengesehen wurde. Seine zahlreichen auch und gerade nach seinem 80. Lebensjahr geschriebenen und auf Alexander Skrjabin aufbauenden Klavierwerke geben eindrucksvolles Zeugnis seiner Theorie einer »holistischen Resonanz«. Diese korrespondiert mit einer bemerkenswerten Analyse des in Irland lebenden deutschen Forschers Helmut Bodenstein, der die Grundzüge eines ganzheitlichen Tonraumes sich aus dem Selbstverständnis der »absoluten Vernunft« heraus entwickeln sieht und andeutet, »daß in der Musik enorme und sehr unmittelbar wirkende Kräfte angelegt sind, welche der Mensch benutzen kann, um zu den Tiefen seines Un- und Unterbewußtseins wieder Zugang zu finden.«[21]

[21] H. Bodenstein: *Der Logos der Evolution*, S. 328f., Selbstverlag 1983.

Seit Jahren vereinigen sich junge Menschen in allen europäischen Ländern in spirituellen Gruppen und Zentren, in neuen religiösen Kreisen und Kommunen. Meister aus Japan und Tibet, Yoga- und Sufi-Lehrer leben mit uns und lehren uns ein neues religiöses Bewußtsein, das nicht mehr intolerant, dogmatisch und ethnozentrisch begrenzt ist. Alle großen Persönlichkeiten, denen ich begegnet bin, bestätigten, was in den Werken von Sri Aurobindo, Teilhard de Chardin oder Jean Gebser bereits zum Ausdruck kommt: daß die Zeit für eine geistige Integration, für ein *neues Bewußtsein* angebrochen ist.

Seit mehreren Jahren finden z.B. in Evangelischen Akademien Tagungen statt, die sich mit diesem Thema auseinandersetzen. Immer wieder geht es in diesen Seminaren, aber auch in Tagungen und Treffen an vielen anderen Orten, um die Polarität von neuer Spiritualität bzw. Religiosität und sozialer Praxis, dem sozialen Fortschritt. Gerade die Ausübung von meditativer Musik, die Arbeit kollektiver Erfahrungsgruppen mit musikalischer Aktivierung und Vokalimprovisation, intuitive und spirituelle Erlebnisse durch Musikhören und -spielen müssen heute im Zusammenhang mit ihrem gesellschaftlichen Rahmen gesehen werden. Die musikalische Integration ist daher eine soziale Aufgabe. Innere Werte, geistige Kräfte und seelische Stützung sind heute lebensnotwendig geworden, wenn wir in der inneren und äußeren Atomisierung nicht steckenbleiben wollen. Eine der Ursachen dafür liegt ohne Zweifel in der Zersplitterung derer, die Musik hören oder im Namen der Öffentlichkeit Musik beurteilen. Nicht zufällig entstand das Schlagwort von der »Krise des Publikums«. Hand in Hand mit ihr geht jedoch auch eine Krise des Publizierens, die gerade in der überintellektualisierten Verkopfung und im marktgerechten Kästchendenken des heutigen Musikjournalismus, von wenigen Ausnahmen abgesehen, deutlich wird.

In den großen schöpferischen Zeiten der Vergangenheit herrschte zwischen Musiker und Hörer eine Einheit. Es verband sie eine gemeinsame Religion, eine für alle gültige Moral, eine einzige »Weltanhörung« (Akróasis). Die Künstler dienten einer in sich geschlossenen Gesellschaft und waren Teil von ihr.

Diese Einheit ist in der Zeit des Niedergangs einer Kulturepoche, mag man sie nun spätkapitalistisch, frühsozialistisch oder anders nennen, auseinandergebrochen, wovon auch viele der großen musikalischen Werke unseres Jahrhunderts sprechen. Eine Hauptfrage ist es in diesem Zusammenhang, ob solcher Niedergang mit all den Widersprüchen der heutigen Gesellschaft weiterhin durch disharmonisch zerrissene Klangwelten dargestellt, »hörbar« gemacht werden muß und ob der allgemeine Horror innerer und äußerer Spaltung häßlich musikalisiert oder theatralisiert werden soll, um etwa die negativen Schwingungen auf mentaler Ebene noch zu vervielfältigen und zu weiterem Schrecken beizutragen. Oder ob es nicht sinnvoller wäre, nach vollzogener Katharsis dem zu Verändernden eine wirkliche klingende, positive Alternative zumindest als konkretisierbare Vision (»grüne Utopie«?) entgegenzusetzen, also auch eine *Musik der positiven Alternative* zu entwickeln?

Natürlich wird passives Musikhören alleine wenig nützen, um z. B. eine Fähigkeit zu tiefer harmonischer Entspannung bei jedem Menschen zu bewirken, die auch in Zeiten der Auseinandersetzung und Hetze als abrufbarer Zustand erhalten bleibt. Nicht zu Unrecht wird ja ein ausschließlich passives »verinnerlichtes« Verhalten als eine Gefahr, als ein Fluchtmechanismus vor der unbewältigten Außenwelt gesehen. Sind nicht die Orte zum entspannten Improvisieren, Singen und bewußten Atmen oft auch Oasen der wirtschaftlich Bessergestellten? Und ist Musikhören und -spielen in diesem Zusammenhang nicht auch eine »Musik der Verdrängung von Konflikten«, wie mancher Kritiker einwendet mit Attributen wie »entwirklichend«, »einlullend« oder »positivistisch«?

Auf die kritische Frage nach dem gesellschaftlichen Wert einer persönlichen Selbsterfahrung, einer Gruppentherapie oder geistigen Verwirklichung des einzelnen gibt es folgende dialektische Antwort, welche zwei Standpunkte widerspiegelt: Auf der einen Seite ist Gesellschaftsverbesserung nur durch das einzelne befreite Individuum möglich – andererseits kann sich der »freie« einzelne erst in einer veränderten Gesellschaft entfalten und verwirklichen. Diese beiden Standpunkte sollten endlich nicht mehr als gegensätzlich, sondern als sich ergänzend verstanden werden!

Die Bedürfnisse der jungen Generation zeigen jedenfalls, daß die Befriedigung der materiellen Güter allein nicht ausreicht, um mit innerer und äußerer Realität fertig zu werden. Wer unsere Gesellschaft verbal oder aktiv verändern will, in den äußeren Bedingungen zur gerechten Verteilung der weltlichen Güter, der muß auch innere, seelisch-geistige Dimensionen und Kräfte einbeziehen, die ein Automaten-Dasein des einzelnen verhindern. Unsere Gesellschaft kann nur von einem System verbessert werden, das sich auch am inneren Dasein des Menschen, seiner Empfindung und seiner Seele orientiert.

Unsere Bemühungen und ersten Ansätze, auf eine musikalische Ganzheit hinzuwirken, werden nur dann wirklich erfolgreich sein, wenn sich auch im gesellschaftlichen Bereich ganzheitliche Formen verwirklichen ließen. Das wäre die Voraussetzung für eine Weltkultur, die die Bereitschaft und auch die Möglichkeit haben müßte, für alle Bewohner dieser Erde eine menschenwürdige Existenz ohne Klassenunterschiede zu schaffen und zu erhalten.

Eine solche Weltgesellschaft wird sich nicht von heute auf morgen und nicht nur durch äußere Revolutionen bilden. Die Revolution, die am meisten nottut, ist die innere, diejenige gegen den eigenen Egoismus. So muß jeder einzelne bei sich selbst beginnen und durch vertiefte Selbsterfahrung den ersten Schritt in diese Richtung tun: die Verwirklichung der christlichen Bergpredigt als revolutionäre Utopie, wie vor 2000 Jahren! Alles, was den Menschen ausdrückt, kann ein Mittel zu dieser nötigen Selbsterfahrung sein. Die Musik ist, wie ich zu zeigen versuchte, kraft ihres Zusammenhangs mit elementaren Lebensvorgängen des menschlichen Körpers eines der wirkungsvollsten. Sie gehört zum Menschen so wie sein Atem und der Rhythmus seines Lebensablaufs. Wie Franz von Baader, der von Jakob Böhme inspirierte Philosoph sagte: »Wer Musik macht, erzeugt sie nicht, sondern öffnet nur mehr oder minder die Tür, durch welche wir die immerwährende Ur-Musik hören.«

## Texte

Im folgenden sind Abschnitte aus Texten abgedruckt, die für den Leser schwer zugänglich sind. Der eine *(Lü Bu We)* ist vergriffen, der andere *(The Sufi Message* von Hazrat Inayat Khan) ist noch nicht ins Deutsche übersetzt. Beide sind sprechende Beispiele für die ganzheitliche Musikauffassung in asiatischen Kulturen.

### *Aus: Frühling und Herbst des Lü Bu We*[1]

*Aufzeichnungen des Mittleren Sommermonats* (Buch V, Kap. 2)
Die Ursprünge der Musik liegen weit zurück. Sie entsteht aus dem Maße und wurzelt im großen Einen. Das Große Eine erzeugt die zwei Pole; die zwei Pole erzeugen die Kraft des Dunkeln und des Lichten. Die Kraft des Trüben und des Lichten wandelt sich; die eine steigt in die Höhe, und die andere sinkt in die Tiefe; sie vereinigen sich und bilden die Körper, wogend und wallend. Sind sie getrennt, so vereinigen sie sich wieder; sind sie vereint, so trennen sie sich wieder. Das ist der ewige Lauf des Himmels. Himmel und Erde sind im Kreislauf begriffen. Auf jedes Ende folgt wieder ein Anfang, auf jedes Äußerste folgt eine Wiederkehr. Alles ist aufeinander abgestimmt. Sonne, Mond und Sterne gehen teils schnell, teils langsam. Sonne und Mond stimmen nicht überein in der Zeit, die sie zur Vollendung ihrer Bahn brauchen. Die vier Jahreszeiten treten nacheinander hervor. Sie bringen Hitze und Kälte, Kürze und Länge, Weichheit und Härte. Das, woraus alle Wesen entstehen und ihren Ursprung haben, ist das große Eine; wodurch sie sich bilden und vollenden, ist die Zweiheit des Dunkeln und Lichten. Sobald die Keime sich zu regen beginnen, gerinnen sie zu einer Form. Die körperliche Gestalt ist innerhalb der Welt des Raumes, und alles Räumliche hat einen Laut. Der Ton entsteht aus der Harmonie. Die Harmonie entsteht aus der Übereinstim-

---

[1] Hrsg. und übers. von Richard Wilhelm, Düsseldorf-Köln 1971. Abdruck mit freundlicher Genehmigung des Eugen Diederichs Verlags.

mung. Harmonie und Übereinstimmung sind die Wurzeln, aus denen Musik, die die alten Könige festsetzten, entstand.

Wenn die Welt in Frieden ist, wenn alle Dinge in Ruhe sind, alle in ihren Wandlungen ihren Oberen folgen, dann läßt sich die Musik vollenden. Die vollendete Musik hat ihre Wirkungen. Wenn die Begierden und Leidenschaften nicht auf falschen Bahnen gehen, dann läßt sich die Musik vervollkommnen. Die vollkommene Musik hat ihre Ursache. Sie entsteht aus dem Gleichgewicht. Das Gleichgewicht entsteht aus dem Rechten, das Rechte entsteht aus dem Sinn der Welt. Darum vermag man nur mit einem Menschen, der den Weltsinn erkannt hat, über die Musik zu reden.

Die verfallenen Staaten und die dem Untergang reifen Menschen entbehren freilich auch nicht der Musik, aber ihre Musik ist nicht heiter. Die Ertrinkenden lachen ja, auch die zum Tode Verurteilten singen ja, auch die Wahnsinnigen sind kampfbereit. So ungefähr verhält es sich mit der Musik eines sich in Verwirrung befindlichen Zeitalters. Fürst und Beamter nehmen nicht die richtigen Stellungen ein. Vater und Sohn finden nicht das richtige Verhältnis zueinander, und die Beziehungen zwischen Mann und Frau sind außer Ordnung geraten. Wenn nun das Volk seufzt und klagt, so hält man das für Musik. Wie verkehrt ist dieses Gebaren!

Die Musik beruht auf der Harmonie zwischen Himmel und Erde, auf der Übereinstimmung des Trüben und Lichten ...

*Rauschende Musik* (Buch V, Kap. 3)
Die Herrscher dieser Welt halten meistens Perlen und Edelsteine, Lanzen und Schwerter für ihr Kostbarstes, aber je mehr sie davon haben, desto mehr murrt das Volk, desto mehr kommt das Land in Gefahr und desto mehr werden sie selbst in den Untergang verwickelt. Diese Zustände führen in Wirklichkeit zum Verlust jener Kostbarkeiten. Die Musik eines verkehrten Geschlechts hat dieselben Wirkungen.

Wenn Pauken und Trommeln erdröhnen wie der Donner, wenn Becken und Klingsteine erklingen wie der Blitz, wenn Flöten und Geigen, Tanzen und Singen lärmend erdröhnen, so ist das wohl geeignet, die Nerven zu erschüttern, die Sinne zu erregen und das Leben überschäumen zu lassen. Aber eine Musik, die mit diesen Mitteln wirkt, macht nicht heiter. Darum: Je rauschender die Musik, desto melancholischer werden die Menschen, desto gefährlicher wird das Land, desto mehr sinkt der Fürst. Auf diese Weise geht auch das Wesen der Musik verloren.

Was alle heiligen Könige an der Musik geschätzt haben, war ihre Heiterkeit. Die Tyrannen Giä von Hia und Dschou Sin von Yin machten rauschende Musik. Sie hielten die starken Klänge von großen Pauken und Glocken, Klingsteinen, Klarinetten und Flöten für schön und hielten Massenwirkungen für sehenswert. Sie strebten nach neuen und seltsamen Klangwirkungen, nach Tönen, die noch kein Ohr gehört, nach Schauspielen, die noch kein Auge gesehen. Sie suchten einander zu überbieten und überschritten Maß und Ziel.

Der Grund für den Verfall des Staates Sung war, daß sie tausend Glocken erfanden; der Grund für den Verfall des Staates Tsi war, daß sie die große Glocke erfanden. Der Grund des Verfalls des Staates Tschu war, daß sie die Zaubermusik erfanden. Rauschend genug ist ja eine solche Musik, aber vom Standpunkt der Wahrheit aus betrachtet, hat sie sich vom Wesen der eigentlichen Musik entfernt. Weil sie sich vom Wesen der eigentlichen Musik entfernt hat, darum ist diese Musik nicht heiter. Ist die Musik nicht heiter, so murrt das Volk, und das Leben wird geschädigt. Dem Leben ergeht es unter der Einwirkung dieser Musik wie dem Eis in der glühenden Sonne, es löst sich selber auf. Das alles entsteht daraus, daß man das Wesen der Musik nicht versteht, sondern nur auf rauschende Klangwirkungen aus ist.

Mit dem Wesen der Musik verhält es sich wie mit der Natur der körperlichen Organe. Da sie eine bestimmte Natur haben, so kommt es auf ihre naturgemäße Pflege an. Kälte und Hitze, Überanstrengung und Bequemlichkeit, Hunger und Übersättigung, diese sechs Dinge sind nicht der Natur entsprechend. Wer das Leben pflegen will, der schaut darauf, daß Nichtentsprechendes durch Entsprechendes ersetzt wird. Wer dauernd in Umständen, die der Natur entsprechen, zu verweilen vermag, der lebt lange ...

*Vom Treffen des rechten Tons* (Buch V, Kap. 4)
Bei der Musik kommt es auch darauf an, daß man den rechten Ton trifft. Ist sie zu rauschend, so wird die Stimmung aufgeregt. Wenn man in aufgeregter Stimmung rauschende Musik hört, so vermag das Ohr sie nicht zu fassen. Wenn man sie nicht aufzu-

fassen vermag, so gibt es Stauungen und durch die Stauung Erschütterung. Ist sie zu leise, so wird die Stimmung unbefriedigt. Hört man in unbefriedigter Stimmung leise Musik, so füllt sich das Ohr nicht; füllt sich das Ohr nicht, so bleibt die Anregung ungenügend, und durch ungenügende Anregung bleibt eine innere Leere. Sind die Töne zu hoch, so wird die Stimmung zu gespannt, hört man in gespannter Stimmung hohe Töne, so gellen die Ohren. Gellen die Ohren, so kann man die Töne nicht mehr unterscheiden, und durch diesen Mangel an Unterscheidung wird man erschöpft. Sind die Töne zu tief, so wird die Stimmung bedrückt. Hört man in bedrückter Stimmung tiefe Töne, so faßt sie das Ohr nicht auf. Kann man sie nicht auffassen, so wird man zerstreut und durch Zerstreuung ärgerlich. Darum: Sowohl zu rauschende als auch zu leise, sowohl zu hohe als auch zu tiefe Musik treffen nicht den rechten Ton.

Was heißt den rechten Ton treffen? Die mittlere Lage ist der rechte Ton der Musik. Was heißt die mittlere Lage? Wenn die Größe der Instrumente ein Gün nicht übersteigt und ihre Schwere nicht über ein Schi hinausgeht; das ist die mittlere Lage der Größe und der Schwere. Die Tonika der gelben Glocke ist die Grundlage der musikalischen Töne. Sie hält die Mitte zwischen Höhe und Tiefe. Wenn man den rechten Ton in der rechten Weise hört, so stellt sich eine harmonische Stimmung ein. Das ist der Zustand, wo die Heiterkeit nicht zu groß, sondern ein harmonisches Gleichmaß vorhanden ist.

*Hazrat Inayat Khan: Über Musik[2]*

Die Musik wurde von den Mystikern aller Zeiten verehrt. Fast überall auf der Welt war in den innersten Kreisen der Eingeweihten die Musik das Zentrum von Kult und Gottesdienst. Auch den Sufis gilt die Musik als Quelle ihrer Meditation, denn sie spüren, wie die Seele sich entfaltet, wie die intuitiven Fähigkeiten sich erschließen. Ihr Herz öffnet sich gleichsam allen Schönheiten der inneren und äußeren Welt, sie hebt sie empor und bringt ihnen gleichzeitig die Vollendung, nach der jede Seele sich sehnt.

Die Musiker Indiens widmen täglich zwölf Stunden oder mehr

[2] Aus: *The Sufi Message of Hazrat Inayat Khan*, vol. 2, 2. Aufl. London 1973. Übersetzt mit freundlicher Genehmigung von Pir Vilayat Inayat Khan.

dem Einüben verschiedener Rhythmen und deren Variationen. Schließlich bringen diese Rhythmen eine psychologische Wirkung hervor, die nicht mehr musikalisch, sondern magisch ist. Diese Magie kann einen Menschen in Erregung versetzen und sein Herz berühren. Wenn man diese Musik hört, meint man in einer anderen Welt zu sein. Und doch ist sie kaum hörbar. Sie wird nicht vor Tausenden von Menschen gespielt, sondern es versammeln sich dazu nur zwei oder drei Personen gleicher Gesinnung.

Es gibt keinen wirklichen Vergleich zwischen der Stimme und einem Instrument, denn die Stimme ist etwas Lebendiges. Bewegung, Blick, Berührung, selbst der Atem, der den Nasenflügeln entströmt, hat nicht die Reichweite der Stimme.

Im Vorderen Orient ist es bei orthodoxen Christen und Armeniern Sitte, in der Kirche keine Orgel zu verwenden. Sie benützen einen Akkord, einen Laut, der von zehn bis zwölf Personen mit geschlossenen Lippen hervorgebracht wird. Jeder, der ihn gehört hat, wird ihnen recht geben, denn der Klang der Orgel ist außerordentlich künstlich im Vergleich zu diesem Laut. Er hat eine wunderbar magische Wirkung. Er reicht so tief in das menschliche Herz hinein und schafft eine so religiöse Atmosphäre, daß einem eine Orgel nicht abgeht. Dieser Ton ist eine natürliche, von Gott geschaffene Orgel.

Die Sänger der alten Zeit erprobten die Wirkung ihrer spirituellen Übungen immer erst an sich selbst. Sie sangen eine Note eine halbe Stunde lang und beobachteten die Wirkung dieser einen Note auf ihre verschiedenen Körperzentren: welche Strömung der Lebensenergie sie hervorrief, wie sie die intuitiven Fähigkeiten erschloß, wie sie Begeisterung erzeugte, mehr Energie verlieh, wie sie linderte und heilte. Für sie war das keine Theorie, sondern eine Erfahrung.

Es ist sehr schade, daß im heutigen Reich der Töne die Menschen sich immer weiter von der natürlichen Stimme entfernen. Schuld daran ist die Kommerzialisierung. Erst wurde ein Saal für hundert Menschen gebaut, dann für fünfhundert, dann für fünftausend. Ein Mensch muß schreien, damit ihn fünftausend Leute hören und damit er Erfolg hat, nämlich den Kassenerfolg. Aber der magische Zauber liegt in der natürlichen Stimme. Je-

der Mensch hat diese Gabe. Gott hat ihm eine bestimmte Tonhöhe, einen natürlichen Ton gegeben, und wenn er diesen Ton
entwickelt, wird daraus Magie. Er kann Wunder vollbringen.
Aber heute muß er an den Saal denken, wo er singen soll, und
wie laut er schreien muß.

Es ist das Wesen, das Grundprinzip des Tons, daß er um so
mächtiger und magischer wird, je enger er mit der Natur im
Einklang steht. Jeder Mann und jede Frau hat eine bestimmte
Stimmlage, aber der Stimmfabrikant sagt: »Nein, das ist Alt«,
»Sopran«, »Tenor«, »Bariton« oder »Baß«. Er schränkt ein, was
sich nicht einschränken läßt. Gibt es denn so viele Stimmen? Es
gibt so viele Stimmen wie Seelen. Sie können nicht klassifiziert
werden. Sobald ein Sänger klassifiziert worden ist, muß er in
dieser Stimmlage singen. Wenn seine Stimmlage anders ist, weiß
er es nicht.

Weil der Stimmfabrikant gesagt hat: »Das ist ein Sopran«, darf
diese Person nichts anderes mehr sein. Außerdem hat der Komponist die Stimme dieses bestimmten Sängers wahrscheinlich
nie gehört und nur für eine bestimmte Stimmlage geschrieben.
Wenn einer auf die Komponisten angewiesen ist und daher in
einer vorgeschriebenen Stimmlage singen muß, dann hat er die
natürliche Stimme, die er einmal besaß, verloren. Aber vom
Singen abgesehen, wird man sogar beim Sprechen unter hundert
Menschen nur einen finden, der in seiner natürlichen Stimme
spricht, und neunundneunzig, die imitieren. Sie imitieren jemand anders, obwohl sie es vielleicht gar nicht wissen.

Im täglichen Leben macht man manchmal die Beobachtung, daß
man ärgerlich wird, bevor jemand noch einen Satz zu Ende gesprochen hat. Das liegt nicht an dem, was er gesagt hat, sondern
an seiner Stimme. Andererseits bemerkt man, vielleicht nicht
jeden Tag, aber doch gelegentlich, daß man einen Menschen nur
einmal sprechen hörte, das Gesagte aber im Gedächtnis behält.
Es hat etwas Wohltuendes, Linderndes und Heilendes, man
fühlt sich erhoben und inspiriert.

Es gibt nichts, was von größerer spiritueller Hilfe sein kann als
die Musik. Meditation ist eine Vorbereitung für Vollkommen-
heit, aber die Musik kommt dieser am nächsten. Ich habe gesehen, wie die psychologische Kraft von Musik Wunder wirkte,

doch nur in kongenialer Umgebung, mit fünf oder sechs Leuten, bei Mondlicht, Dämmerung oder Sonnenuntergang. Es scheint, als ob die Natur zur Vollendung der Musik beitrüge. Beide wirken zusammen, denn sie sind eins.

Musik ist die Harmonie des Universums im kleinen, denn diese Harmonie ist das Leben selbst, und im Menschen, der selbst eine Miniatur des Universums ist, zeigen sich harmonische und unharmonische Akkorde im Puls, in seinem Herzschlag, seiner Schwingung, seinem Rhythmus und Ton. Seine Gesundheit oder Krankheit, seine Freude oder sein Mißvergnügen zeigen an, ob sein Leben Musik hat oder nicht.

Was kann Musik uns lehren? Musik kann uns zur Harmonie erziehen, und darin liegt das Geheimnis oder die Magie von Musik. Wenn man angenehme Musik hört, so stellt sich die Harmonie zum Leben her. Daher braucht der Mensch die Musik, er sehnt sich nach ihr. Viele sagen, daß sie für Musik nichts übrig haben, aber diese haben noch keine Musik gehört. Wenn sie nämlich wirklich Musik gehört hätten, so wäre ihre Seele berührt worden, und sie hätten gar nicht anders gekonnt, als Musik zu lieben ... Außerdem bildet Musik die Fähigkeit aus, alles Gute und Schöne in Kunst und Wissenschaft zu würdigen, denn in Musik und Dichtkunst erschließt sich einem die Schönheit in jedem Aspekt.

Das Wunderbare an der Musik ist, daß man durch sie unabhängig vom Denken zu Konzentration und Meditation gelangen kann. In diesem Sinn überbrückt sie die Kluft zwischen Bewußtem und Unbewußtem, zwischen Form und Formlosigkeit. Wenn irgend etwas existiert, was mit dem Verstand faßbar und wirklich vorhanden ist, aber gleichzeitig keine Form hat, so ist das die Musik.

Dichtung setzt Form voraus, Linie und Farbe setzen Form voraus, Musik aber nicht. Sie schafft vielmehr eine Resonanz, die durch das ganze innere und äußere Universum schwingt und das Denken über die Dichte der Materie hinweghebt. Musik kann Materie sogar in Geist verwandeln, in ihren ursprünglichen Zustand, indem sie durch das Gesetz der Schwingungsharmonie jedes Atom einer ganzen lebendigen Existenz anrührt.

Die Schönheit von Zeichnung und Malerei kann sehr weit führen, hat aber ihre Grenzen. Die Freude an Wohlgerüchen und
Düften führt noch weiter. Musik jedoch durchdringt unser
Tiefstes, unser Innerstes und schafft damit neue Lebenskraft,
einen Odem, der allem Da-Sein Freude schenkt und das ganze
Wesen zur Vollendung führt. Darin liegt die Erfüllung des
menschlichen Lebens.

## Notenbeispiele

### Gesang zur Mandala-Zeremonie der tibetischen Gelugpa-Sekte

(Anfang)

O- - - - - - - - - - - soi chi pö chi dschiu sheng me oi

① to- - - tram schri ra ling- - - - - schi- - - - Nyi- - -

(Schluß)

Däe Gyän Pa oi Di Idam Guru Ratna Mandalakam Niryataya- mi- - -

### Die Obertonreihe (Flageoletts-Naturtöne einer tiefen C-Saite des Cellos)

② Oberton: 1 2 3 4 5 6 7 8 9 10 11

Oktave/Quinte/Quarte/gr.Terz/kl.Terz   Sekundenabstände

Naturton: 1 2 3 4 5 6 7 8 9 10 11 12

### Hindu-Mantra als Kirtangesang

③ Sri Ram Jai Ram Jai Jai Ram

### Hildegard v. Bingen: Ende einer Antiphon

④ E- U- - O- U- - A E- -
sae-cu- lo- rum A- men.

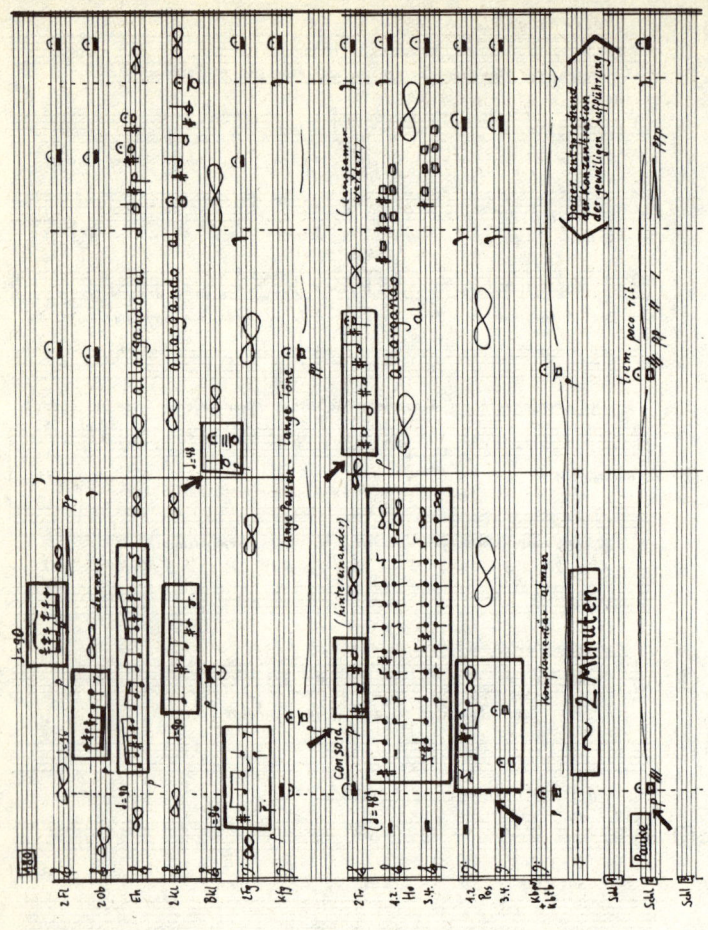

Letzte Seite der Komposition *Maitreya* von P. M. Hamel (Bärenreiter Verlag)

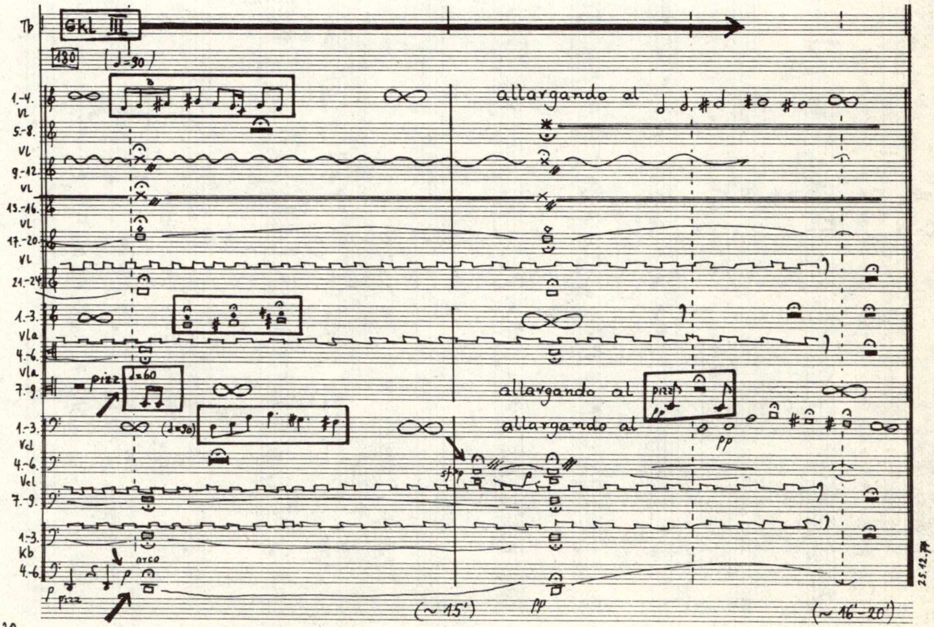
Tb
Gkl III
130
1.-4. Vl
5.-8. Vl
9.-12. Vl
13.-16. Vl
17.-20. Vl
21.-24.
1.-3. Vla
4.-6. Vla
7.-9.
1.-3. Vcl
4.-6. Vcl
7.-9.
1.-3. Kb
4.-6.
allargando al
allargando al
allargando al
pizz
arco
pp
sfzp
(~ 15')
(~ 16'-20')
25.12.

Terry Riley: A Rainbow On Curved Air  (Grundmotive der linken Hand)

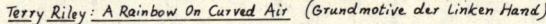

F. Rzewski: Les Moutons de Panurges (die gesamte modale Linie)

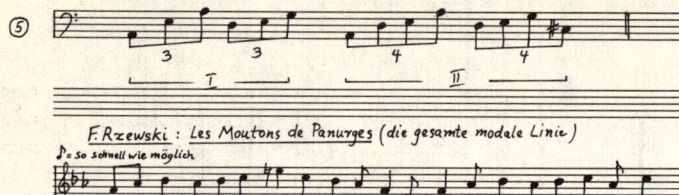

P.M. Hamel: Continuous Creation (Ausgangsperiodik)

Mandra- Sadhana (für eine mittlere Männerstimme)                    Grundklang

Ma - - - Pa - - Dha Ni Sa Re Ga Ma Pa

Konzentrische Musik für Tasteninstrumente (1974/75)

Den Begriff »continuous creation« prägte der amerikanische
Astrophysiker Fred Hoyle. Er bezeichnet damit die andauernde
Schöpfung der Materie, die nirgendwoher kommt, die einfach
erscheint und sich kontinuierlich entfaltet.

Die erste Stufe zur Realisierung dieser festgelegten modalen
Improvisation besteht für die oder den Spieler von Tasteninstrumenten darin, zwei Modelle für die rechte bzw. linke
Hand ($\flat$ rechts $9$:: links) locker in entspannter Leichtigkeit so
lange zu üben, bis die Hand »es von selber tut« (s. Notenbeispiel 7). Die Figuren lassen sich innerhalb verschiedenster mo-
daler Skalen entsprechend variieren, die Notation verwendet
den dorischen Modus mit Grundton D. Die einzelnen motivischen Keimzellen werden nun periodisch repetiert, die Oktavlage aller Kreise kann variieren. Während eine Hand die periodischen »Keimzellen« unendlich oft wiederholt, fügt die andere
ausgehaltene Akkorde und Zusammenklänge aus der verwendeten Skala hinzu, d. h. die dorische Skala wird modal-harmonisch
verwendet, also gleichzeitig horizontal-motivisch und vertikal-
akkordisch.

Wenn man das gezeichnete Mandalamodell betrachtet, so
sieht man, daß alle Modelle ständig zu wiederholen sind: Der
dritte Kreis ist sozusagen die unendliche Bewegung der rechten
Hand, gespielt von den Fingern 1–3. Nach längerer und inten-
siverer Übungszeit sind die Finger 4 und 5 in der Lage, das
Intervall des innersten Kreises hinzuzufügen. Kreis zwei und
vier betreffen die linke Hand, und die Periodik dieser Figuren
bestimmt auch den rhythmischen Impuls. Der Rhythmus soll
anfangs einfach gehalten sein, in Zweier- und Dreierperioden.
Jedoch muß und soll kein »sturer« Rhythmus entstehen, vielmehr sollen sich die Zweier- und Dreierperioden fließend ver-
tauschen. Der äußerste Kreis des komponierten Mandalas ist
gewissermaßen die Entfaltung des innersten: Die lang ausgehaltene Tonfolge kann entweder durch ein hinzugeschaltetes Keyboard oder eine besonders virtuose »Handhabung« realisiert
werden. Die improvisatorisch entstehenden Konstellationen
sind nicht schematisch abzuspielen, sondern sie sollen sich in

variierender Form im Spiel ergeben. Die Hände müssen unabhängig voneinander, locker und anstrengungslos spielen. Mit der Zeit wird der losgelassene Zustand *zwischen* aktivem und passivem Verhalten kennengelernt. Ganz allmählich entsteht ein Zustand gelassener Wachheit, und man schaut seinen Händen einfach zu, wie sie von selber spielen …

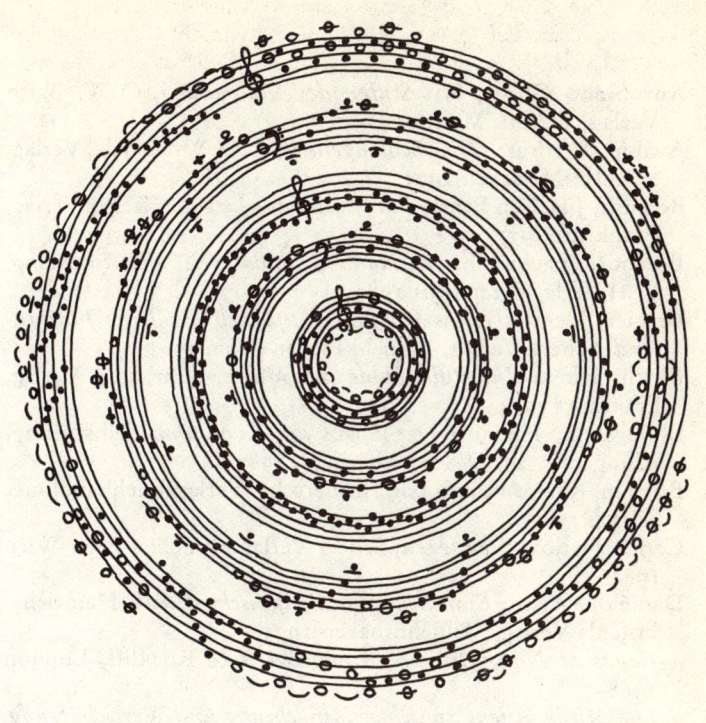

P. M. Hamel: Partitur von *Continuous Creation*

Aurobindo Ghose, Sri: *Stufen der Vollendung*, O.W. Barth Verlag, 5. Aufl. München 1975

Avalon, Arthur: *Die Schlangenkraft*, O.W. Barth Verlag, 2. Aufl., München 1975

Berendt, Joachim Ernst: *Ein Fenster aus Jazz*, S. Fischer Verlag, Frankfurt 1977

Berendt, Joachim Ernst: *Nada Brahma. Die Welt ist Klang*, Insel Verlag, Frankfurt 1983

Bergier, Jacques/Louis Pauwels: *Aufbruch ins dritte Jahrtausend*, Scherz Verlag, Bern-München-Wien 1961

Bloch, Ernst: *Zur Philosophie der Musik*, Suhrkamp Verlag, Frankfurt 1974

Bodenstein, Helmut: *Der Logos der Evolution*, Selbstverlag, Allingerstr. 29, D-8031 Eichenau, 1983

Bô Yin Râ: *Mantrapraxis*, Kobersche Verlagsbuchhandlung, Zürich 1967

Capra, Fritjov: *Wendezeit*, Scherz Verlag München-Bern-Wien 1983

Daniélou, Alain: *Einführung in die indische Musik*, Heinrichshofen's Verlag, Wilhelmshaven 1975

– *Ragas of North Indian Music*, Barris & Rockliff, London 1968

– *Die Musik Asiens zwischen Mißachtung und Wertschätzung*, Heinrichshofen's Verlag, Wilhelmshaven 1973

Evans-Wentz, W. Y.: *Der Geheime Pfad der Großen Befreiung* (mit einem Vorwort von C. G. Jung), O.W. Barth Verlag, 3. Aufl. Weilheim 1972

Geck, Martin: *Musiktherapie als Problem der Gesellschaft*, Klett Verlag, Stuttgart 1973

Gebser, Jean: *Abendländische Wandlung*, Ullstein Verlag, Frankfurt–Berlin 1965

– *Ursprung und Gegenwart*, dtv-Taschenbuch, München 1973 (3 Bände)

– *Verfall und Teilhabe*, Otto Müller Verlag, Salzburg 1974

– *Ein Mensch zu sein*, Franke Verlag, München–Bern 1974

– Gesamtausgabe, 7 Bände, Novalis Verlag, Schaffhausen, Schweiz 1975–78

Gelpke, Rudolf: *Drogen und Seelenerweiterung,* Kindler Verlag
(Taschenbuchreihe »Geist und Psyche«, Nr. 2058), 4. Auflage
München 1975

*Gespräche mit Komponisten,* Hrsg. Willi Reich, Manesse Verlag, Zürich 1967

Govinda, Lama A.: *Die psychologische Haltung der frühbud-
dhistischen Philosophie,* Rascher Verlag, Zürich 1961 (jetzt
Löwit, Wiesbaden)

– *Grundlagen Tibetischer Mystik,* O. W. Barth Verlag, 4. Aufl.
München 1975

– *Der Weg der Weißen Wolken,* Scherz Verlag, 2. Aufl. Bern–
München–Wien 1975

Gradenwitz, Peter: *Musik zwischen Orient und Okzident,*
Heinrichshofen's Verlag, Wilhelmshaven 1977

Haas, William: *Östliches und Westliches Denken,* Rowohlt Verlag, Reinbek 1967

Haase, Rudolf: *Die harmonikalen Wurzeln der Musik,* Verlag
Lafite, Wien 1969

– *Paul Hindemiths harmonikale Quellen* – sein Briefwechsel
mit Hans Kayser, Verlag Lafite, Wien 1973

– *Aufsätze zur harmonikalen Naturphilosophie,* Akademische
Druck- und Verlagsanstalt, Graz 1974

– *Der messbare Einklang. Grundzüge einer empirischen Weltharmonik,* Verlag Klett-Cotta, Stuttgart 1976

– *Über das disponierte Gehör,* Verlag Doblinger, Wien 1977

– *Zehn Jahre Institut für harmonikale Grundlagenforschung,*
Verlag Lafite, Wien 1977

– *Literatur zur harmonikalen Grundlagenforschung I, II, III,
IV,* Verlag Lafite, Wien 1969, 1972, 1975 und 1979

– *Harmonikale Synthese,* Verlag Lafite, Wien 1980

Helmholtz, Hermann v.: *Über die physiologischen Ursachen
musikalischer Harmonien,* Kindler Verlag, München 1971

Hesse, Hermann: *Das Glasperlenspiel,* Suhrkamp Taschenbuch,
Frankfurt 1972

Heyer, Gustav Richard: *Der Organismus der Seele,* Kindler
Verlag, München 1958

Husmann, Heinrich: *Grundlagen der Antiken und Orientalischen Musikkultur,* Walter De Gruyter Verlag, Berlin 1961

I Ging. *Das Buch der Wandlungen,* Diederichs Verlag, Düsseldorf–Köln 1970

Ital, Gerta: *Der Meister, die Mönche und ich,* O. W. Barth Verlag, 3. Aufl. Weilheim 1972

Jung, Carl Gustav: *Über die Psychologie des Unbewußten*, Fischer Taschenbuch, Frankfurt 1975

– *Erinnerungen, Träume, Gedanken*, Walter Verlag, Olten 1971

Junius, Manfred M.: *The Sitar – The Instrument and its Technique*, Heinrichshofen's Verlag, Wilhelmshaven 1974

Jyotirmayananda (M. Zaunschirm): *Praxis der Meditation*, Verlag der Palme, Wien 1970

Kayser, Hans: *Lehrbuch der Harmonik*, Schwabe Verlag, Basel–Stuttgart 1963

– *Akroasis*, Schwabe Verlag, Basel–Stuttgart 1964

– *Orphikon*, Schwabe Verlag, Basel–Stuttgart 1974

Keyserling, Graf Hermann: *Das Reisetagebuch eines Philosophen*, 2. Bde., Otto Reichl Verlag, 5. Aufl. Darmstadt 1921

Keyserling, M. und W.: *Das Rosenkreuz*, Verlag der Palme, Wien 1956

Khan, Hazrat Inayat: *The Sufi Message*, vol. 2 (The Mysticism of Sound, Music, The Power of the Word, Cosmic Language), Barrie und Jenkins, 2. Aufl. London 1972. (Zu beziehen über East-West Publications Fonds, N. V. Den Haag, Postbus 7617)

– *Aus einem Rosengarten Indiens*, Drei Eichen, München 1954

Krüger, Wilfried: *Das Universum singt*, Editions trèves e. V., Trier 1982

Laing, Ronald: *Phänomenologie der Erfahrung*, Edition Suhrkamp, 4. Aufl. Frankfurt 1971

Lange, Anny von: *Mensch, Musik, Kosmos*, Novalis Verlag, Freiburg 1956 (2. Band 1960)

Leonhard, George: *Der Rhythmus des Kosmos*, Scherz Verlag, Bern-München-Wien 1980

Lysebeth, André van: *Die große Kraft des Atems – die Atemschule des Pranayama*, O. W. Barth Verlag, 2. Aufl. München 1975

Nestler Gerhard: *Die Form in der Musik*, Atlantis Verlag, Freiburg–Zürich 1954

– *Die Geschichte der Musik*, Goldmann/Schott-Taschenbuch Nr. 33015, München 1979

– *Der Stil in der Neuen Musik*, Atlantis Verlag, Freiburg–Zürich 1958

*Neue Wege der Musiktherapie*, Econ Verlag, Düsseldorf 1974

Neumann, Erich: *Ursprungsgeschichte des Bewußtseins*, Rascher Verlag, Zürich 1949, Neuaufl. Kindler Verlag (Taschenbuchreihe »Geist und Psyche«) München, 2. Aufl. 1974

Olvedi, Ulli: *Buddhismus – Religion der Zukunft?*, Heyne Verlag, München 1973

Ouspensky, Peter: *Auf der Suche nach dem Wunderbaren*, O. W. Barth Verlag, Weilheim 1966

Pfrogner, Hermann: *Lebendige Tonwelt*, Langen Müller, München 1976

Pontvik, Aleks: *Heilen durch Musik*, Zürich, 1955

Reich, Steve: *Writings about Music*, Universal Edition, Wien 1975

*Religion und die Droge*, Hrsg. H.-C. Leuner u. M. Josuttis, Kohlhammer Verlag, Stuttgart 1972

Rudhyar, Dane: *The Magic of Tone and the Art of Music*, Shambhala Publication Boulder, USA 1982. Deutsche Übersetzung bei Scherz Verlag Bern-München-Wien 1984.

Sachs, Kurt: *Vergleichende Musikwissenschaft – Musik der Fremdkulturen*, Heinrichshofen's Verlag, Wilhelmshaven 1974

Satprem: *Sri Aurobindo oder das Abenteuer des Bewußtseins*, O. W. Barth Verlag, Weilheim 1973

Scheidt, Jürgen vom: *Innenweltverschmutzung*, Knaur Taschenbuch, München-Zürich 1975

Schmidt, Thomas Michael: *Musik und Kosmos als Schöpfungswunder*, Selbstverlag, Frankfurt 1974

Schmitt, J. L.: *Das Hohe Lied vom Atem*, J. Couvreur Verlag, Den Haag, 2. Aufl. o. J.

Schneider, Marius: *Singende Steine*, Bärenreiter, Kassel 1955

Schneider, Marius: *Klangsymbolik in fremden Kulturen*. In: ›Beiträge zur Harmonikalen Grundlagenforschung‹, Verlag Lafite, Wien 1979.

Schumann, Robert: *Gespräche und Briefe*, Hrsg. Willi Reich, Manesse Verlag, Zürich 1967

Shankar, Ravi: *My Music, My Life*, Jonathan Cape, London 1969

– *Meine Musik – mein Leben* (Teilübersetzung) Nymphenburger Verlagsanstalt, München 1969

Steckel, Ronald: *Herz der Wirklichkeit*, Jugenddienst Verlag, Wuppertal 1973

Stege, Fritz: *Musik, Magie, Mystik*, Otto Reichl Verlag, Remagen 1961

– *Das Okkulte in der Musik*, Bisping Verlag, Münster 1925

Suzuki, D. T.: *Amida – der Buddha der Liebe*, O. W. Barth Verlag, München 1974

*Tibetanische Totenbuch, Das.* Übers. und kommentiert von W. Y. Evans-Wentz, Kommentare von Lama Govinda und C. G. Jung, Walter Verlag, Olten 1971

Touma, Habib Hassan: *Die Musik der Araber*, Heinrichshofen's Verlag, Wilhelmshaven 1975

*Trug der Drogen*, Hrsg. J. Buck, Siebenstern Taschenbuch, Hamburg 1974

Vandor, Ivan: *Die Musik des tibetischen Buddhismus*, Heinrichshofen's Verlag, Wilhelmshaven 1977

Vivekananda: *Raja Yoga*, Hermann Bauer Verlag, Freiburg o. J.

Walter, Bruno: *Vom Mozart der Zauberflöte*, S. Fischer Verlag, Frankfurt 1955

Watts, Alan: *Zen-Buddhismus*, Rowohlt Verlag, Reinbek 1961

Weinfurter, Karl: *Der Brennende Dornbusch*, K. Rohm Verlag, Lorch/Württ. 1962

Wilhelm, Richard: *Frühling und Herbst des Lü Bu We*, Eugen Diederichs Verlag, Düsseldorf–Köln 1971

Yogananda, Paramahansa: *Meditationen zur Selbstverwirklichung*, O. W. Barth Verlag, 3. Aufl. Weilheim 1971

– *Cosmic Chants*, Self Realization Fellowship, Los Angeles, Neuaufl. 1974

Zimmermann, Walter: *Desert Plants*, Gespräche mit amerikanischen Komponisten, Beginner Press, Gottesweg 52, 5 Köln 51, 1976

# Diskographie

## Klassiker der Moderne

Maurice Ravel: Orchesterwerke und Klavierstücke z. B. *Daphnis und Cloë* (Decca SXL 6204)

Debussy/Ravel: *Streichquartette*/Guarneri-Quartett (RCA ARL 1–0187)

Alexander Scriabin: *Klavierwerke*, gespielt von Vladimir Horowitz (CBS 73 072)

Alexander Scriabin: *Sinfonie Nr. 3 c-moll* (»Le poème divin«) (Ariola/Eurodisc S 80029)

Bela Bartók: *Violinkonzert 1938; Musik für Saiteninstr., Schlagzeug und Celesta; Zweites und Drittes Klavierkonzert* (in mehreren guten Aufnahmen u. a. Deutsche Grammophon)

Charles Ives: *Five Symphonies* (CBS 77424 – 4 Platten)

Olivier Messiaen: *Les Corps Glorieux für Orgel* (schwan, Düsseldorf ams Studio 509)

Olivier Messiaen: *Trois Petites Liturgies* (Erato/RCA LDE 3300)

Olivier Messiaen: *La Transfiguration de Notre Seigneur Jesus Christ* (Decca-England-Headline ZAL 11748)

Olivier Messiaen: *Et exspecto ...* und *Colours of the Celestial City*, zwei Orchesterwerke (CBS 72471)

Carl Orff: *De Temporum Fine Comoedia* (Deutsche Grammophon 2530432)

Karlheinz Stockhausen: *Hymnen* für Orchester und Elektronik, *Stimmung* für 6 Vokalisten, *Mantra* für 2 Klaviere (jeweils Deutsche Grammophon)

## Intuitive Improvisation

Karlheinz Stockhausen: *Aus den Sieben Tagen – Goldstaub* (Deutsche Grammophon)

## Psychedelische Avantgarde

*wired* – Ranta, Lewis, Böttner. (In der Schallplattenkassette *Free Improvisation* der Deutschen Grammophon)

## Psychedelische Popmusik

*Ummagumma.* Doppel-LP der Gruppe *Pink Floyd* (EMI-Harvest)

Psychedelischer Jazz
*Karma* v. Pharoa Sanders (Impulse STAS 9181)

Alte Musik
*Gregorianische Gesänge aus Assisi* (Deutsche Grammophon
   2726 004-2 LP)
*Musik an Notre Dame um 1200,* Deller Consort (harmonia
   mundi/Electrola 25 29318)
*Die Göttliche Liturgie des Heiligen Vaters Johannes Chrysosto-
mus* im byzantinisch-slawischen Ritus der Ukrainer (harmonia mundi/Electrola 20 29013–1)
Monteverdi: *Vespro della Beata Vergine (*EMI 1 C 187–02759/
   60–2 LP)
*Aramäische Vokal-Liturgie* (Tabor-Archiv, D-7160 Gaildorf)


Außereuropäische Musik

UNESCO-Collection, Musicaphon Bärenreiter, brachte unzählige und ausgezeichnete Aufnahmen heraus: aus Afrika,
Asien und der ganzen Welt. Außerdem gibt es folgende Beson-
derheiten:

Tibet: *Tantric Ritual.* Gyoto Monastery. Anthology Record
   New York (AST-4005). Zu erhalten über Disco-Center,
   Kassel
*Chants Mongols.* Mongolischer Gesang und Folklore (vogue
   LDM 30138)
*Zen. Sound and Silence.* Aufnahmen aus einem japanischen
   Zenkloster (Philips 6641032)
Gamelanmusik:»Bali« (Deutsche Grammophon Archiv 2533130)
Indische Musik: *Imrat Khan – nordindische Ragas live* (harmo-
   nia mundi/Electrola)
*Master of the Sarangi,* Ram Narayan (Nonsuch Explorer series
   H-72062)
*Iranian Dastgah,* altpersische Musik (Philips, Unesco Collec-
   tion 6586 005)
*Jamil Bachir, Ud,* altarabische Musik (EMI, France C 066-95160)
*Nikhil Banerjee – Nordindische Ragas auf Sitar* (harmonia
   mundi/Electrola)
*South Indian Vocal and Instrumental Music* (Nonsuch Explorer
   series H 2018, H 2019)

Dagar Brothers: *Dhrupad* (LDFT 1006/7)

Synthese von Ost und West
*Music for Zen-Meditation* mit Tony Scott, Klarinette und japa-
nischen Musikern (Verve 2317033 Select)
*Tibetan Bells* (Island records 86394 ET)
*Karuna Supreme*. Ali Akbar Khan, Sarod, und John Handy,
Altsaxophon (MPS/Electrola; 2 LP)

Spirituelle Jazzmusik
*Love Supreme* von John Coltrane (Impulse AS-9140)
*Om* von John Coltrane (Impulse AST 77)
*Humus* von Don Cherry (wergo spectrum SM 1010)
*Shakti* von John McLaughlin (CBS 81388)
*The Following Morning* v. Eberhard Weber (ECM 1084-
2301084)
Tom van der Geld and Children at Play: *Patience* (ECM 1113-
2301113)

Spirituelle Popmusik
Gruppe *Third Ear Band: Alchimie* und *4 Elements* (EMI/Har-
vest, London)
Paul Horn, Flöte: *Inside* (Epic BN 26466)
*Hesse Between Music. poetry-and-music-Produktion*. Mit Tex-
ten von Hermann Hesse und Musik der Gruppe *Between*
Gruppe *Santana: Caravanserei* (CBS S65299)
Gruppe *Soft Machine: III – Moon in June* (CBS S64080)
*Prima Materia*, Roberto Laneri und sein Vokalquartett (An-
anda Records Nr. 2)

Elektronische Popmusik
Gruppe *Tangerine Dream: Phaedra* und *Rubricon* (Virgin
Records)
Gruppe *Tangerine Dream: Sorcerer* (MCA 62085)
Klaus Schulze: *Timewind* und *Irrlicht* (Brain, Metronome)
Klaus Schulze: *Mirage* (Brain 60.040)
Michael Hoenig: *Departure from the Northern Wasteland* (WEA
Warner Brothers BSK 3152/1978)
Iasos: *Angelic Music/Crystal Love* (Box 594/Sausalito CA
94965/USA)

Sakrale Popmusik
Gruppe *Popol Vuh: Seligpreisungen* und *Hosianna-Mantra*
  (cosmic couriers, Metronome)
Georg Deuter: *Aum/Celebration/Haleakala/Ecstasy* (Kuk-
  kuck-Schallplatten 009, 040, 042, 044)
Stephan Micus: *Implosions* (ECM Japo 60017)
Stephan Micus: *Till the End of Time* (ECM japo 60026)


minimal music – periodic music aus USA
La Monte Young: *The Theatre of Eternal Music* (Shandar Paris
  83150)
Terry Riley: *A Rainbow in Curved Air* (CBS 64564)
Terry Riley: *Happy Ending* (CBS)
Terry Riley: *Descending Moonshine Dervishes* (Kuckuck 047)
Steve Reich: *Drumming* (Schallplattenkassette der Deutschen
  Grammophon 2563303)
Steve Reich: *Music for 18 Musicians* (ECM records 1129)
Steve Reich: *Tehillim* (ECM records 1215)
Philip Glass: *Dance* (Tomato TOM 8029)
Philip Glass: *Music in 12 parts* (Virgin records CA 2010)
Dickie Landry: *15 Saxophones* (wergo spectrum SM 1019)
Meredith Monk: *Songs from the Hill* (wergo spectrum SM 1022)


Schallplatten des Autors
(mit der Gruppe Between):
*Einstieg,* 1971 (WERGO 1001)
*And the Waters opened,* 1973 (wergo-spectrum 1014)
*Dharana,* 1974 (wergo-spectrum, SM 1011)
*Hesse Between Music* (wergo-spectrum, SM 1015)
*Contemplation,* 1977 (wergo-spectrum, SM 1012)
*Stille über der Zeit – Silence beyond Time,* 1980 (wergo-spec-
  trum 1023)


(Solo-Schallplatten):
*HAMEL,* 1972 (Vertigo/Philips, Doppel-LP – vergriffen)
*The Voice of Silence,* 1973 (Vertigo/Philips – vergriffen)
*Buddhist Meditation East-West,* 1975 (harmonia mundi/EMI;
  Wiederveröffentlichung 1984)
*Other Voices – Other Rooms,* 1975 (Calig, München CAL 17009)
*Nada,* 1976/77 (wergo-spectrum 1013)

*Aura,* 1972/80 (wergo-spectrum 1009)
*Colours of Time,* 1980 (Kuckuck/Teldec 046)
*Bardo,* 1981 (Kuckuck/Teldec 048)
*Transition,* 1983 (Kuckuck/Teldec 063/64)

Meditative Musik bei wergo-spectrum:
Roberto Détrée: *Architectura Celestis* (SM 1037)
Gurdjieff/de Hartmann: *Klavierzyklen* (SM 1035/36)
Michael Vetter: *Overtones* (SM 1041/42)
Shakuhachi-Musik: *Zen* (SM 1033/34)

Meditative Musik bei Kuckuck/Celestial Harmonies:
*Tibetan Bells II* (Wolff/Hennings (CEL 005)
*Tantric Songs* (Popol Vuh/Fricke) (CEL 006)
*Deep Peace* (Frank Perry) *Yamantaka* (Wolff)
*Das Buch der Klänge* (Hans Otte)

Entspannungsmusik:
*Relax Music I* – Synthesizer-Grundklang/Tanpura-Bordun (60
   Min.-Kassette) Bestellung bei: Ulrich Kraus, Inderstorferstr.
   60, 8000 München 21.

1947 in München geboren. Klavierunterricht bei Amalie Jensen-Pletsch seit dem 5. Lebensjahr. 1965–1970 Kompositionsunterricht bei Fritz Büchtger und Günter Bialas an der Münchner Hochschule für Musik. Studium der Psychologie, Soziologie sowie Musikwissenschaft an der TU Berlin. Währenddessen TV- und Bühnenmusiken für Inszenierungen seines Vaters Peter Hamel. 1969–1974 Zusammenarbeit mit Josef Anton Riedl (multimediale Projekte). Nach vorwiegend gesellschaftskritischen und politischen Kompositionen, u.a. Musik zum Straßentheater *Olympia 2000* mit Robert Jungk und nach Beschäftigung mit Free Jazz, lateinamerikanischer Folklore, musique concrète und Elektronik: Gründung der international besetzten Improvisationsgruppe *Between* (zusammen mit dem Amerikaner Robert Eliscu und dem Argentinier Roberto Détrée).

Erarbeitung eines Alternativkonzepts zum katalogisierten Musikbetrieb: Durchbrechung der kommerziell festgelegten Grenzen zwischen U- und E-Musik, Pop, Jazz, Avantgarde, Klassik. Kollektivimprovisation (u.a. mit Luc Ferrari), elementare Improvisation (u.a. mit Carl Orff) sowie die Entwicklung einer Musik, die nicht nur elitären Oberschichten zugänglich ist. Seit 1970 Begegnung mit außereuropäischen Kulturen, den magisch-archaischen Musiken Asiens (Tibet, Indien, Indonesien) sowie Afrikas. Seit 1971 Erarbeitung einer modalperiodischen Spielweise für Tasteninstrumente (»konzentrische Musik«), Studium von Atemtherapie und Entspannungsmethoden, auf sechs mehrmonatigen Asienreisen Ausbildung in fernöstlichen Gesangsstilen und Tonsystemen. Seit 1972 Konzerte und Aufnahmen als Interpret eigener Werke (Klavier, Orgel, Synthesizer, Tanpura und Stimme), Vorträge, Workshops und Gruppenanimation. Aufführungen und Produktionen an allen Rundfunkanstalten der Bundesrepublik. Bühnen-, Hörspiel- und Stummfilm-Musiken (u.a. Schaubühne Berlin, Regie: Peter Stein; Münchner Kammerspiele, Regie: Dieter Dorn).

Auszeichnungen:
Kompositionspreis der Stiftung Alte Kirche Boswil, Schweiz 1972; Förderpreis der Stadt Bonn zum Beethovenfest 1974; Förderpreis für junge Komponisten, Stuttgart 1975; Rosenstrauß des Jahres 1976 (Auszeichnung des Feuilletons der Münchner Zeitung »tz«); Musikpreis der Stadt München 1977; Förderpreis der GEMA-Stiftung 1981. Villa Massimo-Stipendium, Rom 1979/80.

Musikalische Hauptwerke (bis 1983):

*Das Danke an den Lieben Gott,* Kantate für Chor, Solo und Orchester (1965).

*Sophrosyne I–VII,* für verschiedene Gruppen, Ensembles, Stimmen und Orchester (1969–1973). Orlando-Musikverlag, München.

*Mandala,* für präpariertes Klavier, Uraufführung beim Westberliner Avantgardefestival 1972.

*Dharana,* Konzentrische Musik für Orchester, solistische Improvisation und Tonband (1972), veröffentlicht im Verlag Schott's Söhne Mainz, aufgeführt bisher im Sender Freies Berlin mit dem RSO-Orchester (Ltg.: Michel Tabachnik) und bei den Donaueschinger Musiktagen 1973 mit dem SWF-Orchester (Ltg.: Ernest Bour).

*Dhyana,* Konzentrische Musik für gemischte Stimmen, solistische Improvisation und Bordun (1972), uraufgeführt bei den Kasseler Tagen für Geistliche Musik 1975 (Ltg.: Klaus-Martin Ziegler).

*Samma Samadhi,* Konzentrische Musik für Orchester, Chor und solistische Improvisation (1972/73), Uraufführung im Sender Freies Berlin 1975 mit dem RSO-Orchester, Solist: Jeffrey Biddeau, Congas und Marimbaphon (Ltg.: Ladislav Kupkovič).

*Ananda,* Konzentrische Musik für Solo-Oboe, Streichorchester und Grundtoninstrumente ad lib. (Tanpura, Synthesizer, Stimme) (1973), Uraufführung mit dem Sinfonieorchester des Westdeutschen Rundfunks, Köln, beim Festival »Begegnung mit Indien« 1975, Solist: Robert Eliscu (Ltg.: Michel Tabachnik), verlegt beim Orlando-Musikverlag, München.

*Hari Om Tat Sat,* Konzentrische Musik für indischen Gesang, Tasteninstrument und Elektronik (1973/74), Uraufführung beim »East-West-Music-Festival«, München 1975, Solist: Pandit Patekar.

*Diaphainon,* Materialien zu einer integralen Musik für Orchester (1973/74), in memoriam Jean Gebser; verlegt beim Verlag Schott's Söhne, Mainz, uraufgeführt bei der Münchner *musica viva* mit dem Sinfonieorchester des Bayerischen Rundfunks (Ltg.: Hans Zender) im Dezember 1976.

*Maitreya,* Versuch einer integralen Musik für Orchester (1974), verlegt beim Bärenreiter-Verlag, Kassel, uraufgeführt in Frankfurt mit dem Sinfonieorchester des Hessischen Rundfunks (Ltg.: Juan Pablo Izquierdo) im März 1979.

*Integrale Musik,* für Stimmen, Instrumente und Tonband (1975/76), aufgeführt bisher beim Westberliner Metamusikfestival 1976 und bei den Weltmusiktagen der Internationalen Gesellschaft für Neue Musik in Bonn 1977, verlegt beim Orlando-Musikverlag, München.

*Klangfarben (colours of sound),* für Streichorchester und indische Saiteninstrumente (1976/77), verlegt beim Orlando-Musikverlag, München, Uraufführung mit dem Bombay Chamber Orchestra, Solist: Ram Narayan, Sarangi (Ltg.: Joachim Bühler) in Bombay im Januar 1978, Aufführungen in fünf weiteren indischen Metropolen.

*Klangspirale (spiral of sound)*, für 13 Instrumente oder drei Orchestergruppen (1977), verlegt beim Bärenreiter-Verlag, Kassel, Uraufführung im Norddeutschen Rundfunk, Hamburg, mit dem Ensemble »das neue werk« (Ltg.: Dieter Cichewiecz) im Januar 1978. Asientournee mit dem Goethe-Institut.

*Albatros*, für Improvisationsgruppe und Orchester (1977/78), verlegt bei Schott's Söhne, Mainz, uraufgeführt beim Festival »50 Jahre Neue Musik in München« als Auftragswerk des Bayerischen Rundfunks mit der Gruppe *Between* und dem Münchner Rundfunkorchester (Ltg.: Peter Falk) im April 1978.

*Übergänge*, Musik in mehreren Räumen für 2 Klaviere, Orgel, Synthesizer, Saiteninstrumente und Stimmen (1977/78). Auftragswerk für das Festival »pro musica nova« von Radio Bremen, Uraufführung mit den Pianisten John Tilbury und Volker Banfield im Bremer Packhaus im Mai 1978.

*Gestalt für Orchester*, Auftragswerk für die Donaueschinger Musiktage 1980, verlegt beim Bärenreiter-Verlag, Kassel. UA 17. 10. 80 mit dem Sinfonieorchester des SWF (Ltg.: Christóbal Halffter).

*Ein Menschentraum*, Musiktheater in zwei Teilen für Sänger, Schauspieler, Chor, Orchester und Tonband, verlegt beim Bärenreiter-Verlag, Kassel, Auftragswerk für das Staatstheater Kassel, Uraufführung im Juni 1981, Regie: Dieter Dorn.

*Rasa*, Stücke für gemischten Chor, Klavier und Tablatrommeln, Auftragswerk für das National Centre for the Performing Arts, Bombay, Uraufführung im Dezember 1981, Ltg.: Joachim Bühler.

*Erstes Streichquartett*, Uraufführung September 1981, WDR Köln; Orfeu-Quartett, Bukarest; verlegt bei Bärenreiter.

*Semiramis*, Musik in drei Teilen für Orchester, Auftragswerk für die Salzburger Festspiele; Uraufführung 27. 7. 83, Mozarteumorchester, Leitung: Uwe Mund; verlegt bei Bärenreiter.

*Stimmen für den Frieden*, für Violine, Chor und obl. Klavier. Auftragswerk für die Berliner Festwochen und RIAS Berlin; Uraufführung 11. 11. 83, RIAS-Kammerchor, Janos Nègyesy, Violine, Leitung: Uwe Gronostay; verlegt bei Bärenreiter.

*Gralbilder*, für Orchester. Uraufführung 2. 3. 84, NDR-Sinfonieorchester Hamburg, Leitung: Gerd Albrecht; verlegt bei Bärenreiter.

Elektronische/live-elektronische Kompositionen und Stücke für Tasteninstrumente (Auswahl):

*Aura, Panta Tantra, Tat Twam Asi, Shunyata, Yearning, The Voice of Silence, Other Voices – Other Rooms, Nada, Dorian Dervishes, Beyond the Wall of Sleep; Continuous Creation* für Tasteninstrumente (siehe Notenbeispiel), *Movens, Einklang, Nachtflug, Let it play, Apotheosis*.

# Register

247

**249**

S. 49/50

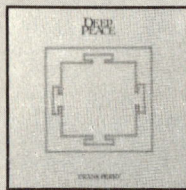

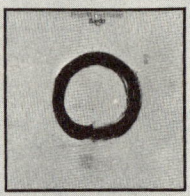

# Musik im Taschenbuch

## Die Gemeinschaftsproduktion
dtv · Bärenreiter

## Biographisches
Schütz · Bach · Mozart · Brahms · Schönberg · Bartók

## Werkbeschreibung
Bach-Kantaten · h-moll-Messe · Wohltemperiertes Klavier · Schubert-Lieder

## Musikalische Praxis
Opernarbeit · Liedgesang · Stimmbildung

## Handbücher
Geschichte der Musik · Oper · dtv-Atlas zur Musik

## Musiktheorie
Musikgeschichte · Harmonielehre · Musikästhetik · Musikethnologie

## Essays
Pierre Boulez · Ulrich Dibelius · Alfred Einstein · Dietrich Fischer-Dieskau · Hans Werner Henze

## Bärenreiter-Taschenpartituren
Händel · Bach · Haydn · Mozart · Beethoven

## Textbücher
Deutsche Liedertexte · Mozart zweisprachig · Wagner-Dramen Beatles-Repertoire